KB237078

| **고객서비스에 대한 이해** | • 고객서비스(customer service) 기업에 대한 고객의 경험을 향상 시키기 위해 기업이 수행하는 모든 것
• 고객만족(customer satisfaction) 기업과의 상호작용에 대한 고객의 전반적 충족감 |

| **고객서비스의 도전요소** | • 고객서비스의 장애요소   1. 게으름   2. 취약한 의사소통 기술   3. 비효율적인 시간관리   4. 부정적인 태도   5. 우울한 분위기   6. 적절한 훈련 부족   7. 스트레스 관리 실패   8. 불충분한 권위   9. 기계적인 고객서비스   10. 부적절한 직원배치
• 인식(perception)   사람들이 자신의 경험에 근거해서 어떤 것을 보는 방법
• 기대(expectation)   경험으로부터 나오는 결과에 대해 바라는 개개인들의 시각 |

고객서비스와 문제해결

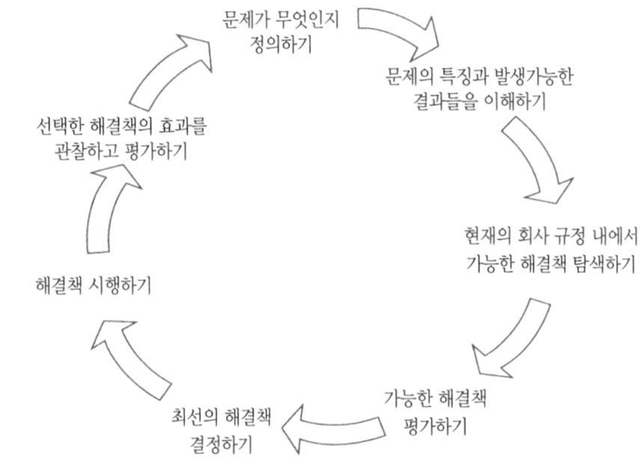

• 문제해결 모형(problem-solving model)

고객서비스 성공계획 수립하기

• 전략(strategy) 명확한 행동을 취하기 위한 계획
• 계획(planning) 집중해야 할 업무 방향을 파악하고 특정한 고객서비스 목표를 설정하는 것
• 고객서비스 인프라(Infrastructure) 고객서비스 생산을 지원하는 사람과 물리적 시설물, 정보 등의 네트워크
• 문화(culture) 한 집단의 사람들이 공유하는 가치와 신념, 규범
• 기업문화의 예 1. 전형적인 고정된 근무시간 2. 해당 산업 특유의 은어 3. 동료들 간의 상호책임 정도 4. 직원들의 자질 5. 회사가 후원하는 업무외 활동
• 서비스 지향적인 고객(high-touch customers) 높은 수준의 고객 상호작용을 기대하고 고객 경험을 시작하는 고객

- 고객이 원하는 다섯 가지 1. 서비스 2. 가격 3. 품질 4. 고객에 대한 반응 5. 고객에 대한 감사
- 외부고객(external customers) 기업 외부에서 기업과 거래하는 고객
- 내부고객(Internal customers) 기업의 조직 내에서 함께 일하는 사람 또는 동료

- 고객의 영향력(scope of influences) 개인의 지각이나 경험에 근거한 다른 사람에 대한 개인적 영향의 크기
- 가치(values) 어떤 상황에 적절하게 반응하기 위한 우리의 신념, 지각, 아이디어의 결합
- 윤리(ethics) 개인이나 집단의 행동을 지배하는 일련의 규칙
- 윤리점검표(ethics checklist) 이 일은 합법적인가? 이 일은 공정한가? 이 일에 대해 내키지 않는가? 여론이 내 행동을 옳지 않다고 생각할 것인가? 내가 아는 사람들이 내가 한 행동에 대해 말할 것이 두려운가?

- 문제해결(problem solving) 도전적 상황에 대한 적극적인 해결
- 갈등(conflict) 욕구와 소망, 아이디어가 서로 대립함으로써 발생하는 부적절한 충돌상태
- 문제해결 전략(problem solving strategies) 브레인스토밍, 시각적 도식화, 조직도, 마인드 매핑
- 사후추적(follow-up) 어떤 상황이 처음에 계획했던 대로 잘 되고 있는지 아닌지를 보기 위해 되돌아보면서 체크하는 것

- 서비스 지향적이어야 할 곳의 예 1. 은행창구 2. 전문점 3. 호텔로비 4. 부동산 중개소 5. 변호사와 회계사 사무소 6. 고급 레스토랑
- 서비스 지향적이지 않은 고객(low-touch customers) 낮은 수준의 고객 상호작용을 기대하고 고객 경험을 시작하는 고객. 기술의 발달은 상호작용에 대한 고객의 기대를 낮추는 경우가 많다.
- 서비스 지향성이 낮아도 되는 곳의 예 1. 고속도로 통행카드 확인소 2. 현금자동지급기 창구 3. 렌터카 회사의 빠른 창구(express line) 4. 호텔로비의 빠른 창구(호텔 요금을 모니터로 보여 줌) 5. 고객이 직접 주유하는 주유소 6. 드라이브 인(drive-in) 패스트푸드점(차에 탄 채로 음식을 주문하고 가져감) 7. 셀프 복사점
- 시장 세분화(market segmentation) 고객을 비슷한 특성을 가진 집단으로 구분하는 것
- 고객서비스 전략 개발하기 1. 고객을 세분화하라. 2. 사람 수가 가장 많고 가장 이익을 많이 낼 고객 집단을 파악하라. 3. 고객의 기대수준을 파악하라. 4. 고객의 기대를 효율적으로 충족시킬 플랜을 개발하라. 5. 계획을 실행하라. 6. 평가를 위한 계획표를 짜라. 7. 전략을 평가하고 개선하라.

고객가치를 높이는

고객서비스 전략
Customer Service

고객감동을 위한 실무지침서

고객가치를 높이는

고객서비스 전략, 제6판

발행일 2012년 10월 8일 초판 1쇄 발행
        2023년 4월 3일 초판 6쇄 발행
지은이 일레인 해리스
옮긴이 이은희·김경자
발행인 강학경
발행처 시그마북스
마케팅 정제용
에디터 최연정, 최윤정
디자인 김문배, 강경희

등록번호 제10-965호
주소 서울특별시 영등포구 양평로 22길 21 선유도코오롱디지털타워 A402호
전자우편 sigmabooks@spress.co.kr
홈페이지 http://www.sigmabooks.co.kr
전화 (02) 2062-5288~9
팩시밀리 (02) 323-4197
ISBN 978-89-8445-522-1(03320)

Customer Service : A Practical Approach, 6/e

Authorized translation from the English language edition, entitled CUSTOMER SERVICE: A PRACTICAL APPROACH, 6th Edition, ISBN: 013274239X by HARRIS, ELAINE K., published by Pearson Education, Inc, Copyright © 2012

All rights reserved. No part of this book may be reproduced or transmitted in any form or by any means, electronic or mechanical, including photocopying, recording or by any information storage retrieval system, without permission from Pearson Education, Inc.

KOREAN language edition published by SIGMA PRESS, INC., Copyright © 2012

Sigma Books is a division of Sigma Press, Inc.

이 책은 Pearson Education, Inc.와 ㈜시그마프레스 간에 한국어판 출판·판매권 독점 계약에 의해 발행되었으므로 본사의 허락 없이 어떠한 형태로든 일부 또는 전부를 무단복제 및 무단전사할 수 없습니다.

* 시그마북스는 ㈜시그마프레스의 단행본 브랜드입니다.

시그마북스
Sigma Books

고객가치를 높이는

고객서비스 전략
Customer Service

고객감동을 위한 실무지침서

일레인 해리스 지음 | 이은희 · 김경자 옮김

시그마북스
Sigma Books

학교에서 몇 년간 고객서비스에 대해 가르치다 보니 생활의 모든 부분에서 고객서비스를 평가하는 버릇이 생겼다. 음식점이나 은행, 공항, 호텔, 병원, 백화점 심지어 다른 학교나 관공서에 가도 고객의 입장에서 핵심제품은 물론 직원의 행동이나 표정, 주차장, 안내문 등을 살펴보고 평가하는 직업병이 생긴 것이다. 시스템이 고객지향적으로 되어 있는지, 원하는 문제를 해결하는 데 시간이 얼마나 걸리는지, 직원들이 어떤 응대 매뉴얼을 참고하고 있는지, 문제를 제기하는 고객에게 직원들이 어떻게 대응하는지 눈여겨보다 보면 아직도 곳곳에서 개선해야 할 수많은 사례를 접하게 된다.

다행히도 오늘날 많은 기업들은 고객서비스를 기치로 내걸고 있으며 실제로 많은 부분에서 서비스가 개선된 것이 사실이다. 그러나 아직도 고객서비스의 주요 내용은 '친절'이라는 식의 소극적인 사고방식이 보편적인 것 같다. '친절함'은 고객서비스의 필요조건이지 충분조건이 아니다. 고객서비스의 핵심은 고객의 우선적인 욕구를 파악하고 그 욕구충족을 위한 제반 사항들을 정비해 가는 것이다.

『고객가치를 높이는 고객서비스 전략 : 고객감동을 위한 실무지침서』

는 고객서비스의 핵심을 이해하기 위한 많은 주요 개념들을 포괄하고 있다. 최상의 고객서비스를 제공하기 위해 반드시 이해해야 할 개념인 문제해결과 의사소통에 대해 먼저 설명하고 다음으로 구체적인 고객서비스 절차와 전략을 다루고 있으며, 실제 기업에서 고객서비스 담당자 교육 및 관리와 관련된 리더십과 동기화, 재량권 부여의 문제에 대해서도 상세히 설명하고 있다. 마지막으로는 기존고객유지와 테크놀로지를 활용한 고객서비스에 대해 제언하고 있다.

이 책의 특징은 추상적인 개념보다 구체적인 전술 중심으로 내용이 구성되어 있다는 데 있다. 특히 각 장마다 해당 주제와 관련된 실무를 직접 연습해 볼 수 있는 '고객서비스 실무 도전' 코너가 아주 유용할 것이다. 이 코너는 뛰어난 고객서비스 담당자가 되기 위해 듣기기술을 개발하거나 도전적인 고객을 다루는 방법, 또는 직원을 동기화시키거나 직원에게 재량권을 부여하는 방법에 대해 생각하고 함께 토론할 수 있게 구성되어 있다. 독자들은 서비스 실무 도전 코너에 있는 예제를 참고하여 자기의 상황에 맞는, 고객서비스와 관련된 다른 다양한 경우들을 찾아보고 검토할 수 있을 것이다.

특히 이 책은 미국 내에서도 수요가 많아 제6판을 발행하였으며, SNS를 포함한 최근의 경향을 고객서비스 업무에 잘 반영하여 개정하였다. 또한 국내에서도 이 책에 대한 수요가 많아 제6판에 대한 번역본을 새로 출간하게 되어 매우 반갑다.

이 책은 고객서비스를 배우는 학생들이나 고객상담 분야 종사자들, 그리고 기업에서 고객서비스 담당자를 교육하고 훈련시키는 입장에 있는 분들에게 권하고 싶다. 특히 뛰어난 고객서비스 제공자가 되고자 하는 남다른 열정을 가진 분들께 작은 도움이 되기를 바란다.

고객서비스는 오늘날 기업을 경영하는 데 없어서는 안 될 부분이다. 기업의 고객서비스 담당자는 항상 고객과 효과적으로 상호 작용할 준비를 하고 있어야 한다. 이런 준비는 어느 날 갑자기 갖추어지는 것이 아니다. 고객서비스 산업과 현재의 시장 경향을 이해하고, 그런 경향을 조정할 수 있는 능력을 기르고, 기본적인 서비스 기술을 연마한 다음에 비로소 가능해지는 것이다.

지금 시장에는 새로운 고객서비스 세대가 출현하고 있다. 이 세대는 자기 기업의 목표달성에 기여하고 아울러 고객에게 이익을 제공하려는 열정을 가진 세대이다. 그들은 시장을 잘 이해하고 있으며 새로운 도전 기회에 수용적이다. 이들 고객서비스 담당자는 잘 훈련된 사람들로서 새로운 아이디어에 개방적이고, 수용적이며, 동기화되어 있는 사람들이다. 게다가 효과적인 의사소통 기술을 가지고 있고 다문화적인 시장 환경도 잘 파악하고 있는 사람들이다. 그들이 활용하는 테크놀로지는 고객서비스의 효율성을 높일 수 있는 기회이자 계속 변화하는 고객의 요구를 충족시킬 수 있는 효과적인 도구이다. 지식에 대한 그들의 열망은 개인적이고 직업적인 발전에 대한 집념을 보여 주고 있다.

『고객가치를 높이는 고객서비스 전략』(제6판)은 고객서비스와 고객서비스 담당자에 대한 사회적 수요증가에 부응하고자 기획된 책이다. 세부적으로 잘 조직된 이 책의 내용은 고객서비스에 대한 지식을 넓히고자 하는 사람들에게 실질적인 도움을 줄 수 있을 것이다. 이 책은 고객서비스에 필요한 여러 기술을 발전시킬 수 있도록 독자들에게 실무적인 연습 기회를 제공하면서 한편으로 고객서비스 산업의 역동성을 시험해 볼 수 있도록 하고 있다. 또한 고객서비스의 피상적인 요소들이 아니라 고객서비스를 성공으로 이끌어 줄 구체적인 기술과 전략을 집중적으로 제시하고 있다.

이 책은 고객서비스 담당자와 고객서비스 관리자들에게 중요한 이슈를 던지고 있다. 직업시장에서의 개인의 성공도 결국 기본적인 기술을 어떻게 효과적으로 마스터하고 수행하느냐에 달려 있다는 것이다. 고객서비스의 중요한 개념들 외에 아마도 평범한 사람들의 이력서에는 써 있지 않을 특별한 기술과 능력 그리고 자기평가 도구도 강조되고 있다. 오늘날의 직장에서는 개인과 회사의 생산성을 보여 주는 증거라고 할 수 있는 특정 기술을 계속 향상시켜야만 하기 때문이다.

이 책의 구성

제1장의 내용은 '고객서비스란 무엇인가' 라는 질문에 대한 답변이다. 고객만족의 개념과 왜 현실에서는 수준 높은 고객서비스가 매우 드문지를 설명하고 있다. 모든 고객은 각자 나름대로 매우 중요하게 생각하는 욕구를 갖고 있다. 고객서비스 담당자는 고객의 그러한 욕구를 정확하게 파악하고 그 욕구를 충족시키기 위한 업무를 시작해야 한다.

제2장에서는 고객서비스에 대한 장애요소들을 설명하였다. 수준 높

은 고객서비스를 제공하는 데 있어 가장 명백한 장애요소는 고객서비스 담당자이다. 고객이 기업과의 관계를 시작할 때 기업은 고객의 기대와 인식을 어떻게 파악하고 있는가? 평판관리(reputation management)는 고객이 기업을 어떻게 인식하고 있는가를 파악하고 그 평판을 유지하거나 향상시키기 위해 필요한 행동을 취하는 요령을 설명하고 있다.

고객서비스는 자주 논쟁거리가 되는 주제이다. 그러나 실제로는 기업이 고객만족 달성에 얼마나 신경을 안 쓰고 있는지 알면 놀랄 것이다. 우리가 내부고객이나 외부고객과 상호작용을 할 때 신뢰는 매우 중요한 요소이지만 고객의 신뢰를 획득하는 것은 쉬운 일이 아니다. 이 책에 제시된 고객신뢰 획득을 위한 과정을 따라 하면 고객서비스 담당자는 고객에게 믿음을 주고 자신의 전문성을 나타내 보일 수 있을 것이다.

창의적인 문제해결 기술은 어떤 문제에 대한 적절한 해결책을 찾기 위해 고객과 상호작용하는 사람들에게 도움이 되는 것이다. 제3장은 고객서비스에서의 문제해결의 역할에 대해 설명하고 있다. 문제를 가진 사람들이 문제를 해결하고 효과적인 대안을 선택하는 방법을 잘 이해하고 준비한다면 문제해결은 결코 불가능한 일이 아니다.

제4장은 전략의 의미와 고객서비스에서의 전략의 역할에 대해 설명하고 있다. 앞에서는 고객서비스 인프라의 역할을 설명하고 어떤 인프라가 미비한지를 독자 스스로 찾아보게 하였다. 인프라가 적절하게 갖추어져 있지 않으면 고객서비스 담당자가 아무리 뛰어나더라도 고객서비스 목표를 달성할 수 없다. 다음에는 고객지향적 문화를 창출하면 직원들에게 긍정적인 업무환경을 만들어 줄 수 있고 나아가 직원들에게 수준 높은 고객서비스를 제공하도록 고무할 수 있다는 것을 설명하고 있다. 고객서비스 전략을 개발할 때는 먼저 목표를 설정하고, 고객을

서비스가 가능한 소그룹으로 나눈 후 계획을 세우고, 전략을 평가하기 위한 계획표를 짜야 한다.

직원들의 재량권 강화에 대해서는 수없이 들어 왔을 것이다. 하지만 재량권 강화의 의미를 이해하고 직원에게 재량권을 주는 적절한 방법을 알고 있는 기업은 극히 소수에 불과하다. 제5장에서는 직원의 재량권 강화가 고객서비스 담당자의 능력을 어떻게 향상시키는가를 설명한다. 고객은 자신이 받게 될 고객서비스의 일부를 제공하는 서비스 제공자로서 참여할 수 있다. 실제로 많은 고객들은 이런 방식으로 참여하기를 즐긴다. 고객서비스를 제대로 할 수 있도록 시스템을 설계하는 것도 중요하다. 최고의 서비스를 제공한다고 주장하는 많은 기업들은 사실상 서비스를 제공하고 있지 않거나 제공할 수 없다. 왜냐하면 그들이 가지고 있는 시스템이 고객서비스를 고무하지 않는 것이기 때문이다.

제6장에서는 의사소통의 의미와 의사소통이 어떻게 고객과의 관계를 개선시킬 수 있는지를 설명하고 있다. 고객이해지능(customer intelligence)은 기업이 어떻게 고객과 효과적인 의사소통을 할 수 있는지, 그리고 기업이 어떻게 필요한 기본자료를 개발할 수 있는지를 인식하는 데 도움을 준다. 대부분의 고객서비스 상황에서는 경청기술이 중요하다. 그리고 적절한 어조는 전문적인 방식으로 메시지를 전달할 수 있게 해 주고 적절한 어휘의 사용은 좀 더 긍정적이고 전문가다운 느낌을 준다. 테크놀로지의 발달도 의사소통 방식에 변화를 가져온다. 새로운 기술은 고객서비스에서의 생산성과 정확성을 향상시킨다.

모든 사람들은 때때로 도전적인 사람들과 만난다. 제7장은 어떤 고객이 도전적이 되는지 그리고 도전적인 고객들을 어떻게 대해야 하는지에 대한 내용이다. 여기에서는 도전적인 고객들의 10가지 특징을 특별한 방식으로 설명하고 있다. 도전적인 고객을 응대해야 하는 상황에서 적용할 수 있는 긍정적인 상호작용과 테크닉에 대한 요령도 제시되고 있다. 동조와 존중은 누구나 본능적으로 표현할 수 있는 것은 아니지만 도전적인 고객과의 관계에서 중요한 역할을 한다.

고객서비스 분야는 성취감을 많이 느낄 수 있는 업무 분야이다. 그러나 사람들은 때때로 자신이 어떤 행동을 하는 동기가 보상 때문임을 인정해야만 한다. 자기존중감은 사람마다 다르다. 제8장에서는 동기화(motivation)의 개념과 자기동기화를 위한 제언 및 타인을 동기화시키는 테크닉을 설명한다. 동기화를 촉진시키는 중요 요인 중 몇 가지는 과거의 성공 경험을 강조하는 것, 스스로를 배려하게 하는 것, 팀워크를 연습시키는 것, 긍정적인 사람들과 함께 시간을 보내게 하는 것 등이다. 동기화 수준을 높이기 위한 다른 요인들은 동기화의 결정적인 기회가 결국은 자신의 통제하에 있음을 보여 주고 있다.

유명한 회사들은 대개 리더십 때문에 널리 알려진 경우가 많다. 조직의 리더는 상호의존적인 문화를 창출하는 능력과, 구성원에게 성공을 위해서는 집단행동이 필요함을 설득시키는 능력을 가지고 있다. 제9장에서는 훌륭한 리더의 특성을 보여 주고 목표설정의 이익을 강조한다. 새로운 세대의 리더는 고객과 직원 모두의 이익을 위해 직원 훈련을 강조하는 새로운 방법을 설계할 수 있다.

현재의 고객보다 새로운 고객을 유치하는 데 훨씬 더 많은 비용이 든다는 사실은 오랫동안 잘 알려져 온 사실이다. 그러나 많은 기업 중 소수만이 현재의 고객을 적극적으로 관리하는 공식적 프로그램을 갖고 있다. 제10장에서는 고객유지의 개념과 고객동요율, 고객이탈률 그리고 고객의 생애가치에 대해 설명하고 고객유지 프로그램의 필요성과 고객유지율을 높일 수 있는 방법에 대해서 설명한다. 정기적인 고객만족 측정은 고객유지 프로그램이 지속적인 목표가 될 수 있도록 해 준다.

변화하는 환경에서 남들보다 뒤떨어지지 않고 고객서비스를 하기 위해서는 제11장을 주목하라. 새로운 테크놀로지가 등장하고 있고 고객은 일상생활의 개선을 위해 그 테크놀로지를 사용하고 있다. 이는 고객서비스 산업에서의 고객대응에 대한 기대를 높이게 될 것이다. 콜센터의 증가, 인터넷, 전자우편 증가 등은 고객이 그러한 테크놀로지를 이용하고 있을 뿐 아니라 그런 기술을 통해 서비스받기 원한다는 것을 나타내고 있다.

제12장에서는 앞의 11개 장에서 제시된 자료들을 모두 합쳐 제시하고 수준 높은 고객서비스 과정에 독자들이 직접 도전하도록 이끌고 있다. 제6판에서는 고객지향적인 회사의 프로파일과 그들의 우수한 고객서비스 사례를 추가하였다.

각 장의 구성 요소

- 각 장별 도입 문구와 장별 목표
- Job Links와 Team Time application 활동
- 중요한 용어 정리
- 심화 학습 자료
  - 주요 용어풀이
  - 퀴즈
  - 비판적 사고 연습문제
  - 기술 향상 연습문제
  - 고객서비스와 윤리

– 학생들이 여러 기술들을 연습하고 그 기술들을 바로 자신의 작업 환경에 적용하는 경험을 제공하는 프로젝트

제6판에 추가된 내용들

이 책은 고객서비스가 왜 중요한지를 설명하는 것에서 더 나아가 최고의 고객서비스 환경을 창출해 낼 검증된 방법들을 제시한다. 이 책은 고객서비스 산업 분야의 리더로서 계속 새롭게 향상된 내용들을 담아 나갈 것이다. 제6판에 새롭게 포함된 주제들은 다음과 같다.

- 확장되고 있는 온라인 비즈니스 분야에서의 고객만족 달성
- 경쟁정인 환경에서 제기되는 각종 윤리적 문제와 해결 방법
- 감사를 표현하는 것의 중요성
- 고객의 자기자족 트렌드 검토
- 보상 프로그램이나 뉴스레터, 블로그 등을 통한 고객 아이디어 수집
- 소셜 네트워킹 트렌드와 SNS가 고객서비스에 미치는 영향
- 유튜브의 도전과 기회
- 각 장의 끝 부분에 '고객서비스와 윤리' 추가. 실제 시장에서 고객서비스와 관련해 기업이 부딪치는 윤리적 문제에 대해 생각해 보고 해결책 논의하기

감사의 글

먼저 실무에서의 고객서비스 경험을 공유해준 크리스티 로버트, 조 해리스 박사, 크리스티 벤티미글리아, 크리스 무크, 로라 심스, 앤 멕퍼론 께 감사드린다. 이 책에 인용된 사례들 중 상당 부분은 실제로 이분들

의 경험에서 나온 사례들이다. 아울러 고객응대가 매일 실제로 어떻게 이루어지는가에 대해 많은 영감을 준 바버라 제프리, 로리 힉스, 폴라 가우어 님께도 감사드린다. 우리 주변에는 정말 많은 고객서비스업계의 전문가들이 있다. 정말 중요한 질문이 무엇인지 기억한다면 그들로부터 많은 것을 배울 수 있다.

제6판의 내용을 검토해준 리처드 윌리엄스, 다이앤 스미스, 로빈 애담스, 그리고 이전 판의 내용을 읽어주신 세릴 베르니에, 게리 코로나, 스코티 푸트넘 박사님, 패트 테드록, 바버라 밴 시클에게도 깊이 감사드린다.

일레인 K. 해리스

제3장 ★ 고객서비스와 문제해결

제4장 ★ 고객서비스 성공계획 수립하기

제5장 ★ 고객서비스 담당자에 대한 재량권 부여

제6장 ★ 고객서비스와 의사소통

제7장 ★ 도전적인 고객 대하기

제8장 ★ 직원동기화

제9장 ★ 고객서비스와 리더십

제10장 ★ 고객유지와 고객만족

제11장 ★ 변화하는 시장에서의 고객서비스

제12장 ★ 최상의 고객서비스

고객서비스에 대한 이해

우리 업무 영역에서 가장 중요한 방문자는 고객이다. 고객의 앞날이 우리에게 달려 있는 것이 아니라 우리의 앞날이 고객에게 달려 있는 것이다. 고객은 우리 일에 대한 방해물이 아니라 우리 일의 궁극적인 목적이다. 고객은 우리 사업의 열외자가 아니라 우리 사업의 일부분이다. 고객에게 봉사하는 것은 우리가 고객에게 호의를 베풀고 있음을 의미하는 것이 아니다. 오히려 우리에게 봉사할 기회를 준 고객이 우리에게 호의를 베풀고 있는 것이다.

_ Mahatma Gandhi

이 장의 학습목표

□ 고객서비스의 개념을 이해한다.

□ 고객이 기대하는 바와 고객이 지각하는 것의 차이를 이해한다.

□ 고객서비스의 다양한 예를 안다.

□ 모든 고객이 가지고 있는 다섯 가지 욕구를 파악한다.

□ 외부고객과 내부고객의 차이를 이해한다.

□ 고객의 속성을 파악한다.

□ 고객 감소의 큰 손실을 이해한다.

고객서비스가 왜 중요한가

사업을 시작할 때 가장 효과적이고 최소의 비용을 들이는 방법은 최고의 고객서비스를 제공하는 것이다. 사업을 하기 위해서는 고객이 필요하고 따라서 고객서비스가 중요하다는 사실은 두말할 필요가 없다. 사업자들은 오늘날의 시장에서는 상품이나 서비스만으로는 살아남을 수 없다는 것을 알고 있다.

불과 5년 전의 고객과 비교해 봐도 오늘날의 고객은 훨씬 똑똑하다. 그들은 제품의 기능에 대해 많은 정보를 알고 있고 만족스럽지 않은 서비스를 받았을 경우 대우를 더 잘해 줄 수 있는 다른 사업자에게로 미련 없이 떠나 버린다. 아울러 어떤 상황에 대한 불만족을 표시하면 더 나은 해결책이 나올 것이라는 점도 아마 알고 있을 것이다.

이제 고객서비스는 일종의 유행이다. 사람들은 여기저기에서 고객서비스의 중요성에 대해 이야기하고 있으며 시장에서 최고의 고객서비스를 기대하고 있다. 고객서비스는 사업 사이클의 중요한 한 요소를 차지한다. 많은 경우 고객서비스는 현재의 사업을 살아나게 만드는 긍정적인 요소이다. 고객서비스 담당자는 종종 결정적인 순간에 '그 누군가의 하루'와 '기업의 회계장부'를 구원해 주는 바로 그 사람이다.

최고의 고객서비스를 제공하는 길을 파악하고 그 길로 나아가면 업무도 더 재미있고 큰 보람도 느끼게 된다.

고객서비스의 개념

놀랍게도 대부분의 고객서비스 담당자들이 모르는 사실 하나! **고객서**

비스(customer service)란 우리가 고객을 위해 고객의 경험을 고양시켜 주는 모든 일을 포함한다는 사실이다. 고객들이 기업과의 상호작용에서 기대하는 바는 매우 다양하다. 고객서비스 담당자는 고객이 원하는 것을 알기 위해 고객에게 다가가서 그들이 원하는 바를 충족시켜야 한다. 고객서비스를 어떻게 정의하든 우리는 고객이 고객서비스라고 생각하는 것에 따라 행동해야 한다. 우리가 얻고자 하는 궁극적인 목적은 고객만족이기 때문이다.

고객만족 이해하기

고객만족(customer satisfaction)이란 고객과 기업과의 상호작용에서 고객이 느끼는 총체적인 기쁨을 말한다. 고객만족은 고객이 기대하는 바와 고객이 지각한 것의 차이를 반영한다. 만족감은 즉각 일어날 수도 있고 일정 기간 동안 서서히 커 나갈 수도 있다. 고객들의 관심사는 아주 다양하다. 우리가 할 일은 고객에게 정보를 제공하고 문제를 해결하도록 도와주면서 한편으로는 가능한 한 고객의 스트레스를 줄이고 고객이 유쾌한 경험을 하게 해 주는 것이다. 만족은 고객의 사후결론에 해당한다. 고객은 자신의 경험을 돌이켜 생각해 보고 그것이 얼마나 유쾌했는지 불쾌했는지를 깨닫게 될 것이다.

1. 휘발유 주유 시 무료로 세차해 주기
2. 고객의 이름을 부르기
3. 쉽고 편리한 환불규정 만들기
4. 렌터카 사업소 내에 최근에 갱신된 지도를 비치해 놓기
5. 진료 후 환자의 상태가 어떤지를 전화 걸어 확인하기
6. 정확한 시간에 배달하기
7. 고객에게 예의 바른 태도로 대하기
8. 열정적인 태도를 보이기
9. 고객을 배려하고 있음을 표시하기
10. 애프터 서비스
11. 고객불평과 질문을 다룰 때 공감하는 태도를 보이기
12. 잘 쓰인 안내문 비치
13. 어떤 행동을 하게끔 용기를 주는 삽화
14. 더 값싼 옵션을 권하기
15. 고객의 짐 날라 주기

> *"우리의 궁극적인 목표는*
> *고객을 만족시켜서 돈을 버는 것이다."*
>
> _Sir John Egan

일류 고객서비스가 드문 이유

일류 고객서비스가 드문 이유는 고객서비스가 사람들이나 기업이 하고 싶어 하지 않는 두 가지를 요구하기 때문이다. 두 가지 중 하나는

'돈을 쓰는 것'이고 다른 하나는 '실제 행동을 취하는 것'이다. 기업 내의 모든 사람들은 항상 고객서비스가 얼마나 중요한가에 대해 떠들지만 정작 일류의 고객서비스를 위해서는 무엇을 해야 할지 모르는 경우가 많다. 고객서비스란 좋은 태도를 갖거나 성격 좋은 사람이 되는 것 이상의 것이다. 일류 고객서비스를 준비하기 위해서는 먼저 성공적인 서비스 기술을 발전시켜야 한다.

서비스 기술을 발전시키는 것 외에도 기업은 현재의 고객서비스 상태를 진단하고 현재의 상태가 고객의 욕구를 충족시키고 있는가를 파악해야 한다. 고객은 항상 변한다. 변하는 것은 사람들뿐만이 아니다. 고객과 기업을 둘러싼 환경도 변한다. 고객관련 규정이 수년 전에 만들어진 것이거나 주요 고객이 바뀌었다면 현재 규정으로는 효과를 볼 수 없을 것이다. 기업은 오늘날의 고객욕구에 맞는 새로운 규정을 개발해야 한다.

직원들은 고객의 이익을 위해 소신을 가지고 일할 수 있을 정도의 재량권을 가져야 한다. 관리자는 적합한 특성을 가진 사람을 신중하게 채용해야 하고, 종업원들은 일상적으로 발생하는 위기상황을 예측하고 잘 대처할 수 있도록 훈련되어야 한다. 고객서비스는 단순히 좋은 태도를 갖는 것 이상의 것을 의미하지만 그래도 좋은 태도는 기본적으로 필요하다. 어떤 사람들은 좋은 고객서비스를 하려는 생각에만 몰두한 나머지 고객들이 당연시하는 사소한 것을 미처 보지 못하고 넘어가는 수가 있다.

첨단기술과 정보의 사용은 고객서비스를 촉진시키는 요소이다. 우리는 새로운 시스템을 설치하기도 전에 더 나은 모델이 나오는 테크놀로지 시대에 살고 있다. 첨단기술과 정보는 고객서비스 향상을 위해 함께 결합되어야 한다. 수많은 최신 컴퓨터 시스템, 전자우편, 팩스, 프린터, 그리고 다른 첨단의 송수신 도구들이 개발되었지만 그 도구나 도구활용에 대한 정보가 적절한 사람들에게 제공되지 않았기 때문에 고객서비스 담당자들은 이런 도구를 활발하게 사용하지 않고 있다. 고객들은 이런 테크놀로지에 익숙하며 기업도 고객업무에 이런 테크놀로지를 사용해 주기를 기대한다. 때때로 너무 많은 정보나 너무 어려운 정보가 기업의 문제가 되기도 한다. 기업은 기업이 성취하고자 하는 목표를 분명히 하고 전체 시스템 내에서 각 정보의 상대적인 중요성을 결정해야 한다. 우리가 고객의 관심사를 알고 있지만 고객 주소를 어떻게 데이터베이스화하여 이용해야 할지 모른다면, 고객이 우리에게 준 중요한 정보를 모르고 있는 것이나 마찬가지이다.

일류 고객서비스를 제공하기 위한 어려움은 끝이 없다. 고객서비스 담당자들은 자신들이 유쾌하고 효율적인 고객서비스를 제공할 기술을 계속 연마하고 있는지 확인해 보기 위하여 정기적으로 성과를 점검해 봐야 한다. 바쁘거나 스트레스를 받게 될 때는 예전에 해 오던 습관대로 생각 없이 돌아가기 쉽기 때문이다.

경영자들은 정기적으로 고객만족을 측정해 보아야 한다. 기업은 자신들이 고객을 위해 현재 하고 있는 행동에 대해 고객이 기뻐하고 있다고 생각하지만 실제로 항상 그렇지는 않기 때문이다. 기업은 무엇을 잘하고 있는지 그리고 어떤 점이 개선되어야 하는지 고객에게 물어봐야 한다. 고객들은 삶에 대한 다양한 관심사를 가지고 있다. 고객이 불평하지 않는 이유가 아주 만족하고 있거나 더 이상 제안할 게 없어서 그런 것이라고 생각하면 안 된다. 그것은 오히려 기업이 문제가 무엇인지 알아보려는 수고를 하고 싶어 하지 않고 있다는 것을 의미하는 것일 수도 있다.

더 좋은 고객서비스 담당자가 되는 좋은 방법 중 하나는 스스로가 훌릉한 고객이 되어 보는 것이다. 소비자의 권리를 찾기 위해 연습할 때 처럼 훌륭한 고객서비스 담당자란 어떤 것인지를 고객 입장에서 알아 보는 연습을 하는 것이다. 가상고객인 우리를 괴롭게 하는 문제는 우리의 진짜 고객들도 괴롭게 할 것이다. 고객으로서 고객서비스 담당자를 대하는 연습을 해 보라. 여러분의 경험과 의견을 나누기 위해 어느 기업의 고객서비스에 대한 칭찬과 불평을 글로 써 보라. 고객 의견카드를 써 보고 어떤 사람이 여러분의 경험이 어떠했는지를 물을 때 솔직하게 답한다는 기분으로 해당 고객서비스를 평가해 보라. 여러분 자신보다 다른 사람에게 더 기대하지 말라. 여러분은 다른 사람보다 여러분 자신의 경험에서 더 많은 것을 배울 수 있을 것이다.

고객이 원하는 다섯 가지

모든 고객은 서로 다른 욕구를 가지고 있다. 고객의 욕구는 알아내기도 어렵고 때로는 아주 비현실적이다. 그러나 모든 고객이 가지고 있는 기본적인 욕구는 다음과 같은 다섯 가지로 요약할 수 있다.

1. 서비스_고객은 무조건 높은 수준의 서비스를 기대하는 것이 아니라 자신들이 선택한 구매수준에 적절하다고 생각하는 서비스를 기대한다. 가령 신중하게 계획하고 정보를 탐색한 후에 행한 구매에 대해서는 무의식적인 구매를 한 경우보다 더 확실한 서비스를 기대한다.

2. 가격_제품을 구매할 때 가격 요소가 점점 더 중요해지고 있다. 사람들은 자기가 가진 자원을 가능한 한 효율적으로 사용하려고 한

다. 과거에 나만의 독특한 것으로 생각되던 많은 제품들은 이제 대중적인 것이 되었다. 예전에는 햄버거 하나를 사기 위해 특정 지역에 있는 레스토랑까지 가야 했지만 이제는 어느 지역에서나 쉽게 햄버거를 살 수 있게 된 것이다. 이러한 상황은 고객으로 하여금 가격이라는 요소를 점점 더 중요하게 여기도록 만들고 있다.

3. 품질_오늘날의 미국인은 그들이 구매하는 물건을 단기적 소모품으로 취급하려 하지 않는다. 소비자들은 적어도 제품을 바꾸고 싶어질 때까지 견딜 수 있을 정도의 내구성과 기능성을 가진 제품을 원한다. 제조업자와 판매자는 고객이 원하는 정도의 내구성을 충족시킬 수 있는 제품을 만들어야 한다. 고품질의 제품을 생산한다는 평판을 얻고 있는 기업의 제품에 대해 고객은 가격을 많이 따지지 않는 경향이 있다.

4. 고객에 대한 반응_어떤 문제가 있거나 문의사항이 있을 때 고객은 기업의 즉각적인 반응을 요구한다. 이런 요구에 맞추어 많은 기업은 수신자부담 전화, 융통성 있는 환불정책 또는 출장서비스 프로그램을 운영한다. 소비자들은 자신이 중요한 사람이므로 어떤 욕구가 발생했을 때 자신들을 바로 도와줄 수 있는 누군가가 늘 대기하고 있어야 한다고 생각한다.

5. 고객에 대한 감사_고객은 우리가 고객에게 감사하고 있는지 알고 싶어 한다. 고객서비스 담당자들은 이러한 감사를 다양한 방식으로 표현할 수 있다. 고객에게 말과 행동으로 '감사합니다' 라고 표현하는 것으로부터 시작하는 것이 좋은 방법이다. 고객의 주소록을 만드는 것, 정보제공을 위한 뉴스레터 제공, 특별한 할인혜택 제공, 예의를 갖추는 것, 고객의 이름을 기억하는 것 등도 고객에게 감사를 전하는 좋은 방법이다. 더불어 우리 제품을 선택한 것에

대해 감사하고 있음을 구체적으로 표현함으로써 긍정적인 메시지를 고객에게 전달할 수 있다. 한 패스트푸드 레스토랑은 차를 탄 채 주문하는 운전자들을 위해 창구 옆에 다음과 같이 쓴 표지판을 세워 놓았다. "다른 데서 식사를 하실 수 있음에도 불구하고 저희를 선택해 주셨군요. 정말 감사합니다."

> *"내부고객의 소리를 듣고 내부고객을*
> *만족시키지 못한다면 영겁의 세월이 지나도*
> *외부고객을 만족시키는 것은 불가능하다."*
>
> _John Adel Jr.

그룹 과제

그룹을 만들어서 고객서비스를 제공하기 위한 다섯 가지 방법을 적어 보라. 이를 시작할 때 '모든 고객이 원하는 다섯 가지 욕구'를 참고하도록 한다. 다섯 가지 욕구 각각에 대해 하나의 아이디어를 제안하라. 다섯 가지 욕구 중 가격만은 여러분이 어쩔 수 없는 욕구이나 다른 대부분의 범주는 여러분이 조절할 수 있는 욕구이다. 가능한 창의력을 발휘하라. 다섯 가지 방법을 다 만든 후 만들어진 가이드라인에 따라 팀원 모두가 고객에게 서비스를 제공하고 서비스 성과를 내는 데 걸리는 시간을 정한다. 정해진 시간이 다 되면 다시 만나 고객에게 더 나은 서비스를 제공하는 성과를 거두었는지 논의한다. 계획대로 성실하게 수행했다면 그대로 계속하고, 만약 그렇지 않다면 고객서비스 방법을 수정하고 새로운 시간을 내어 다시 시도하라. 항상 앞의 결과에서 배울 점을 찾을 수 있을 것이다.

외부고객과 내부고객

외부고객이든 내부고객이든 모두가 기업의 고객서비스 프로그램에 영향을 미치기 때문에 두 유형의 고객 모두 중요하다는 것을 잊으면 안 된다. **외부고객**(external customer)은 우리가 기업의 외부에서 부딪치는 고객이다. 외부고객은 우리들이 당연히 서비스해야 한다고 생각하는 대부분의 소비자들이다. 그들은 지식과 긍정적인 태도를 우리와 공유하고 상호작용해야 할 대상이다. 외부고객은 우리의 평판을 좌우하고 우리에게 새로운 사업 기회를 주는 고객이다. 그러나 외부고객만이 우리가 봉사해야 할 유일한 고객은 아니다.

우리는 매일매일 기업 내에서 일군의 고객들과 만나면서도 그것을 잘 인식하지 못하고 있다. 이런 고객을 내부고객이라 한다. **내부고객**(internal customer)이란 우리가 함께 일하면서 만나는 기업 내부의 사람들이다. 내부고객은 외부고객이 원하는 것을 성공적으로 제공하기 위해 중요한 일을 하는 사람이다. 내부고객을 위해 일을 제시간에 끝내거나 내부고객을 존중하는 것이 얼마나 중요한지 깨닫지 못한다면 외부고객에게도 훌륭한 고객서비스를 제공하기가 어렵다. 내부고객은 대개 같이 일하는 동료직원들을 지칭한다. 하지만 동료라는 호칭은 기업의 성공을 위해 일하는 사람들에게 주어져야 마땅할 존중심을 이끌어 내는 호칭이 아닌 것 같다. 그러나 명심하라. 우리가 일하는 회사에서 월급을 받고 있는 사람도 우리의 고객일 수가 있다.

외부고객과 직접 상호작용하지 않기 때문에 외부고객에 대한 어떤 책임감도 느끼지 않는 직원들에게는 우리 모두가 고객을 가지고 있다는 사실을 크게 실감하지 못할 수도 있다. 그러나 이들에게 있어서도 내부고객은 외부고객만큼 중요하게 인식되어야 한다.

내부고객과 긍정적인 관계를 발전시킴으로써 우리는 내부고객에게 기업 내에서의 그들의 가치를 보여 줄 수 있다. 내부고객에게 약간 수정된 황금률을 적용해 보자. "우리가 우리 자신에게 하듯 내부고객을 대하라." 이 규칙은 고객서비스 담당자들이 내부고객의 욕구와 기대를 파악하고 그것을 우리 자신의 것처럼 중요하게 생각해야 한다는 것을 의미한다. 우리는 내부고객들이 더 편리하게 일하기 위해 우리가 무엇을 할 수 있는지, 또는 우리를 위해 그들이 무엇을 할 수 있는지 생각해 보아야 한다. 내부고객과 함께 일하는 것은 일종의 타의적인 조종이 아니라 한 팀의 부분이 되어 가는 긍정적인 방식이다. 모든 팀 구성원들은 성공을 위해 함께 일하지만 구성원 모두가 같은 형태로 팀에 기여하는 것은 아니다.

경영자는 직원들이 내부고객의 중요성을 인식할 분위기를 만드는 데 큰 역할을 한다. 내부직원에게 다른 사람의 책임을 대신 담당할 기회를 갖게 해 주면 상호존중의 기류가 형성된다. 그것은 또한 직원들이 자기 일의 범주를 벗어나 더 큰 그림을 볼 수 있도록 도와준다. 누구나 다른 사람이 나보다 쉬운 일을 하고 있고 쉽게 살고 있다고 생각하는 것은 자연스런 현상이다. 그러나 이것은 분명히 사실이 아니다. 우리 동료들의 일을 이해하기 시작하면 우리는 동료들의 어려움을 감소시키기 위해 함께 일하기 시작할 것이다. 시스템을 재구성하고 서류작업을 줄이고 팀 내 협력이 나타나기 시작할 것이다.

내부고객을 만족시키는 것은 외부고객의 욕구를 충족시키기 위한 초석을 놓는 것과 마찬가지이다. 고객에게 사과할 일도 줄어들게 되고, 일의 효율성은 높아지고, 전반적으로 긍정적인 분위기가 나타날 것이다.

만일 누가 우리의 내부고객인지 분명하지 않다면 이렇게 생각해 보라. "내가 누구로부터 할 일을 건네받고 누구에게 내 일의 결과를 건네주는 가?" 이에 더하여 누가 이 건물을 청소하는지, 누가 타이핑을 하는지, 누가 경비문제를 담당하는지, 누가 매장에서 판매를 하는지, 누가 컴퓨 터를 조정하는지를 생각해 보라. 이들 모두가 우리의 내부고객이다. 모 든 고객에게 훌륭한 고객서비스를 제공하고자 하는 목표를 가진 팀은 실제 기회를 활용하여 고객서비스의 비전이 현실화되도록 만들 것이다.

업무와의 연결

중요한 외부고객과 내부고객의 이름을 각각 두 개씩 적는다. 그리고 일주일 동안 네 명의 고객들과 상호작용할 때 그 고객의 이름을 불러 주고 여러분이 제공할 수 있는 모든 서비스를 완벽하게 수행 한다. 일주일이 지나면 고객들과의 관계를 평가한다. 여러분의 고객들이 더 높은 수준의 서비스를 받았다고 인식했을 것이라 생각하는가? 여러분은 어떻게 느꼈는가?

고객속성 파악하기

물론 개별 고객은 제각기 다르다. 그러나 고객속성을 파악하면 누가 진 짜 고객인지 더 잘 이해할 수 있게 된다. **고객속성**(customer attributes)이란 인구학적 정보나 심리적 정보 또는 직업관련 정보 등 고객을 몇 개의 범 주로 유형화할 수 있게 하는 특성을 말한다. 기업은 적 절한 고객서비스를 위해 유사한 특징을 가진 고객끼리 몇 개의 집단으로 묶으려고 한다. **인구학적 정보** (demographic information)는 나이나 소득, 결혼 여부, 교육 수준, 가족생활주기, 자가소유 여부, 성별, 거주지, 직

고객속성
인구학적 정보나 심리적 정보 또는 직업관련 정보 등 고객을 몇 개의 범주 로 유형화할 수 있게 하 는 특성

업, 가계규모, 이사 패턴, 인종, 종교 등을 포함한다. 인구학적 정보는 그 기준이 분명하여 고객을 나누는 보편적인 기준으로 쓰인다.

사회심리적 정보(psychographic information)는 라이프 스타일, 욕구, 동기, 태도, 준거집단, 문화, 사회계층, 가족배경, 취미, 정치적 성향 등을 포함한다. 사회심리적 정보는 고객에 대한 보다 심층적인 이해를 가능하게 한다. 같은 소득수준을 가진 고객이라도 소비 스타일이 똑같지는 않다. 우리 옆집에 사는 사람이 나와 똑같은 집을 원하거나 똑같은 취미생활을 원한다고는 볼 수 없다.

기업정보(firmographic information)의 예로는 종업원 수나 소속업종, 도소매업 또는 서비스업 여부, 업무시간 등 회사관련 정보를 들 수 있다. 아주 많은 고객서비스 담당자들이 기업 간 거래를 위하여 일하기 때문에 개별적인 최종소비자보다는 하나의 전체적인 기업고객을 이해하는 것도 점점 더 중요해지고 있다. 기업고객의 경우 그곳에 소속된 개별 고객들은 고객서비스 담당자와의 개인적인 경험을 사업상의 결정인 것처럼 여기게 된다.

고객감소의 비용

고객의 기대가 높아지고 시장 내의 경쟁이 심해지면서 고객서비스 담당자들은 고객감소의 비용을 깨달아 가고 있다. 고객을 잃으려고 마음먹으면 거의 할 일이 없다. 그저 고객의 관심사를 무시하고 그들에게 무례하게 대하고 일이 어떻게 되어 가는지 신경쓰지 않으면 고객은 달아나고 싶어질 것이다.

고객이 우리와의 거래를 끝내고 다른 경쟁사와 거래를 시작하면 우리에게는 다음과 같은 상황이 발생한다.

- 첫 번째로 고객과의 거래에서 발생하는 수입을 잃게 된다. 처음에는 사소해 보이는 액수라도 시간이 흐르면 아주 치명적일 수 있다.
- 두 번째로 고객들이 우리에게 제공해 주던 일자리를 잃게 된다. 고객이 다른 곳으로 가 버리면, 가령 회계나 광고업무를 위해 일하는 사람을 고용할 필요가 없게 된다. 나아가 회사문을 닫고 50명쯤 한꺼번에 해고해야 할지도 모른다.
- 세 번째로 일어날 수 있는 상황은 **기업평판의 저하**이다. 오늘날의 정보화 사회에서 소문은 아주 빠르게 퍼진다. 고객들은 개인적인 경험을 다른 고객이나 친구들에게 이야기할 것이다. 그 결과 기업은 현재 고객이나 잠재고객에게 안 좋은 평판을 듣게 될 것이고 나아가 순식간에 사업기반을 잃게 될 것이다.
- 마지막 문제는 새로운 **미래의 사업기회**를 잃게 되는 것이다. 이는 미래의 어느 시점에 일어날지도 모를 장기적인 영향을 평가하는 것이기 때문에 지금은 분명해 보이지 않는다. 그럼에도 불구하고 그 결과가 단지 1달러에 그치든 수백만 달러가 되든, 그 중요성을 무시하면 안 된다.

핵심용어

고객만족	고객서비스	고객속성
기업정보	내부고객	사회심리적 정보
외부고객	인구학적 정보	

1. 고객서비스는 기업이 고객을 위해 고객의 경험을 고양시켜 주는 모든 일을 말한다.

2. 고객서비스와 고객만족은 측정하기 쉽다.

3. 고객서비스는 긍정적인 태도 그 이상을 요구하지 않는다.

4. 불평편지는 고객서비스를 강화하는 데 도움이 된다.

5. 첨단기술은 고객서비스 발전에 기여할 수 있다.

6. 모든 고객이 원하는 다섯 가지 욕구는 서비스, 가격, 품질, 고객에 대한 반응, 고객에 대한 감사이다.

7. 기업 외부에서 기업과 함께 일하는 사람을 내부고객이라 부른다.

8. 고객속성은 고객들을 범주화시키는 데 사용되는 한 특성이다.

9. 라이프 스타일, 욕구, 동기, 태도는 인구학적 정보에 속한다.

10. 돈, 직업, 그리고 평판과 미래 사업의 손실은 고객감소의 결과이다.

연습과제

1. 고객서비스란 무엇인가?

2. 고객서비스의 예를 다섯 가지 이상 드시오.

3. 모든 고객들이 가지고 있는 다섯 가지 욕구는 어떤 것들인가?

4. 고객서비스 담당자들이 외부고객과 내부고객 모두와 좋은 관계를 유지해야 하는 이유를 설명하시오.

5. 테크놀로지는 고객서비스 발전에 어떻게 기여했는가?

6. 가격에 대한 고객의 기대와 서비스에 대한 고객의 기대를 관련지어 설명하시오.

7. 고객을 잃게 될 경우 수입의 감소 외에 어떤 비용 문제가 발생하는가?

8. 훌륭한 고객이 되는 방법들을 써 보시오.

9. 고객서비스에 대한 여러분 자신의 정의와 철학을 글로 써 보시오.

10. 고객만족을 정의해 보시오.

'내 고객은?'

훌륭한 고객서비스 담당자는 고객의 욕구와 자신의 욕구충족 기술을 지속적으로 평가한다. 고객을 잘 알게 되면 더 좋은 서비스의 기회를 얻게 되고 어떤 측면에서 서비스가 부족한지도 알게 되는 장점이 있다.

개인적으로 또는 소그룹을 짜서 다음 질문에 답해 보라.

- 내 고객이 만족하는 경우는…
- 내 고객이 개선했으면 하고 바라는 나와 우리 기업의 서비스는…
- 내 고객이 원하는 것을 파악하는 방법은…
- 내 고객을 위해 내가 할 수 있는 가장 기본적인 고객서비스 행동은…
- 현재 내 주된 관심사와 내가 시간을 가장 많이 쓰는 것은…

고객서비스와 윤리

여러분은 동료들과 일주일에 여러 번 점심 먹으러 같이 나갑니다. 그런데 식사를 하다 보면 대개 즐거운 이야기로 시작해서 상사를 도마 위에 올려 놓고 험담하는 쓸데없는 이야기로 끝내게 되죠. 상사가 약간 괴짜이긴 하지만 당신은 상사를 좋아하고 당신이 하는 일도 좋아합니다. 식사를 하면서 계속 상사의 험담을 하게 될 때 당신은 어떻게 행동해야 할까요?

고객서비스 실무 도전 **1** 칭찬과 불평편지 쓰기

훌륭한 고객서비스 담당자가 되기 위한 방법 중 하나는 고객, 그것도 훌륭한 고객이 되어 보는 것이다. 훌륭한 고객이 되는 데에는 여러 가지 방법이 있다. 고객으로서의 권리를 충분히 행사할 수 있는 방법 중 하나는 누구를 칭찬하거나 어떤 일에 대해 불평하는 편지를 써 보는 것이다.

고객들의 많은 관심사는 효율적으로 받아들여지지 않는 경우가 많고 그럴 경우 고객은 화를 내거나 좌절한다. 그러므로 자신의 관심사나 만족감을 먼저 주도적으로 표현하게 되면 고객은 어떤 상황이 잘 종결될 것이라고 느낄 수 있을 것이고 기업과 중요한 정보를 공유했다고 생각하게 될 것이다.

칭찬하는 편지를 쓸 때는 가능한 한 객관적인 사실을 많이 포함시키는 것이 중요하다. 불행하게도 소비자들은 만족스러운 일보다 불만족스러웠던 일을 표시하는 데 더 관심이 많다. 칭찬편지를 씀으로써 여러분은 직원이나 어떤 부서 또는 회사 측에 그들이 고객서비스를 잘하고 있다고 등을 두드려 주는 역할을 하게 되는 것이다.

칭찬편지에 포함해야 할 것

- 보내는 사람의 이름, 주소, 집과 직장 전화번호
- 편지는 짧아야 하고 요점이 잘 나타나도록 써야 한다. 도와준 직원의 이름과 날짜, 무엇이 여러분을 기쁘게 했는지 등 구체적인 내용을 포함해야 한다.
- 가능하면 손으로 쓰기보다는 컴퓨터로 문서를 작성하라. 그래야 보다 전문가다워 보이고 읽기도 좋다.
- 나중에 다시 이런 편지를 쓸 일이 있을 때 참고할 수 있도록 보낸 편지의 원본을 저장해 놓는다.

칭찬편지의 예
(보낸 사람 주소)
(날짜)
(받는 사람 직위와 이름)
(받는 사람의 소속부서, 회사이름)
(회사 주소)

____________ 귀하

최근 귀사와 거래하는 과정에서 제가 얼마나 감사했는가를 알려드리기 위해 이 편지를 씁니다. 지난 0월 0일(날짜) 저는 요금계좌 문제를 상담하기 위해 귀사의 고객서비스센터에 전화를 걸었습니다. 제 전화를 받은 분은 000(이름) 씨였습니다. 그 분은 제 얘기를 처음부터 끝까지 참을성 있게 다 들어 준 다음 무엇이 문제가 됐었는지 설명해 주었습니다. 사실은 부과된 요금에 아무 문제가 없었습니다. 그 000 씨의 전문가다운 접근방식과 의사소통 능력 때문에 저는 귀사가 일하는 방식에 대해 더 잘 알 수 있게 되었고 귀사에 대한 좋은 감정을 다시금 확인할 수 있게 되었습니다.

멋진 고객서비스를 제공해 주신 귀사에 감사의 마음을 전합니다.

(보낸 사람 이름)
(전화번호나 다른 연락처)
(계좌번호 : 필요한 경우)

칭찬편지에서와 마찬가지로 불평하는 편지에서도 구체적인 사실을 포함시키는 것이 중요하다. 불평편지는 초점이 분명하고 감정적이지 않아야 한다. 불평편지는 쓰는 사람의 관심사와 불만의 원인, 그리고 불만의 해결책을 제시할 기회를 제공한다.

불평편지에 포함해야 할 것

- 보내는 사람의 이름, 주소, 집과 직장 전화번호
- 편지는 짧아야 요점이 잘 나타나도록 써야 한다. 물건을 산 날짜와 장소, 그리고 제품과 서비스에 대한 내용 등 가능한 한 구체적인 사실을 포함하라.
- 문제가 언제까지 어떻게 해결되기를 원하는지 분명하게 써야 한다.
- 손으로 쓰기보다는 컴퓨터로 문서를 작성하라. 보낸 편지와 관련자료 원본은 저장해 놓는다.

다음의 예는 불평편지를 효과적으로 쓰기 위한 가이드라인을 제공한다.

(보낸 사람 주소)

(날짜)

(받는 사람 직위와 이름)

(받는 사람의 소속부서, 회사 이름)

(회사 주소)

_______________ 귀하

저는 O월 O일 귀사의 O O O(구매제품 이름, 모델번호)을 구매했습니다(또는 수선하였습니다). 제가 이 물품을 구매한 곳은 O O O(구매장소)입니다. (거래와 관련된 다른 중요사항이 있다면 구체적으로 써 줄 것)

그런데 구매한 귀사의 제품이 (어떤 문제 때문에) 잘 작동하지 않습니다(또는 서비스 결과가 불충분합니다). 문제를 해결하기 위해 (이러이러한) 조처를 취해 주시면 감사하겠습니다. 관련자료(영수증, 보증서, 수표지급 철회서, 계약서, 모델이나 시리얼 번호, 기타 자료 : 복사본을 보낼 것)를 동봉하였습니다.

이 문제에 대한 귀사의 답장과 해결을 기다리고 있겠습니다. O월 O일까지 답장이 없으면 다른 관련기관에 도움을 요청하겠습니다. 위에 쓴 주소나 아래의 연락처로 연락주십시오.

(보낸 사람 이름)

(전화번호나 다른 연락처)

(계좌번호 : 필요한 경우)

도전목표

1. 고객서비스에 대한 긍정적/부정적인 경험을 글로 써서 표현해 보기
2. 글로 쓴 고객편지를 보내고 그에 대한 여러 회사의 반응을 평가해 보기
3. 비즈니스용 커뮤니케이션 기술 습득하기

직접 해 봅시다

본인이 직접 겪었거나 들은 두 개의 고객서비스 경험을 편지로 써라. 하나는 칭찬하는 편지로 긍정적인 경험에 대한 내용과 거기에 대한 감사의 마음을 나타내야 한다. 다른 하나는 불평하는 편지로 불평의 내용을 설명해야 한다. 날짜나 특별한 이름 등을 포함하여 가능한 한 구체적으로 써라. 그 상황에 필요한 것이라고 느껴지면 추가적인 행동을 요청하라. 그 상황이 이런 편지를 쓸 만큼 가치가 있는 상황인지를 스스로 판단해 보라.

프레젠테이션

모든 전문적인 비즈니스용 편지는 모두 워드프로세서를 이용하여 타이핑해야 한다. 칭찬편지나 불평편지의 양식을 따르고 답장을 받을 수 있도록, 보내는 사람의 이름과 주소를 쓰는 것을 잊지 말아야 한다. 특히 원하는 것이 무엇인지를 분명히 해야 한다. 보낸 자료와 관련된 것은 모두 복사해 놓는다. 그래야만 다음에 참고 자료로 제시할 수도 있고 유사한 경우 다시 쓸 수 있다. 가장 중요한 것은 편지를 진짜로 보내는 것이다. 편지를 보낸 날짜를 달력에 표시해 놓고 언제 답장이 오는지 살펴보도록 한다. 행운을 빌며!

힌 트

많은 워드프로세서는 비즈니스용 편지를 쓰는 데 필요한 양식을 이미 가지고 있다. 편지 쓰는 데 어려움이 있다면 이런 양식을 활용하라.

1. O	2. X	3. X	4. O	5. O
6. O	7. X	8. O	9. X	10. O

고객서비스의 도전요소

한 번 잃은 평판을 되찾을 수는 있다.
그러나 세상은 또 다른 문제를 찾아내기 위해
항상 여러분을 주목할 것이다.

_Joseph Hall

이 장의 학습목표

☐ 고객서비스의 장애요소를 파악한다.

☐ 고객의 인식을 파악하고 관리한다.

☐ 일차적인 기대와 이차적인 기대를 이해한다.

☐ 고객의 영향력 개념을 이해하고 고객서비스의 인식을 최대화하기 위해 고객의 영향력을 사용할 수 있는 방법을 결정한다.

☐ 고객의 신뢰를 쌓기 위한 비법을 파악한다.

☐ 윤리점검표를 만들고 해석한다.

성공을 위한 준비

고객서비스는 일면 실천하기 간단한 개념인 것처럼 보인다. 그러나 불행하게도 사실은 그렇지 않다. 기업은 자신의 장점과 약점을 파악한 후에도 고객서비스 대상이 되는 고객을 이해해야만 한다. 훌륭한 고객서비스를 위한 준비는 이 두 가지가 끝난 후에야 비로소 시작된다. 고객서비스의 장애요소에 익숙해지고, 고객인식의 중요성을 깨닫고, 고객의 기대를 이해하며, 자신의 가치와 신뢰감을 유지하는 법을 터득한 후에야 고객서비스 담당자는 고객서비스를 위한 준비를 갖추게 되는 것이다.

> *"고객서비스 팀이 해야 할 역할은*
> *고객의 대변인이 되는 것이다."*
>
> _Jonathon P. Harris

고객서비스의 장애요소

훌륭한 고객서비스를 수행하는 데에는 많은 장애요소들이 존재한다. 가장 보편적인 장애요소 중 하나는 경영철학의 부재이다. 문제를 가진 고객이 자신을 도와줄 사람이나 회사와 접촉하지 못하게 만드는 것, 믿을 수 없는 설비들, 아주 제한적인 회사정책, 이해하기 어려운 보증서나 사용자 설명서, 아주 오래된 불편한 절차 또는 고객서비스의 가치에 대한 몰이해 등이 그 예이다. 이러한 장애는 고객서비스 업무를 수행하는 데 중요한 부분을 차지하지만 불행하게도 대개 고객서비스 담당자의 권한 밖에 있는 일이다.

그렇지만 몇몇 장애요소들은 고객서비스 담당자가 조절할 수 있는 것이다. 몇몇 장애는 열심히 노력하면 극복할 수 있으며 고객서비스 담당자가 최선을 다하도록 만들 수 있다. 다음은 그러한 장애요소들의 예이다.

1. 게으름
2. 취약한 의사소통 기술
3. 비효율적인 시간관리
4. 부정적인 태도
5. 우울한 분위기
6. 적절한 훈련 부족
7. 스트레스 관리 실패
8. 불충분한 권위
9. 기계적인 고객서비스
10. 부적절한 직원배치

고객서비스 담당자는 업무의 효율성을 평가하고 어떤 영역에서 개선이 필요한지 알기 위하여 정기적으로 자기를 평가하는 작업을 해야 한다. 그런 평가가 끝나면 직원들은 자신이 지금까지 해 온 낡은 습관대로 주저앉지 않도록 스스로 변화의 주도권을 쥐고 자신을 모니터해야만 한다.

고객인식의 중요성

우리가 타인과 상호작용하려면 우리는 어떤 상황과 경험, 그리고 사람에 대한 상대의 인식을 알고 있어야만 한다. **인식**(perceptation)이란 우리 자신의 경험에 기초하여 사물을 보는 방식이다. 어떤 상황에 대한 사람의 인식은 적어도 조금씩은 다 다르다. 이런 질문을 상기해 보라. "아직 술이 반 병이나 남은 거야? 아니면 벌써 반 병이나 마신 거야?"

인식이란 일정 기간을 두고 형성되는 것으로 그때까지 사람들이 각자 받아 온 처우, 가치관, 우선순위, 편견, 민감성 등을 반영한다. 따라서 같은 경험이라도 한두 사람이 그것을 서로 다르게 해석할 수 있다. 불행히도 인식은 반드시 합리적 사고에 의해 형성되는 것이 아니다. 오히려 순간적인 좌절이나 분노에 의해 영향을 받는다. 사람들의 인식은 미스터리 투성이다. 고객서비스 담당자는 고객과의 이전의 상호작용에 근거해서 고객의 기대를 예측하고 고객의 인식이 언제나 긍정적이도록 고객서비스를 제공해야 한다. 고객은 자신이 경험한 것을 세세하게 모두 기억하지는 못하지만 전체적인 느낌이 어떠했는지는 기억하게 마련이다. 다른 경험과 합쳐진 고객의 그 '느낌' 이라는 것이 여러분과 여러분 회사에 대한 인식을 형성한다.

가능하다면 언제라도 고객을 개별적인 특별한 존재로 취급하라. 고객의 시간과 상황 그리고 우선순위를 존중해야 한다. 시간을 내어 감사하다는 말을 빠뜨리지 말라. 그리고 더 원하는 것이 없는지 물어보도록 하라. 가끔씩은 우리가 고객이 원하는 대로 잘 하고 있는지 확인하라. 고객의 피드백은 회사에 대한 고객의 인식을 나타내는 것이다. 고객의 부정적인 경험을 우리가 지워 버릴 수는 없다. 우리가 할 수 있는 것은 우리의 행동을 통하여 고객의 인식이 부정확한 것을 보여 주는 것이다.

고객의 기대 파악하기

모든 고객은 어떤 기대를 가지고 어떤 상황에 직면한다. 여기서 어떤 경험에서 야기될 결과에 대한 개별적인 비전을 **기대**(expectation)라고 한다. 기대는 긍정적인 것일 수도 있고 부정적인 것일 수도 있다. 결국은 일어나지 않은, 예상했던 결과에 대해 어떻게 대처할지 연습한 적이 있는가? 기대란 대체로, 적어도 부분적으로 우리의 인식에 기초해 형성된다. 한 회사와의 최근의 경험이 부정적인 것이었다면 고객은 불만족스러운 일이 일어날지도 모른다는 기대를 가지고 새로운 상황을 만나게 될 것이다. 그렇기 때문에 여러분은 전쟁에 나가는 사람처럼 늘 '무장하고 준비한' 상태에서 고객서비스 전선으로 나서야 하는 것이다.

> ▶ 기대
> 어떤 경험에서 야기될 결과에 대한 개별적인 비전

때로 회사든 개인이든 그들이 고객의 기대를 충족시킬 수 없을 것이라고 비관적으로 가정하는 경우도 있다. 이런 비관은 고객의 기대가 어디로부터 오는가를 잘 이해하지 못했기 때문인 경우가 많다.

한 교육기관에서 학교에 대한 학생들의 기대를 파악하기 위해 총장과 학생들을 비공식적으로 조사하였다. 그 결과 학생들이 원할 것이라고 총장이 생각했던 것과 정작 학생들이 기대하는 것과는 큰 차이가 있었다. 총장이 예상한 학생들의 기대는 다음과 같다.

　1. 노력하지 않고 좋은 성적을 얻는 것

　2. 등록금 보조

　3. 수업시간 단축

　4. 과제 축소

　5. 주차장 확대

　실제로 학생들이 가장 원하는 다섯 가지는 다음과 같았다.

　1. 학습분위기를 고취시키는 환경 조성

　2. 수강과목 변경을 용이하게 해 줄 것

　3. 학생들에 대한 교수의 관심

　4. 주차장과 건물 내에서의 안전문제 확보

　5. 주차장 확대

　위 두 목록에서 차이를 확인해 보라. 물론 조사대상 학생들이 전체 학생의 의견을 대표한다고 단정하기에는 무리가 있을 수 있다. 또 총장이 생각했던 것과 같은 기대를 가지고 있는 학생들이 없으리라고 단정할 수도 없다.

　이 사례에서 배울 수 있는 중요한 것은 고객의 기대를 충족시키는 것이 우리가 생각했던 것보다 쉽고 비용이 적게 드는 일일 수 있다는 것이다. 학생들이 기대한 것은 그리 큰 비용이 드는 일이 아니다. 그럼에도 불구하고 학교가 학생들이 기대하는 바를 모른다면 그 기대는 계속 충족되지 못한 채로 남아 있게 될 것이다.

고객의 기대수준

고객서비스 담당자는 고객마다 기대수준이 다르다는 점도 명심해야 한다. 기대는 일차적인 기대와 이차적인 기대로 나뉜다. **일차적 기대**(primary expectation)란 기업과의 상호작용에서 고객이 요구하는 가장 기본적인 것에 대한 기대이다. 예를 들어, 레스토랑에서 저녁을 먹을 때 고객의 일차적인 기대는 합당한 가격을 지불하고 허기를 해결하는 것이다.

    이차적 기대(secondary expectation)란 이전의 경험에서 일차적 기대 이상으로 충족되었던 결과에 기초한 기대이다. 예를 들어, 레스토랑에서 저녁을 먹을 때 종업원의 예의 바른 대우를 받고 특별히 맛있고 보기 좋은 음식을 먹는 것에 대한 기대 같은 것이다.

    고객의 기대는 계속 변한다. 각각의 고객은 자신만의 독특한 일련의 기대를 가지고 있다. 이 사실은 기업에게 장애이기도 하지만 한편으로 고객이 원하는 바를 지속적으로 탐구하여 좋은 대안을 제공할 기회이기도 하다.

고객의 영향력과 그 범위

한 고객은 다른 고객이나 잠재적 고객에게 영향을 미친다. **고객의 영향력**(scope of influence)이란 타인에게 영향을 미칠 수 있는 능력으로 개인의 인식이나 경험에 기초한다. 각 고객의 영향력은 다양하나 평균적으로 한 사람의 의견은 7명 내지 15명의 사람들에게 영향을 준다고 한다. 외향적이고 개방적인 성격 때문에 수많은 사람들과 만나는 고객은 더 많은 사람들에게 영향을 줄 수 있다.

고객의 영향은 호의적이거나 객관적이지 않은 경우가 많다. 따라서 우리의 고객을 행복하게 만드는 것은 아주 중요하다. 기존의 연구에서는 새로운 고객을 끌어들이려면 기존고객을 유지하는 것보다 5배의 비용이 든다는 것을 보여 주고 있다. 또한 사람들은 자신의 부정적이었던 경험을 자신보다 우월한 사람들(superiors)과 나누는 경향이 있다고 한다. 여기서 우월한 사람이란 자기보다 의사결정에서 더 파워를 가지고 있는 사람, 소득이나 영향력이 더 높은 사람을 말한다. 반면 사람들은 긍정적 경험은 아무와도 공유하지 않거나 가장 가까운 사람과 나누는 경향이 있다.

페이스북의 인기는 어느 한 사건이 얼마나 넓은 범위에 걸쳐 얼마나 큰 영향을 미칠 수 있는지를 보여준다. 좋은 정보든 나쁜 정보든 한 번의 클릭으로 많은 사람이 공유할 수 있다. 개인이나 기업의 평판에 손실을 입히는 부정적이거나 부정확한 정보는 사실이 아니더라도 나중에 해명되는 일이 거의 없다. 반면에 페이스북은 많은 사람들에게 메시지를 전하고 많은 사람들의 메시지를 받을 수 있는 효과적인 수단이기도 하다. 지난 학기가 끝날 무렵 오클라호마대학 학생들이 도서관에서 사일런트 댄스파티(silent rave, 무선 헤드폰으로 음악을 들으면서 춤을 추는 파티-옮긴이)가 열릴 것이라는 공지를 페이스북에 띄웠다. 그 정보는 페이스북에서 단 하루 게시되었을 뿐인데 수백 명의 학생들이 이 행사에 참여했다. 행사 주최자들은 이 성공에 놀라워했고 페이스북이 수많은 사람들에게 단시간 내에 많은 정보를 전달할 수 있는 효과적인 수단임을 새삼 인식하게 되었다.

마케팅 전문가들은 오래전부터 구전광고의 효과를 인식하고 있었다. 이는 결국 고객의 영향력과 그 범위에 대한 것이다. 우리는 고객이 긍정적 경험을 다른 사람과 나누도록 요구하고 부추겨야 한다. 이렇게 함으로써 고객에게 우리가 얼마나 감사하고 있는지를 보여 줄 수 있고 새로운 고객에게도 우리에게 긍정적인 기대를 갖도록 만들 수 있다. 행복한 고객은 새로운 고객을 끌어들인다. 그것도 공짜로!

여러분에게 크게 또는 작게 영향을 미치는 네 사람의 이름을 써라. 다음에는 그 네 사람이 각각 영향을 미칠 거라고 생각되는 사람들의 이름을 생각나는 대로 모두 써라. 가족, 친구, 동료, 이웃 모두가 서로 영향을 주고받는다는 것을 기억한다면 여러분은 아마도 긴 이름 목록을 만들 것이다. 다음에 고객에게 서비스를 제공하게 될 때 그 목록에 있는 이름들, 그리고 여러분이 아마도 잊어버렸을 다른 이름들에 대한 영향력을 생각해 보라.

기업 평판 관리하기

한 기업이 다른 경쟁기업과 무언가 달라 보이고자 할 때 가능한 방법 중 하나는 기업 평판을 관리하는 것이다. **기업 평판 관리**(reputation management)란 한 회사가 어떻게 고객들에게 인식되고 있는지를 파악하고 그 평판을 개선하거나 유지하는 행동을 취하는 과정을 말한다. 점점 더 많은 제품과 서비스가 시장에 나옴에 따라 고객은 어느 한 요소보다 회사의 전반적인 평판에 끌려 구매를 하게 되는 경우가 많아지고 있다. 평판 관리도 예전에는 '고객에게 어떻게 원하는 평판을 갖게 할까' 하는 것에서 오늘날에는 '이 회사에 대한 고객의 실제 평판은 어

▶ 기업 평판 관리
고객들이 한 회사를 어떻게 인식하고 있는지를 파악하고 그 평판을 개선하거나 유지하는 행동을 취하는 과정

떤 것인가'를 파악하고 그에 대한 대응방안을 강구하는 방향으로 변화하고 있다. 한 회사에 대한 평판은, 그것이 좋든 나쁘든 다양한 상황에서 회사나 한 부서, 또는 한 직원 개인의 행동에 따라 오랜 세월에 걸쳐 쌓이는 것이다.

평판 관리를 시작하는 회사는 먼저 고객이나 커뮤니티를 대상으로 자기 회사에 대한 평판을 조사해 봐야 한다. 한 회사의 평판은 그 회사에 대한 이미지와는 좀 다른 것이다. 좋은 이미지를 갖고 있어도 평판은 나쁠 수가 있다. 커뮤니티에서 좋아하는 회사라도 사업은 다른 곳에서 하는 것이 나을 수도 있다.

마케팅 리서치 회사인 얀케로비치 & 파트너 사에 따르면 평판이 좋은 회사는 다음과 같은 특징을 가지고 있다.

- 고객의 요구에 신속하게 반응한다.
- 고객의 신뢰를 얻고 있다.
- 고객과의 약속을 지킨다.
- 고객에게 유용한 가치를 제공한다.
- 고객과의 의사소통 채널이 잘 되어 있다.
- 윤리적이고 정직하다.
- 인간지향적으로 사업한다.
- 최고경영자의 능력이 뛰어나다.
- 관련 산업 내의 변화를 잘 수용한다.
- 훌륭한 시민으로서의 의무를 다한다.
- 발전적이다.
- 커뮤니티에 협조적이다.
- 회계기록이 확실하다.

- 직원을 존중한다.

- 해당 산업 내에서 기술적으로 앞서간다.

- 환경 문제에 신경을 쓴다.

- 정부의 법률과 규정을 준수한다.

- 경영다각화에 성공했다.

Industry Week, 1997년 2월 3일자, pp.13~16

기업 평판을 잘 관리하면 고객이나 커뮤니티가 그 기업을 어떻게 인식하는지에 대해 현실적인 이해를 할 수 있게 되고, 나아가 미래에 발생할 여러 도전들을 예측하고 미리 계획할 수 있게 된다.

> *"단 한 시간의 행동이 천년의 평판을 결정한다."*
>
> _일본 속담

고객의 기대 이상으로 잘하기 위한 테크닉

고객의 기대 이상으로 업무를 수행하기 위해 다음과 같이 해 보라.

1. **고객과 친해져라** _ 고객이 누구인지, 그들이 왜 여러분과 거래하는지 알아내라. 그들이 좋아하는 것과 싫어하는 것을 파악하라.

2. **고객이 기대하는 바가 무엇인지 물어보라** _ 여러분과의 거래에서 그들이 기대하는 이익이 무엇인지 알아내라. 그들이 원하는 것 중에 여러분이 하지 못하고 있는 것은 무엇인가?

3. 고객에게 그들의 권리에 대해 말해 줘라 _ 여러분이 고객의 편에서 일하고 있다는 것을 고객에게 말하라.

4. 고객의 기대에 맞추어 생활하라 _ 고객의 기대를 충족시키기 위해 여러분이 고객에게 한 약속을 그대로 지켜라.

5. 일관성을 유지하라 _ 불가능한 일을 고객에게 약속하지 말라. 그렇지만 가능한 서비스에 대해서는 일관성을 유지하라. 고객은 여러분과 거래할 때마다 항상 똑같은 좋은 경험을 할 수 있는지 알고 싶어 한다.

6. 고객들이 원하는 방향으로 대화하라 _ 만약 고객이 직접 만나 대화를 하고 싶어 하면 그렇게 하라. 만약 그들이 온라인 주문이나 도움을 원한다면, 거기에 맞춰주어야 한다.

고객의 기대를 능가하는 서비스를 제공하기 위해 알고 있어야 할 중요한 점은 고객의 기대는 늘 변화한다는 사실을 기억하는 것이다. 한때는 고객의 기대보다 더 성과가 좋았던 어떤 일도 경쟁자가 똑같은 일을 제공하게 되면 아무런 차이를 가져오지 못할 수 있다. 경쟁자의 흐름에 발을 맞추지 못하게 되면 고객이 현재 기대하는 바를 충족시키는 데 실패하게 될 것이다.

미국 자동차 산업은 아주 오랫동안 자동차 업계에서 세계적인 우수 사례로 꼽혀 왔다. 많은 애호 소비자들을 가지고 있었기 때문에 미국 자동차 산업의 미래는 아주 안전할 것으로 보였다. 미국 자동차 산업은 자동차의 최고 표준을 만들어 왔던 것이다. 그동안 미국 외의 자동차 산업은 소비자들이 무엇을 좋아하고 무엇을 싫어하는지를 관찰하였다. 미국 자동차 산업은 이들에 대해 별로 주의를 기울이지 않았다. 그러다가 갑자기 미국 자동차 소비자들이 무엇을 좋아하고 무엇을 싫어하는지 아주 잘 알고 있는, 새로운 경쟁자 집단이 시장에 등장했다. 미국 자동차 업계는 큰 충격을 받았다. 어떻게 그들의 고객이 그들에게 등을 돌리고 미국인이 아닌 다른 나라 사람이 만든 자동차를 살 수 있단 말인가!

불행하게도 미국 자동차 업계는 일단 표준이 설정된다는 것은 경쟁업자에게 그 표준 이상으로 잘하기 위해 노력할 기회를 주는 것이라는 사실을 기억하지 못했다. 경쟁자가 무엇을 하고 있는지, 소비자의 욕구와 욕망이 어떻게 변화하고 있는지를 인식하지 못하면 어떤 산업도 애호 고객을 유지할 수 없다. 다행스럽게도 오늘날의 미국 자동차 업계는 경쟁자가 무엇을 하고 있는지를 깨닫고 과거에 잃었던 고객을 되찾아 오고 있다.

신뢰감을 얻는 열쇠

우리는 매일의 삶에서 주변 사람들에게 믿음을 주어야 한다는 과제를 안고 살고 있다. 타인이 우리를 얼마나 신뢰하는가가 그 사회에서 우리가 얼마나 믿을 만한 사람인가를 나타낸다. **고객 신뢰**(credibility)란 담당자의 현재 지식수준과 명성 그리고 전문성에 대해 고객이 내리는 전체적인 평가이다. 신뢰는 고객과 기업 간의 상호 믿음을 조성한다. 고객과 성공적으로 일하려면 상호 신뢰는 필수적이다. 종업원 개인의 신용은 고객서비스 담당자로서의 개인의 성공 여부를 결정짓는 중요한 요인이다.

고객의 신뢰를 얻기 위해서는 다음과 같이 행동하는 것이 필요하다.

1. 일관성을 유지하라_항상 공정함을 유지하면서 비슷한 상황에서는 똑같은 반응을 보여라. 정서적인 안정감을 유지하라. 긍정적이고 전문가다운 태도, 그리고 따뜻한 마음을 가지고 행동하라.

2. 약속을 지켜라_한번 한 약속은 반드시 지켜라. 여러분에게 전화한 고객은 여러분이 어떤 해결책을 가지고 있을 것이라고 기대하고 있는 것이다. 그 믿음에 보답하지 못하면 고객의 신뢰를 얻을 수 없다.

3. 전문성을 개발하라_제품과 회사와 해당 산업에 대해 해박한 지식을 갖도록 하라. 그리고 지속적인 향상을 위해 노력하라.

4. 동료와 협조하라_타인과 성공적으로 협조할 수 있게 된다는 것은 여러분이 공동의 목표를 가지고 있다는 것, 그리고 각 개인의 특별한 기술을 가지고 공동목표에 공헌하며 그 이익을 함께 나눌 수 있게 된다는 것을 나타낸다.

5. 고객에 대한 헌신을 표시하라_고객을 위해 무엇을 할 것인지 미리 고객에게 말하라. 고객의 모든 요구를 진지하게 받아들이고 그 요구가 어떻게 처리되는지 끝까지 책임을 져라.

6. 고객과 동료를 똑같이 존중하라_다른 사람을 존중하면 그 사람도 여러분을 존중하게 된다. 여러분이 고객에게 생각보다 큰 영향력을 갖고 있다는 점을 명심하라.

7. 잘못했을 경우 사과하라_솔직함은 사람들에게 좋은 인상을 준다. 사람들은 안 그런 척하는 사람보다는 잘못했어도 솔직한 사람을 좋아한다.

8. 고객신뢰를 잃지 않도록 미리 노력하라_한번 신뢰를 잃으면 그 신뢰를 회복하기는 매우 어렵다.

가치의 중요성

훌륭한 고객서비스를 하기 위해서는 종업원이 추구하는 가치와 회사가 추구하는 가치가 성공적으로 조화되어야 한다. **가치**(values)란 어떤 상황에 대한 적절한 반응이 어떤 것인가에 대한 믿음, 인식, 그리고 사고의 조합이다. 개인과 회사는 각자 자신에게 독특한 가치들을 추구하고 있다. 회사는 회사가 추구하는 가치가 무엇인지 종업원들에게 전달하기 위해 효과적으로 의사소통을 할 수 있어야 한다. 회사가 추구하는 가치는 종업원을 위한 매뉴얼이나 회사규정 같은 문서화된 형태로 전달되는 것이 가장 보편적 형태이다. 그러나 한 회사가 추구하는 진짜 가치는 회사가 어떤 관리행동을 보이는가를 통해서 전달된다. 직원들은 자신이 추구하는 가치가 무엇인지를 인식하고 자신과 가치의 우선순위가 비슷한 기업을 찾는 것이 중요하다.

가치는 매우 개인적인 문제이다. 여러분이 지금과 같은 가치관을 갖도록 만든 그런 환경을 다른 사람들은 갖고 있지 않다. 고객서비스 문제에서도 어떤 기업은 '해야 할 것' 과 '하지 말아야 할 것' 에 대한

그룹 과제

그룹을 만들어서 고객 신뢰의 개념에 대해 의논하라. 고객 신뢰는 담당자의 현재 지식수준과 명성 그리고 전문성에 대한 고객의 전체적인 평가이다. 그룹의 각 구성원들은 그룹에 대한 고객 신뢰와 각 구성원에 대한 고객 신뢰에 대해 평가하라. 고객 신뢰를 쌓기 위한 비법을 하나 선택하고 그룹에 대한 고객 신뢰를 향상시킬 행동계획을 수립하라. 독립적으로 여러분 개인에 대한 고객 신뢰를 향상시키기 위한 행동계획을 만들어라. 여러분 그룹의 고객 신뢰를 향상시키는 행동을 할 때 그 과정을 평가하기 위한 시간을 재라. 목표를 성취하기 위해 행동할 때 고객 신뢰를 유지하는 것보다 다시 얻는 것이 훨씬 어렵다는 것을 잊으면 안 된다.

분명한 규칙을 가지고 있다. 반면 어떤 기업은 회사가 추구하는 가치를 종업원에게 알리는 데 실패하기도 한다. 고객서비스 담당자는 어떤 상황에서도 자신이 자기 개인과 회사를 동시에 대표하고 있음을 명심해야 한다. 그들의 행동과 철학이 그들 자신과 회사가 어떤 사람 또는 어떤 기업인가를 나타내기 때문이다.

고객서비스에서의 윤리문제

모든 사람은 언젠가 윤리적으로 갈등을 일으키는 상황에 직면하게 된다. 윤리란 무엇이며 왜 우리의 직업과 삶에서 문제가 되는가? **윤리**(ethics)란 개인이나 집단의 행동을 규율하는 일련의 규칙이다. 때때로 많은 사람들이 가장 대중적으로 선택하는 것이 윤리적인 경우가 있다. 그러나 어떤 행동이 옳고 그른지 정의하거나 판단하기 어려운 애매한 영역에서 윤리적 결정을 해야 하는 경우도 있다. 윤리적 의사결정의 문제는 그 판단이 한 개인과 관련된 것이 아니고 상급자의 지시나 고객의 요구, 회사규정, 또는 다른 어쩔 수 없는 상황과 관련된 것일 때 더욱 어려워진다.

▶ **윤리**
개인이나 집단의 행동을 지배하는 일련의 규칙

　진실을 말하거나 적절한 행동을 결정해야 할 때 거기에는 어떤 지름길도 없다. 사람들은 주변인들에게 정직한 사람으로 인식되어야 한다. 그렇지 않으면 장기적으로 성공하기가 어렵다. 의사결정의 기본원칙은, 결정을 한 사람은 그 결정의 결과가 좋든 나쁘든 결과에 직면해야만 한다는 것이다. 윤리적인 문제가 대두되는 상황에 부딪히게 되면 여러분 자신에게 다음과 같은 질문을 던져 보라.

- 이 일은 합법적인가?

- 이 일은 공정한가?

- 이 일이 내키지 않는가?

- 여론이 내 행동을 옳다고 생각할 것인가?

- 내가 아는 사람들이 내가 한 행동에 대해 말할 것이 두려운가?

위의 질문들은 윤리적인 행동을 선택할 때 기준이 될 수 있다. 이는 윤리적인 문제가 쉽게 해결될 수 있다는 것을 의미하는 게 아니다. 단지 상황을 분석하면 어떤 것이 옳은 행동인지를 파악하기가 좀 더 쉬워질 것이라는 것이다. 윤리문제에 대해 마지막으로 고려할 점은 '옳은 일'이 '사람들이 가장 좋아하는 일'과 똑같은 것은 아니라는 점이다. 옳은 일을 한다는 것은 개인의 고결함을 유지하는 일이다. 기업의 좋은 명성은 직원들이 어떤 행동을 했을 때 그것이 고심 끝에 얻은 최적의 행동임을 사람들에게 설득시키는 데 도움을 줄 것이다.

고객서비스의 실상

오늘날 많은 사람들이 고객서비스의 중요성을 이야기하고 있지만 정작 고객서비스를 향상시키기 위해서 그리 많은 일을 하고 있지는 않다. 다음과 같은 것이 그 이유일 것이다.

1. 고객서비스의 이익은 화폐로 계산하기가 어렵다. 회계 담당자에게 고객서비스의 장기적인 이익을 납득시키는 것은 쉬운 일이 아니다.
2. 고객은 거래하는 기업에 대해 아주 높은 기대치를 갖고 있는 반면

고객서비스 담당자들은 고객의 기대가 무엇인지 모른다.

3. 고객은 일단 어느 수준의 서비스를 받으면 점점 더 높은 기대를 갖는 데 익숙해지는 반면, 기업은 그 서비스를 제공하기 위한 비용을 감당할 수 없게 된다. 전체적인 숫자는 얼마 안 되지만 고객에게 우호적인 회사규정을 악용하는 고객이 있다. 기업은 고객들이 현실적이고 합당한 수준의 기대를 갖도록 재교육할 필요가 있다.

4. 테크놀로지의 발전은 고객의 문의에 대한 신속한 답변을 가능하게 만들었다. 그러나 이를 위해서는 새로운 시스템에 익숙해지도록 고객서비스 담당자들을 계속 훈련시켜야 한다.

5. 고객서비스는 어떤 전문가라도 무시해서는 안 되는 중요한 기회이다. 이는 동일한 제품이나 서비스를 생산하는 두 기업 또는 그 이상을 분명하게 차별화하는 요소이다.

> *"한 사람이 이루어내야 할 유일한 성과는 바로*
> *다른 사람들보다 단 한 걸음 앞서 가는 것이다."*
>
> _덴마크 속담

고객서비스의 새로운 경향

얼마 전부터 고객서비스 산업에 여러 가지 새로운 경향이 나타나고 있다. 이 새로운 경향은 고객이 기업에 접근하는 방식과 기업이 고객에 반응하는 방식이 변화한 데 따른 것이다. 새로운 경향은 기업에 대한 고객의 접근성 향상, 고객에 대한 즉각적 반응, 고객서비스 담당자에 대한 고객의 피드백, 고객서비스 업무의 아웃소싱, 그리고 혁신적인 고객서비스의 등장 등을 포함한다.

오늘날의 고객은 자신의 각종 계좌나 지불체계, 배달, 제품 가용성 등에 대해 전보다 많은 정보를 갖고 있다. 따라서 개인 고객들의 특별한 문제에 대해서는 아직 할 일이 남아 있기는 하지만 고객서비스 담당자가 대답해야 할 고객문의는 많이 줄었다. 개인식별정보를 이용하여 접근가능한 고객정보 핫라인(전화시스템)과 배달의 전 과정을 보여 주는 컴퓨터 프로그램이 고객의 정보접근성을 높여 준 예이다. 고객들은 이러한 접근성의 향상에 감탄하고 있고 고객서비스 담당자에 대한 일상적인 문의를 줄이고 있다. 이는 직장 내 테크놀로지의 활용을 보여 주는 한 예이기도 하다.

고객에 대한 반응의 신속성은 고객서비스의 또 다른 경향이다. 고객은 기술발전 덕분에 자신의 문제와 질문에 대한 답을 즉시 얻을 수 있게 되었다. 고객서비스 담당자들도 이전 같으면 상급자가 처리해야 했을 일에 대해 직접 결정을 내릴 수 있을 정도로 권한이 확대되었다.

고객으로부터의 피드백은 모든 기업에 매우 중요하다. 특히 고객서비스 부서에는 성장의 기회를 주는 계기가 될 수 있다. 오늘날 기업은 고객제안을 매우 장려하고 고무한다. 고객조사를 하는 독립된 조사부서나 회사는 직접 고객과 접촉할 수 있다. 수많은 보상 프로그램이나 선호되는 고객 프로그램들은 고객의 구매내역 및 선호도를 알아내고 고객이 구입한 물건의 바코드 사용내역을 이용해 고객의 서비스 경험에 맞출 수 있다. 요즘에는 고객서비스 담당자가 고객의 제안과 요청을 접수하고 효과적으로 문제가 개선되도록 하는 역할을 할 수 있다. 고객은 회사가 그들의 생각을 공유하고 그에 따라 변화해 준 것에 대해 고마워할 것이다.

기업이 업무를 개선하고 비용을 절약하고 기술적인 요구사항들을 평가하기 위한 새로운 전략들을 찾고자 한다면 아웃소싱이 효과적인 대안이 될 수 있다. 시장에서 경쟁이 심화되면서 많은 기업들이 급여와 회계문제, 자료처리, 시설 유지관리, 마케팅, 기타 많은 문제에 대해 아웃소싱을 해야 할 상황에 처해 있다. 특정한 고객서비스 영역도 아웃소싱을 하고 있는 영역이다. 아웃소싱은 임대료나 이윤, 설비, 임시 근로자 인건비 등과 관련된 비용을 줄이고 기업은 오로지 고객업무만 더 잘할 수 있도록 도와준다. 많은 기업은 수신자부담 전화나 전자우편을 통해 고객문의와 불평, 고객의견을 접수한다.

이런 것들은 고객과의 밀접한 상호작용을 가능하게 하고 동시에 상호작용에 필요한 시간도 줄여 준다. 이런 상호작용에는 고객서비스 담당자들을 고용하고 훈련시키는 비용 외에 필요한 설비를 갖추기 위한 비용이 든다. 어떤 기업은 이런 비용을 댈 여유가 없을 수도 있다. 이런 기술적인 문제와 고객관심, 제품관련 요구를 다룰 사람을 신중하게 선택하면 고객에게 반응하는 데 걸리는 시간을 줄일 수 있음은 물론 고객서비스 제공 비용도 줄일 수 있다. 무엇보다도 가장 긍정적인 잠재이익은 고객유지율의 증가이다. 고객의 요구가 충족되면 고객은 더 나은 서비스를 위해 다른 경쟁사를 찾지 않을 것이기 때문이다.

고객서비스는 혁신적인 전략의 개발을 고무하는, 마케팅의 중요한 부분이다. 고객서비스에 대한 혁신적인 접근의 한 예로 고객에게 정보 뉴스레터를 발송하는 것을 들 수 있다. 정기적으로 고객에게 보낸 정보 뉴스레터는 고객이 새로운 정보, 제품이나 서비스 제공, 새로운 시스템, 서비스 시간에 대한 정보를 공유할 수 있게 해 주기 때문에 고객의 두려움을 없애 준다. 또한 고객에게 회사가 고객을 위해 항상 준비하고 있다는 인식을 심어 줄 수 있다. 뉴스레터는 고객에게 보여 줄 정보를 가지고 있는 보물창고여야지 고객에게 무언가를 팔려는 도구로 이용되면 안 된다. 물론 궁극적으로는 회사를 파는 것이지만 그 접근 방식은 노골적인 것이 아니어야 하고 그래야 고객을 부담스럽지 않게 할 수 있다.

가치	고객 신뢰	고객의 영향력
기업 평판 관리	기대	윤리
이차적 기대	일차적 기대	인식

1. 게으름, 취약한 의사소통 기술, 우울한 분위기, 스트레스 관리 실패, 부적절한 직원 모두 고객서비스를 강화시키는 요소들이다.
2. 인식이란 우리의 기대에 기초해서 사물을 보는 방식이다.
3. 기대는 항상 부정적이다.
4. 기대는 항상 우리의 인식에 기초한다.
5. 평균적으로 고객 한 명은 7명 내지 15명의 사람들에게 영향을 준다.
6. 기업의 평판은 잠재된 고객에게 중요하지 않다.
7. 종업원 개인의 신용은 고객서비스 담당자로서의 개인의 성공 여부를 결정짓는 중요한 요인이다.
8. 한번 신용을 잃더라도 다시 회복하기가 쉽다.
9. 윤리는 개인이나 집단의 행동을 지배하는 일련의 규칙이다.
10. 옳은 일을 하는 것과 높은 윤리 규범을 갖는 것은 항상 대중적이다.

1. 고객에게 신뢰감을 주는 것이 왜 중요한가?

2. 고객의 기대를 충족시키기 위한 테크닉 다섯 가지를 설명하라.

3. 많은 사람들이 고객서비스에 대해 이야기하면서도 정작 많은 일을 하지 않는 이유는?

4. 고객의 인식을 고려해야 하는 이유는 무엇인가?

5. 고객서비스에 대한 장애요인에는 어떤 것들이 있는가?

6. 고객이 어느 기업의 고객서비스를 사실과 달리 부정확하게 인식하고 있다면 그 사실을 어떻게 받아들여야 하는가?

7. 고객의 일차적 기대와 이차적 기대는 어떻게 다른가?

8. 한 고객의 영향 때문에 여러분의 기업이 해를 입었거나 도움을 받은 사례를 설명해 보라.

9. 타인에게 신뢰감을 주기 위한 테크닉을 설명해 보라.

10. 고객서비스 제공업무를 하는 직원에게 가치의 역할은 무엇인가?

서비스 기술 구축

고객의 기대를 파악하기

모든 고객은 자신만의 독특한 기대를 갖고 있다. 그 기대는 긍정적인 것일 수도 있고 부정적인 것일 수도 있다. 기업은 고객이 경험으로부터 어떤 기대를 갖게 되었는지 정기적으로 파악해야 한다.

개별적으로 또는 3~4명의 소그룹 단위로 다음의 기업에 대해 가지고 있는 기대를 중요한 것부터 네 가지씩 적어 보라.

- 특급호텔
- 전기나 가스회사
- 전국적으로 잘 알려진 패스트푸드 레스토랑
- 자동차서비스 회사 또는 차고 회사
- 렌터카 업체

- 지방대학
- 신용카드 회사
- 여러분 자신의 기업 또는 부서

이들 기업에 대해 기대하는 바를 네 개씩 적어 본 후에 충족시키기 쉬운 것부터 어려운 것까지 순서를 매긴다. 여러분이 매긴 순위로부터 어떤 결론을 도출해 보라.

고객의 기대를 평가할 때 흔히 발견할 수 있는 한 가지는 고객이 가지고 있는 기대의 상당 부분이 충족시키기 쉽거나 별로 비용이 안 드는 것이라는 점이다. 고객의 기대를 이해하려는 시도는 해당 기업에게 고객이 원하는 기업이 되도록 노력할 계기를 제공한다.

고객서비스와 윤리

여러분이 다니고 있는 회사가 곧 대규모 감원을 실시할 것이라는 뉴스가 지역 신문에 실렸다. 불행하게도 여러분도 감원대상 중 하나가 될 가능성이 있다. 해고될 때를 대비해 회사에서 새로운 직장에 제출할 이력서를 쓰고 컴퓨터나 프린터를 사용하는 것이 옳은가? 모든 사람이 그렇게 한다면 어떻게 될까?

<table>
<tr><td>고객서비스 실무 도전 **2**</td><td>나의 사명 선언서</td></tr>
</table>

우리 각자가 어떤 특별한 사명을 가지고 있다는 아이디어는 새로운 것은 아니지만 오늘날에도 여전히 많이 듣게 되는 것 중 하나이다. 물론 개인의 사명을 설명하는 데는 다양한 방법이 있지만(미션이나 목표헌장에 대한 내용은 제5장 참조) 여기에서는 개인적이고 사적인 사명에 초점을 맞추어 보기로 한다. 우리 각자의 일상적인 생활 속으로 파고들어가 보는 것이 우리가 존재하는 이유 또는 사명에 초점을 맞추는 데 도움이 된다. 언제 질문을 받았는가에 따라 대답이 달라졌을 질문을 하나 해 보자. 나 자신의 사명을 분명하게 정의하게 되면 사람들은 궁극적인 목표에 집

중할 수 있게 되고, 어려운 시기를 헤쳐 나갈 수 있게 되고, 성취감으로 보상받게 되고, 늘 자신이 할 수 있는 최상의 것을 위해 노력하게 된다.

도전목표

1. 나의 사명을 어떻게 정의할 것인지에 대해 이해한 바를 나타내 보기
2. '우리가 왜 존재하는가' 를 설명할 수 있도록 함께 작용하는 개인의 고유한 특성과 재주, 목표, 요구의 조합을 정의하기
3. 개별적이고 사적인 사명 선언서를 글로 써서 발표하기

직접 해 봅시다

사명 선언서를 결정하기 위해 노력할 때 스스로에게 다음과 같은 질문을 해 보라.

- 내가 즐기는 것은 무엇인가?
- 내가 가장 행복한 때는 언제였나?
- 내가 더 잘할 수 있었던 것은 무엇일까?
- 내가 중요하다고 믿고 있는 것은 무엇인가?
- 5년 후 나는 무엇을 하고 있을까?
- 나는 무엇을 잘하는가?
- 내가 이룬 가장 자랑스러운 성취는 무엇인가?
- 나는 다른 사람들과 같이 일하기를 좋아하는가 또는 혼자 일하기를 좋아하는가?
- 다른 사람들이 나에 대해 어떻게 생각하기를 원하는가?
- 다른 사람들이 나를 어떤 사람으로 기억하기를 원하는가?

이 밖에 적당하다고 생각되는 다른 질문들도 만들어 보라. 이 질문들을 해 보면 나의 사명을 결정하는 데 필요한 많은 정보를 얻게 될 뿐만 아니라 예전에 미처 깨닫지 못했던 개인적인 우선순위 패턴을 발견하게 될지도 모른다.

프레젠테이션

개인적인 사명 선언서를 써서 발표하라. 그 내용은 일관성 있는 형태로 전문가답게 쓰여야 한다. 각 단락은 삶의 각각 다른 영역을 나타내야 한다. 아니면 한 단락으로도 그 모든 것이 충분할 수 있다. 사명 선언서를 두 장 만들어 담당상사에게 제출하라. 한 장은 평가를 받은 후 다시 돌려받고 다른 하나에는 본인의 주소를 적어 나중에 상사가 여러분에게 부치도록 하라. 사명의 내용을 설정하고 정의해 감에 따라 여러분은 더 동기화될 것이다. 그러나 시간이 갈수록 바쁜 생활 때문에 그것을 지키기가 어려워질 것이고 왜 여러분이 존재하는지도 잊어버리게 될 것이다. 그러다가 여러분의 사명 선언서를 우편으로 받게 되면 여러분은 '왜 내가 존재하는지'를 다시 한번 생각하게 될 것이다.

1. X	2. O	3. X	4. X	5. O
6. X	7. O	8. X	9. O	10. X

고객서비스와 문제해결

멋진 기회는 때때로 도저히 풀 수 없는 어려운
문제로 변장하여 우리에게 나타난다.

이 장의 학습목표

☐ 고객서비스에서 문제해결의 개념을 이해한다.

☐ 문제해결 과정을 설명할 수 있다.

☐ 문제해결 전략인 브레인스토밍과 시각적 도식화의 과정을 설명할 수 있다.

☐ 마인드매핑을 이해한다.

☐ 협상 능력을 기른다.

☐ 고객서비스의 수단으로 문제해결 후 사후추적을 사용한다.

고객서비스에서 문제해결의 역할

우리는 문제해결이 요구되는 상황에 자주 부딪힌다. 많은 경우, 문제는 우리가 피하고 싶어 하는 일종의 도전이지만 문제를 피할 수 있는 가능성은 거의 없다. 고객서비스 담당자들이 참여하는 가장 중요한 활동 중 하나는 고객의 문제해결을 돕는 것이다. **문제해결**(problem solving)은 도전적 상황에 대한 적극적인 해결을 말한다.

많은 개인들은 문제해결을 두려워한다. 문제해결은 작업환경에 상당한 스트레스를 더하기 때문이다. 문제해결이 유쾌하지 않은 작업으로 인식되는 이유 중 하나는 기업 내 담당자들이 효과적이고 효율적으로 문제를 해결하는 데 필요한 기술을 발전시켜 오지 못했기 때문이다. 사람들이 가진 유일한 훈련경험은 어려서부터 집안에서 발생한 문제를 관찰한 경험으로부터 얻은 것이다. 이런 경험은 대체로 기업상황에 그대로 적용될 수 없는 것들이다. 기업 내의 사람들은 잘못된 문제해결이 가져올 수 있는 부정적 결과에 대해 잘 알고 있다. 이런 이유로 사람들은 문제해결에 대한 책임을 지지 않으려고 한다.

문제해결에 능동적으로 직면하려면 기업은 담당자를 훈련시켜 대비하여야 한다. 회사는 회사와 고객 모두에게 도움이 될 해결책을 강구하도록 문제해결 담당자들을 고무시키는 환경을 만들어야 한다. 중요한 것은 최종 결과이지 과정이 아니다. 문제해결이 적시에 이루어지는 한 과정은 크게 중요하지 않다.

문제해결 과정에서의 한 가지 문제는 결정을 내리기까지 걸리는 시간이다. 고객이 어떤 문제나 문의사항을 가지고 전화한 경우 고객서비스 담당자는 불과 몇 초 또는 몇 분 내에 대답해야 한다. 불행히도 이런 경우에는 가능한 해결책을 찾아볼 시간이 없다. 고객서비스 담당자는 고객의 설명을 들으면서, 한편으로는 완곡한 질문을 통해 문제를 분명하게 하고 한편으로는 해결책을 제시하는 전문가가 되어야 한다. 가능한 대안이 여럿 있음에도 불구하고 고객과 고객서비스 담당자가 공유하고자 하는 해결책은 하나이다.

고객서비스 담당자는 어떤 결정을 내리고 문제를 해결하기 위해 문제해결 전략을 학습하고, 협상기술을 발전시키며, 갈등해결 방법을 배우고, 사후확인의 중요성을 인식하는 등의 방법으로 준비해야 한다.

창의성과 문제해결

창의성과 문제해결 과정을 잘 통합하면 좋은 결과가 나온다. 창의적인 문제해결은 해결책을 찾기 위해 개방적으로 접근하면 적절하고 혁신적인 결과를 가져올 수 있다는 점을 지적하고 있다. 창의적인 문제해결은 직원들이 새로운 아이디어가 자유롭게 그리고 현실적인 것으로 인정되는 분위기에서 일할 수 있어야 가능하다. 동일한 문제가 계속 반복되고 똑같은 방식으로 해결된다면 바로 그때가 새롭고 보다 창의적인 해결책을 찾을 기회이다.

고객은 창의성에 감동한다. 창의성을 개발하기 위해서는 새로운 아이디어나 해결책을 찾기 위해 노력하고 몰입해야 한다. 기업 내에서 고객의 지갑과 가장 가까이 있는 직원은 고객과 지속적으로 상호작용하는 사람이다. 많은 기업에서는 고객서비스 담당자가 이런 사람이다. 고객과 경영진에 문제해결에 대한 혁신적인 방식을 제안함으로써 고객서비스 담당자는 자신의 창의성을 다른 사람과 공유할 수 있다.

고객불평을 기회로 활용하기

고객의 비판은 정보를 획득할 수 있는 기회이다. 고객이 문제나 좌절감을 표현할 때는 흔히 방어적이 되기 쉽다. 그러나 고객의 비판에 반응하는 생산적인 방법은 고객의 비판을 문제해결을 위한 투입요소로 간주하는 것이다. 고객의 불평은 행동을 취해 달라는 요구인 것이다.

많은 고객들이 미래에는 이렇게 하면 어떤 문제를 피할 수 있을 거라는 식의 제언을 하곤 한다. 고객에게 그들의 아이디어를 표현할 기회를 주는 것은 고객을 실망시킨 시스템이나 상황을 개선하는 과정에 고객을 참여시키는 것이다. 이는 고객과 기업 간에 일체감을 조성할 수 있도록 해 준다.

갈등 관리

문제해결을 할 때 대부분의 사람들이 현실적으로 어떤 갈등에 부딪히게 된다. 문제해결과 의사결정은 가능한 대안들을 고려하고 최적으로 보이는 대안을 선택하는 과정이다. 선택은 그 과정에 관여한 당사자가 '최종적으로 선택한 행동이 최선이다'라고 100% 동의했다는 것을 의미하는 것은 아니다. **갈등**(conflict)은 욕구와 소망, 아이디어가 서로 대립함으로써 발생하는 부적절한 충돌상태이다. 갈등은 응집력이 강한 팀 내에서도 발생하고 애호도가 높은 고객과의 관계에서도 발생한다. 갈등이나 불일치가 발생할 때는 주의 깊게 일을 진행시켜야 한다. 화가 나서 하는 많은 말들은 돌이킬 수 없는 상처를 남긴다. 아주 화가 난 상태라

> ▶ 갈등
> 욕구와 소망, 아이디어가 서로 대립함으로써 발생하는 부적절한 충돌상태

하더라도 문제해결 환경에서의 목표는 논쟁에서 이기는 것이 아니라
갈등을 해결하는 것이 되어야 한다.

갈등에 부딪히게 되면 다음의 제안들을 기억하라.

1. 다른 사람이 제시한 다른 시각에도 귀 기울여라.

2. 과거의 낡은 문제를 다시 들추거나 비난하지 말라.

3. 다른 사람에게 반응할 때는 재치를 발휘하라.

4. 화를 억누르지 말라. 대신에 화를 생산적으로 사용하라. 긍정적
   태도를 가지고 다른 관심사들을 공유할 기회로 이용하라.

5. 갈등을 해결할 최선의 해결책을 찾는 데 집중하라.

> *"전문가는 좋아하지 않는 일에도*
> *최선을 다하는 사람이다."*
>
> _ Alistair Cooke

문제해결 과정

문제를 해결하기 위해 취해진 접근방식들은 수도 없이 많다. 문제가
있는지를 파악한 후에는 다음 가이드라인에 따라 반응하는 것이 도움
이 될 것이다. 이 가이드라인은 그림 3.1의 문제해결 모형 안에 표시되
어 있는 것들이다.

1. 문제가 무엇인지 정의하기_ 진짜 문제가 무엇인지 인식하고 이해하

려고 시도하라. 때때로 눈에 더 잘 띄는 사소한 문제 때문에 정작 중요한 문제를 파악하는 것이 어려울 때가 있다.

2. 문제의 특징과 발생가능한 결과들을 이해하기_고객서비스 담당자가 해결해야 할 문제들을 문제의 한 특징과 종종 혼동하는 경우가 있다. 이 특징은 궁극적인 해결책에 영향을 미치지 않더라도 해결책을 개발하는 도중에 충분히 고려해야 한다.

3. 현재의 회사 규정 내에서 가능한 해결책 탐색하기_고객의 요구가 자주 발생하는 문제에 관해서는 일관성 있는 문제해결을 위해 기업이 통일된 규정을 개발해야 한다. 기업은 기존 사내 규정을 고려하면서 문제해결을 위해 필요한 사항이 무엇인지 결정해야 한다. 이때 융통성 있는 규정들이 오히려 기회가 될 수 있다.

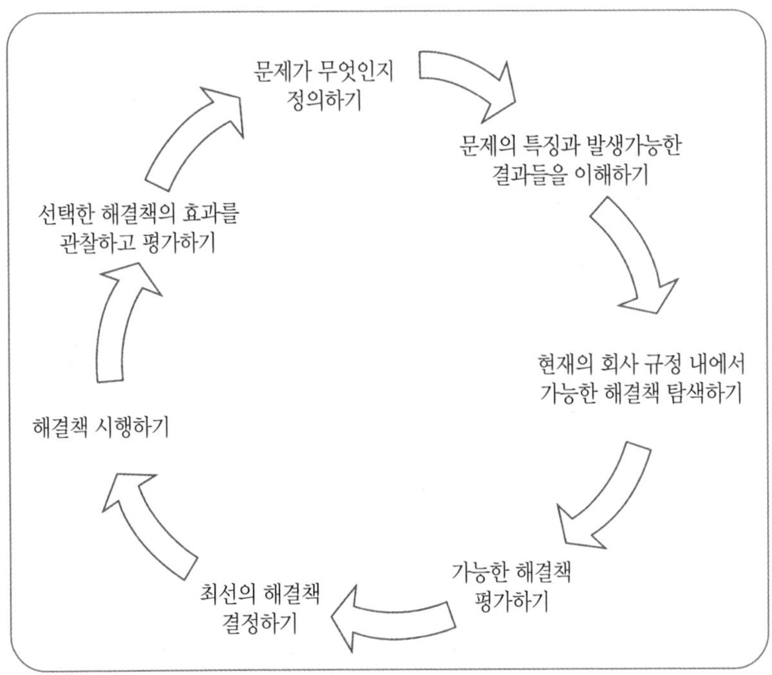

〈그림 3.1〉 문제해결 모형

4. 가능한 해결책 평가하기_ 문제해결에서의 성공은 종종 하나 이상의 대안을 만들고 그중에서 최선의 것을 선택하는 것과 관련되어 있어야 한다. 또한 가능한 해결책들을 고려할 때 한 해결책은 그 해결책으로부터 영향을 받게 될 개인과 대안을 충분히 고려한 것이어야 한다.

5. 최선의 해결책 선택하기_ 최선의 해결책을 선택하는 것은 문제해결 과정 중 가장 어려운 부분이다. 이때 선택한 대안이 가져올 긍정적인 결과와 부정적인 결과를 회사의 입장과 고객의 입장에서 모두 고려해 보아야 한다.

6. 해결책 시행하기_ 해결책을 실제로 시행할 때는 고객에게 그 해결방안의 내용과 고객이 받게 될 영향을 상세하게 설명해야 한다. 해결책을 제대로 시행하는 것은 문제해결 과정을 통합하는 부분이다. 고객의 입장에서 보면 해결책이 시행되기 전까지는 아무 일도 행해지지 않은 것과 다름 없다. 행동으로 옮겨지지 않은 것이라면 아주 창의적인 해결책이라도 무가치한 것이다. 이 시기에는 의사소통이 중요하다. 선택한 해결책이 영향을 미칠 모든 사람에게는 해결책이 시행될 것임을 알려 주어야 하고 그들 각자가 문제해결을 위해 어떤 기여를 할 수 있을지도 알려 주어야 한다.

7. 선택한 해결책의 효과를 관찰하고 평가하기_ 어떤 해결책을 시행한 후에는 그것이 성공적이었는지 판단하기 위해 관찰하고 평가해 보아야 한다. 관찰은 수시로 행해질 수 있으나 공식적인 평가는 정해진 시간에 실시해야 한다.

문제해결 과정은 모형 안에 표시된 가이드라인을 따라야 한다. 어떤 단계를 건너뛰거나 간과한다면 심각한 문제가 발생할 것이다. 예를 들어, 어떤 배달회사의 집배원이 자신에게 온 우편물을 읽을 시간이 없었다고 하자. 이로 인해 중요한 정보가 담당자에게 전달되지 못했다. 관리자 팀의 한 멤버는 이 문제를 해결하기 위해 회의를 소집했다. 문제에 대한 간단한 설명을 들은 후에 참석자들은 해결방안을 논의하였다. 거기서 나온 의견은 집배원에게 회사로 온 우편물을 다시 집배원의 집으로 재배달(forward)하여 집배원이 집에서 천천히 그것을 읽을 수 있도록 하자는 안, 모든 집배원에게 컴퓨터를 사 주고 전자우편으로 읽을 수 있도록 하자는 안, 집배원들의 과실을 질책하자는 안 등이었다.

가장 많은 지지를 받은 제안은 첫 번째 의견이었다. 관리자 팀은 어떻게 주소를 라벨에 프린트할 것인가와 어떤 종류의 봉투를 사용할 것인지를 의논하기 시작하였다. 그런데 관리자 중 한 사람은 우편물을 두 번 배달하는 식의 해결책은 시기상조라고 생각했다. 이런 방식으로 집배원들에게 우편물을 정확하게 배달할 수는 있지만 그들이 우편물을 읽을 거라고 확실히 보장할 수는 없다는 것이다. 그 관리자는 왜 집배원들이 자신에게 온 우편물을 읽지 않는지 그 이유를 알아보자고 제안하였다. 이것은 문제해결에 좀 더 초점을 맞춘 접근방식을 택하게 만들었다. 그 팀은 우편물 문제를 먼저 이해하고 해결안을 찾으려고 시도하게 되면서 비로소 제대로 된 문제해결 과정을 따라가기 시작했다.

다른 분석에 따르면 직원들은 하루에 100가지 정도의 서류를 받는다고 한다. 회사 내에서 회람되는 서류들은 그 서류와 상관없는 모든 직원들에게도 전달된다. 집배원의 주요 기능은 우편물을 전달하는 것이다. 집배원이 서류를 읽으면서 운전하는 것은 쉽지 않다. 특히 내용이 그들에게 무용한 것일 때는 더욱 그렇다. 관리자들은 문제가 단지 집배원들만의 문제가 아니라는 것을 알게 되었다. 관리 팀에도 문제가 있다. 그 문제에 대한 해결책은 관련된 이들의 모든 요구를 푸는 것에서 시작해야 한다. 만일 관리자 중 한 사람이 원래 문제라고 지적된 것에 대해 아무런 목소리를 내지 않았다면 그 회사는 집배원들이 읽지도 않을 우편물을 부치기 위해 많은 돈을 낭비했을 것이다.

그룹 과제

그룹을 만들어 여러분의 부서나 그룹에서 나타나는 고객서비스의 문제점을 파악하라. 문제해결 모형에서 문제점을 파악하고 모형에서 상세화된 문제해결 과정을 따라가라. 모든 그룹 구성원들이 정보를 나누고 수용하는지 확인하라. 기업의 방침과 환경이 허락할 수 있는 범위 내에서 창의력을 발휘하라. 시간을 재고 문제가 잘 해결되었는지 평가하기 위한 일정표를 만들라. 일정 시간이 지난 후 문제해결을 평가하고 성공을 축하하거나 미래 성공을 위한 수정안을 만들라. 문제해결 모형을 사용할수록 더 쉽게 긍정적인 결과를 얻을 것이다.

문제해결 전략

문제의 해결책이 무엇인지 결정해야 할 때 하나의 전략이 사용될 수도 있고 여러 개의 전략이 결합되어 사용될 수도 있다. 효과적으로 해결책을 선정하려면 이미 긍정적인 결과를 가져온 것으로 증명된 다음 방법을 따르는 것이 도움이 될 것이다. 문제해결을 위해 사용되는 두 가지 전략은 브레인스토밍과 시각적 도식화이다.

브레인스토밍

브레인스토밍(brainstorming)이란 두 사람 이상으로 이루어진 집단이 사용할 수 있는 하나의 문제해결 전략이다. 브레인스토밍의 전제는 더 많은 아이디어를 개방적이고 수용적인 환경에서 공유할수록 더 창의적인 결과가 나온다는 것이다. 아이디어를 공유하게 되면 또 다른 아이디어가 창출된다. 문제해결에 브레인스토밍을 적용하면 독특하고 창의적인 해결책을 만들어 낼 수 있다.

브레인스토밍을 시작하려면 아이디어를 공유하기 위한 의지를 모아야 한다. 우선 문제가 무엇인지를 분명히 한다. 한 사람이 집단 내에서 제기된 아이디어들을 책임지고 기록하면 좋다.

다음 단계는 한 사람이 첫 번째 아이디어를 내는 것이다. 그리고 계속해서 여러 아이디어를 이야기한다. 한 아이디어는 다른 아이디어를 만들어 내기 때문에 아이디어가 많이 제기될수록 더 좋다. 집단의 리더는 구성원들이 논의에 잘 참여할 수 있도록 개방적이고 수용적인 분위기를 만들어야 한다. 자기의 의견이 반박당하거나 놀림감이 될까 봐 걱정하는 참가자가 있다면 그들은 적극적으로 아이디어를 내려고 하지 않을 것이다.

여러 가지 아이디어가 나오면 목록을 작성한다. 칠판이나 플립차트에 곧바로 제시된 아이디어들을 적는 것이 좋다. 또 다음 회합을 위해 아이디어 목록을 따로 저장해 놓고 참가자들에게도 나누어 준다. 참가자들은 목록을 보고 떠오른 아이디어를 목록에 더한다. 두 번째 회합은 가장 적절한 해결책을 선택하기 위한 것이어야 한다. 참가자들에게 브레인스토밍에서 공유한 아이디어들을 읽어 보도록 하면 어떤 아이디어가 최선의 해결책인지 결정하기가 쉬워진다. 선택한 해결책을 수행하기 시작하면 문제도 해결되기 시작하는 것이다.

시각적 도식화

시각적 도식화(diagramming)는 해결해야 할 문제와 그 문제에 관련된 여러 사실을 시각적으로 보여 주는 문제해결 전략이다. 시각적 표현은 평가나 토론을 용이하게 하기 때문에 일하기가 더 쉽다. 적절한 해결책을 찾기 위해 문제를 시각적으로 도해하는 방법에는 찬성/반대 도표(pro/con sheet), 플로차트(flowcharts), 조직도(organizational charts), 그리고 마인드 매핑(mind mapping) 네 가지가 있다.

1. 찬성/반대 도표 _ 문제를 시각적으로 표현하는 가장 간단한 방법은 찬성/반대 도표를 이용하는 것이다(그림 3.2). 이 도표는 특정한 문제에 대한 해결책으로 제시된 하나의 행동을 평가하고 선택하기 위해 사용할 때 유용하다. 이 도표를 만들려면 먼저 종이에 문제가 무엇인지를 쓰고 가능한 한 가지 해결책을 적는다. 그리고 가운데에 세로줄을 긋고 왼쪽에는 찬성, 오른쪽에는 반대라고 적는다. 다음에는 해결책의 긍정적인 측면을 찬성쪽 면에, 해결책이 부적절하다고 생각하는 이유를 반대쪽 면에 모두 적도록 한다. 찬성과 반대의 이유를 모두 적은 후에는 그 해결책이 적절한지 아닌

찬성하는 이유	반대하는 이유

〈그림 3.2〉 찬성/반대 도표

지를 결정할 수 있게 될 것이다. 찬성/반대 도표는 아주 간단하지만 그 간단함 때문에 어느 한 해결책을 선택할 것인지 말 것인지 결정할 때 유용하게 사용된다.

2. 플로차트 _ 문제해결에 플로차트를 이용할 때는 문제의 전반적인 과정을 도식화하는 것이 도움이 된다(그림 3.3). 때로는 상황이 어떻게 되어 가는지, 또는 관여하고 있는 사람이 누구인지 적어 보는 것만으로도 문제가 왜 발생했는지 알아낼 수가 있다. 플로차트를 만들기 위해서는 맨 윗부분의 한 지점에서 한 과정이 시작되게 한다. 누가 고객의 신용한도를 증액하는 문제를 결정할 것인가 하는 문제를 예로 들어 보자. 문제는 신용한도 증액을 요구하는 고객으로부터 시작한다. 그 고객의 전화를 받은 사람이 두 번째 칸에 해당할 것이다. 세 번째 칸에는 전화받은

직원에게 이 문제를 결제해 줄 상급자가 들어갈 것이다. 고객의 신용기록이 다른 부서로부터 넘어와야 한다면 이 과정이 다음 단계에 해당할 것이다. 문제해결 과정은 이후에도 계속된다.

　고객요구에 반응하는 현재의 시스템을 플로차트로 그려 보면 왜 문제해결에 걸리는 시간이 생각보다 오래 걸리는지 이해할 수 있게 될 것이다. 플로차트는 문제해결 과정에서 불필요한 단계가 어떤 것인지 밝혀내는 데 유용하다. 또한 정보처리 방식을 변화시키면 누가 영향을 받게 되는지를 파악하는 데도 도움이 된다.

3. 조직도 _ 한 기업의 조직과 위계를 나타내는 데 흔히 쓰이는 방법이 조직도이다(그림 3.4). 조직도는 조직 내에서 누가 누구에게 문제를 보고해야 하는지를 보여 주는 도식이다. 조직도는 문제해결에 직

고객이 신용한도 증액 요청
고객서비스 담당자가 고객 관련 정보수집
고객의 신용기록 검토
신용기록이 양호한가?
예
아니오
고객에게 신용한도 증액 통보
고객에게 신용한도 증액불가 통보

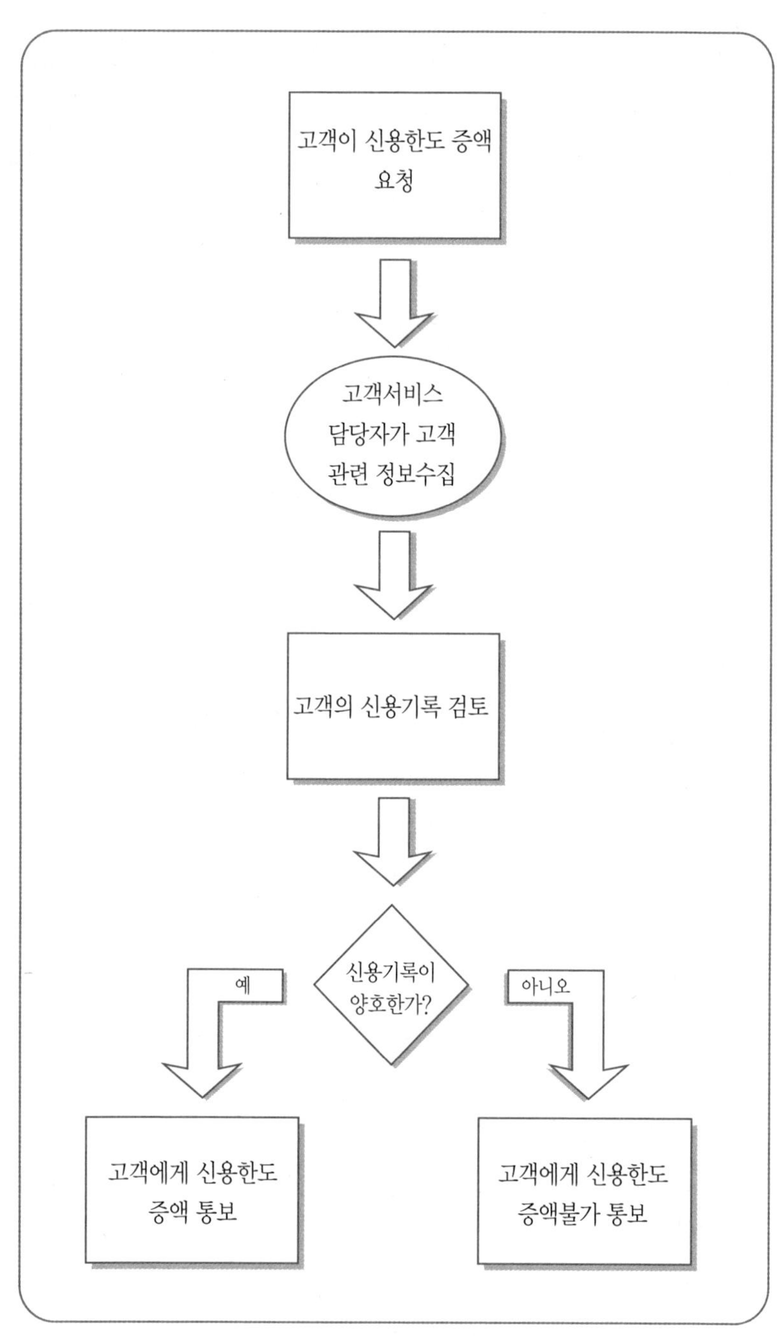

〈그림 3.3〉 플로차트

접적인 도움이 되지는 않지만 부담이 과중한 직원이 누구인지, 시스템에서 어떤 부분이 장애가 되는지를 보여 준다. 어떤 사람이 새로운 문제에 대한 결재권을 쥐고 있지만 그 문제와 관계가 먼 다른 부서의 관리를 맡고 있다면 그 사람은 문제해결에 필요한 지식을 갖고 있지 못할 가능성이 크다. 아울러 그가 문제해결의 중심 부서에 속해 있지 않다면 그 사람은 매일매일 직원들이 부딪히는 문제들을 잘 모르고 있을 것이다.

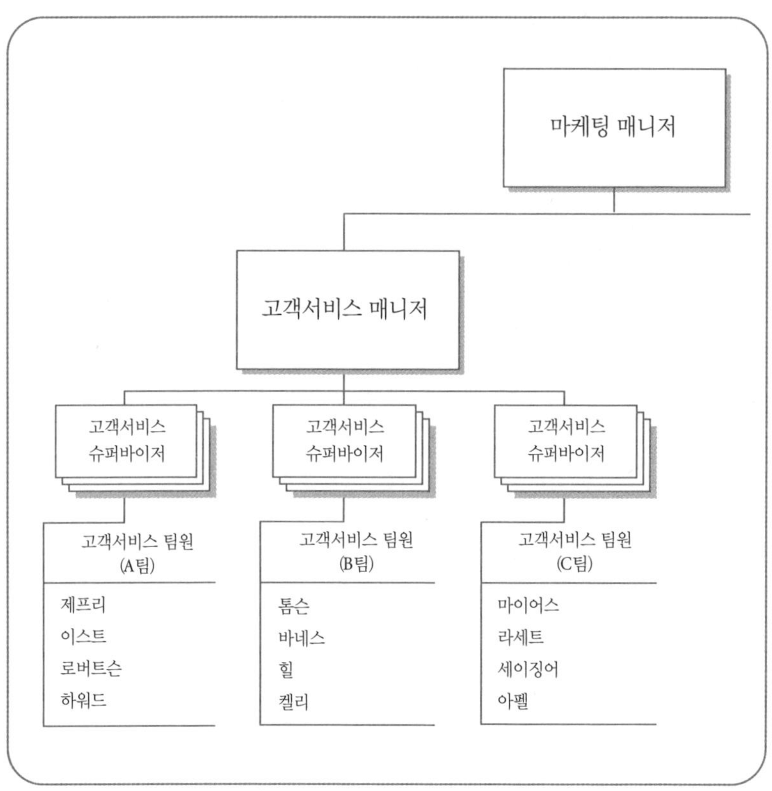

〈그림 3.4〉 조직도

4. 마인드 매핑 _ 문제를 도식화하는 아주 창의적인 방법 중 하나는 생각지도 구성이라고도 불리는 마인드 매핑(mind mapping)이다(그림 3.5). 마인드 맵 방식은 1970년대에 시작되었는데 아직까지도 많이 사용되고 있다. 이는 전통적인 문제해결 방식에서의 실질적인 요소와 사고방식에 대한 자유로운 접근기회를 주는 새로운 방식을 통합한 것이다.

생각지도(마인드 맵)를 그리기 위해서는 해당 문제나 결정사항을 원의 한 가운데에 적어 넣는다. 그것을 중심에 놓는 이유는 문제나 결정이 중요하다는 것을 의미한다. 다음에는 원 주변에 여러 방향으로 선을 긋고 문제해결을 위해 필요한 단어나 구절을 적는다. 필요하다면 그곳에서 다시 선을 그어 더 세부적인 사항들을 표시한다. 이 선들은 문제해결에 필요한 아이디어나 생각을 나타낸다. 가능한 한 빠르게 아이디어를 캐치하라. 아이디어가 창의적일수록 더 좋다. 이 단계에서 아이디어의 질은 중요하지 않다. 아이디어를 시각적으로 나타낼 수 있으면 그 아이디어를 이용하

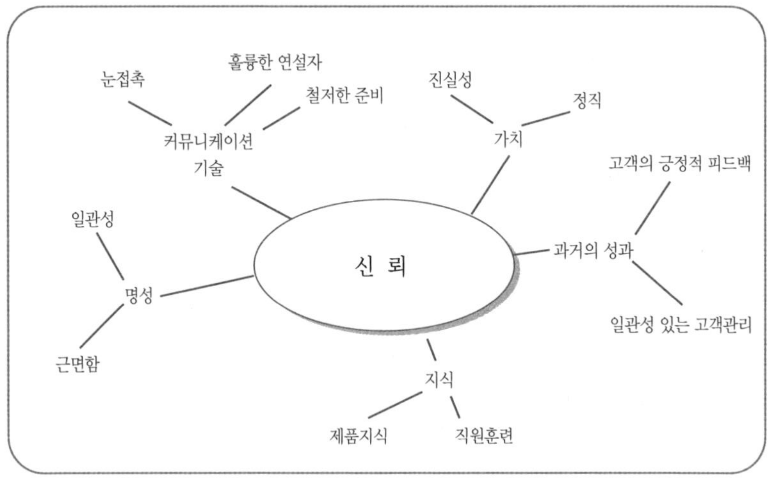

〈그림 3.5〉 마인드 매핑

는 것도 가능해진다. 될 수 있는 대로 많은 아이디어를 기록하라. 아이디어를 검토하고 필요하면 추가하라. 한번 만든 마인드 맵을 한 시간 또는 하루 정도 치워 놓았다가 다시 검토해 보라. 최대한 많은 아이디어를 모아라. 그런 다음에 그 맵을 기초로 최종 결론을 내려라. 실제로 시행이 가능한 어떤 해결책들이 도식화되어 있는가? 여러분의 아이디어를 다른 사람과 공유하고 그들의 의견을 들어라.

마인드 맵을 구성할 때 열린 마음과 창의적으로 사고하려는 의지를 가지고 접근하는 것이 중요하다. 마인드 매핑은 일이 간결하게 정렬된 형태로 또는 일관성 있게 이루어져야 한다는 것을 의미하는 것이 아니다. 그것은 아이디어를 자극하고 무엇이 가능한지를 생각해 볼 수 있도록 도와준다. 많은 이들이 마인드 맵을 통해 연설문을 작성하고 회의를 기획한다.

업무와의 연결

문제의 여러 대안적인 해결책에 대한 찬성/반대 도표를 만들라. 그것은 이직과 같이 복잡할 수도 있으나 점심을 먹으러 가는 것만큼 간단할 수도 있다. 가능한 빨리 도표 목록을 만들고 결과를 검토하라. 때때로 찬성/반대 도표는 문제해결책을 만들기 위한 가장 쉽고 효과적인 방법이다. 일단 시도해 보라!

협상기술 개발하기

전문적인 업무 영역에서의 문제해결은 쉬운 일이 아니다. 그러나 고객불평이나 고객요구, 그리고 고객문제는 효율적으로 해결되어야만 한다. 문제해결을 위한 건설적인 방법 중 하나는 문제를 해결하기 위해 어떻게 하면 좋겠느냐고 고객에게 물어보는 것이다. 이는 고객과 문제해결 담당자가 문제해결의 책임을 공유하도록 만드는 방법이다. 이때는 협상기술이 중요하다.

협상(negotiation)이란 어떤 문제를 해결하기 위해 가능한 대안들을 평가하고 상호 호혜적인 해결책을 선택하는 것이다. 협상에 이르기 위해서는 관련된 양 당사자 간의 논의를 거쳐야 한다. 그리고 선택된 해결책은 관련된 모든 이들이 공정하고 합리적이라고 느낄 만한 것이어야 한다. 협상은 양 당사자가 서로 무언가를 주고받는 것이다. 고객서비스 담당자로서 협상기술을 개발하려면 다음과 같이 해 보라.

1. 고객을 잘 알아야 한다 _ 문제해결에 관여하려는 사람이라면 문제와 관련된 사람을 잘 알아야 한다. 현재의 고객이 어떻게 이런 상황에 이르게 되었는지를 과거의 경험으로 미루어 알게 될 수도 있다. 그렇지만 새로운 고객은 우리가 아직 파악하지 못한 특징을 가지고 있을 수도 있다. 고객을 더 친밀하게 잘 알게 되면 문제가 어떤 것인지 더 잘 알게 된다. 어떤 고객들은 처음에는 분노에 차서 강력하게 어떤 요구를 하다가 점차 누그러진다. 고객의 이런 성향을 미리 알고 있으면 협상 초기에 이런 점을 상기하는 것이 도움이 될 것이다.

고객은 자기만의 독특한 욕구와 동기, 두려움을 가지고 있는 사람들이다. 그들의 욕구와 동기와 두려움을 잘 이해할수록 더 효과적으로 문제를 풀어 갈 수 있게 된다. 고객은 자신들이 우리 직원들과 기업에 중요한 존재임을 확인하고 싶어 한다. 고객은 또 우리가 자신들을 기억해 주기를 원한다. 우리가 고객에 대해 아주 사소한 것이라도 기억하고 있다면 문제를 해결하는 데 도움을 받을 수 있다.

2. 고객에게 질문하고 고객이 말과 몸짓으로 나타내고자 하는 것을 경청하라 _

고객에게 능동적으로 질문을 던지고 그 대답을 경청함으로써 우리는 문제상황에 대한 정보를 얻고 상황을 이해할 수 있게 된다. 많은 정보를 수집할수록 고객의 문제해결을 위해 더 정확한 도움을 줄 수 있다. 고객이 항상 모든 세부적인 상황을 알아 달라고 요구하는 것은 아니다. 그렇지만 고객서비스 담당자는 필요한 정보를 다 모았다고 생각될 때까지 고객에게 질문을 해야 한다. 고객이 하나의 질문에 대답하면 고객서비스 담당자는 그 대답을 해석하여 고객에게 확인함으로써 문제를 명확하게 해야 한다.

고객은 이쪽에서 대답을 고무시키지 않으면, 어떤 문제에 대해서는 얘기하고 싶어 하지 않을 수도 있다. 갑작스런 일신상의 변화로 제때에 대금을 갚을 수 없게 된 고객은 다른 사람에게 그 문제를 말하기가 쉽지 않을 것이다. 이런 상황에서 고객서비스 담당자는 고객이 말하지 않는 메시지가 무엇인지 들을 수 있어야 한다. 이를 위해서는 고객이 대답을 주저한다든가 고객의 목소리에 어떤 불안감이 있다는 것을 감지해 내거나 아주 중요한 고객의 욕구를 충족시켜 줄 수 있는 질문을 우회적으로 던질 수 있어야 한다. 경제적인 문제를 겪고 있는 고객은 다른 사람에게 그 문제를 이야기하고 싶어 하지 않겠지만, 회사가 특별한 지불방안을 제시하든가 다른 대안을 얘기하면 기뻐할 것이다.

때때로 고객에게 질문을 던지는 것은 대화에 긴장을 유발하기도 한다. 고객은 그들이 필요하다고 생각하는 것보다 더 많은 정보를 이야기하고 싶어 하지 않을 수도 있다. 고객서비스 담당자는 잘 준비된 질문을 던져서 고객이 문제해결에 필요한 정보를 기꺼이 이야기하도록 해야 한다. 질문할 때는 공감을 표시하는 어조로 해야 한다. 고객은 회사가 자신들을 중요하게 생각하는지 고객의 이익에 관심을 가지고 있는지를 알고 싶어 한다.

3. 회사의 규정과 담당자의 재량범위를 숙지하라_고객과 협상할 때 관련된 회사 규정을 미리 알아 두는 것이 필요하다. 회사에서 용인되는 범위를 모르고는 문제에 대한 해결책을 제시하는 것이 어렵기 때문이다. 회사 규정을 모르고 있으면 고객서비스 담당자는 준비를 제대로 안 한 사람, 또는 아무런 권한이 없는 사람으로 비춰질 것이다. 회사 규정 때문에 고객의 요구를 들어줄 수 없다는 식의 대답은 어떤 소비자도 듣고 싶어 하지 않겠지만 경우에 따라서는 이 말밖에 할 수 없는 경우가 있을 것이다. 고객서비스 담당자는 규정상 어떤 것이 가능하지 않은지를 아는 것만으로 그쳐서는 안 된다. 규정상 어떤 선까지가 가능한지를 알고 바로 고객과 협상할 수 있어야 하는 것이다. 불행하게도 많은 사람들은 가능한 것이 무엇인가 하는 것보다 불가능한 것이 무엇인가에 더 집착하는 경향이 있다.

회사 규정이라는 것은 자주 일어나는 어떤 상황에 대해 일관성 있게 반응할 기준을 제시하기 위해 만들어진 것이다. 이런 측면에서 본다면 규정이란 특정 고객을 편애한다고 비난받지 않기 위해 회사가 수용한 절대적인 기준이다. 그러나 고객은 규정이 모든 상황에 똑같이 적용되는 것이라고는 생각하지 않는다. 고객서비스 담당자는 규정상 언제, 어디에서, 어떤 것이 용인될 수 있는지를 알고 있어야 한다. 고객서비스 담당자가 잘 훈련받고 충분한 재량권을 가진 사람이라면 고객을 대신하여 얼마만큼 융통성을 발휘할 수 있는지 이해할 수 있을 것이다.

4. 융통성을 보여라_어떤 상황이 발생했을 때 그 상황에 대처하는 능력은 담당자의 융통성을 보여 준다. 고객의 요구를 수용하는 것

만으로는 충분하지가 않다. 고객서비스 담당자는 고객을 위한 그들의 열의를 보여 주어야만 한다. 고객이 문제를 어떻게 해결하기를 원하는지 물어서 문제해결에 고객의 의견이 반영될 수 있는 여지를 제공하라. 고객의 의견이 전적으로, 또는 부분적으로라도 받아들여진다면 고객은 자신이 문제를 해결했음에도 불구하고 회사가 아주 융통성을 가지고 있다고 생각할 것이다. 융통성은 고객과의 상호작용에 사용되는 언어를 통해서도 표현될 수가 있다. 고객의 아이디어에 대해 감사함을 표시하는 용어는 언제나 도움이 된다. 사정이 되면 모든 고객을 문제해결과 협상과정에 참여시켜라. 상황 전반에 걸쳐 참여하게 되면 아이디어가 더욱 샘솟을 것이다. 고객이 문제해결에 접근하는 방식이 회사가 제시한 것보다 더욱 보수적일 수도 있다.

5. 자신과 고객의 분노를 다스리는 법을 배워라_협상이 필요한 상황에서는 언제라도 누군가가 화를 낼 가능성이 있다. 누군가 화를 내면 가능한 그것을 미묘하게 진정시키는 것이 최선이다. 분노는 좌절과 불안, 충족되지 않은 기대를 표현하는 것이며 또는 논의 중인 상황에 전혀 걸맞지 않은 산물의 결과일 수도 있다.

고객의 분노를 진정시키려면 분노의 원인을 예측하고 그에 맞설 준비를 하라. 쉽게 진정시킬 수 있는 분노는 가슴에 오래 쌓이지 않는다. 고객서비스 담당자는 어떤 상황의 변화에 보상을 제공해야 하는지 알 수 있다. 예를 들어, 패스트푸드 레스토랑에서 오래 기다리느라 화가 난 고객은 매니저에게 따질 것이다. 매니저는 직원 몇몇이 아파서 결근했기 때문에 일이 이렇게 됐다는 식의 이야기를 할 것이다. 이런 식의 대답은 고객을 더욱 화나게 만들 뿐이다. 매니저가 고객을 기다리게 한 대가로 사과하고 무료 음료수 한 잔을 제공한다면 고객은 화를 풀 것이다. 사과하고 작은 보상을 제의하면 매니저가 회사의 잘못을 인정하고 있다는 것을 고객에게 알린 셈이 된다. 이렇게 문제가 해결되면 그 잘못은 그리 큰 문제가 되지 않는다.

만일 가능하다면 고객의 분노에 대한 책임을 기술적으로 고객에게 돌려라. 잘 되면 좋은 결과를 가져오지만 이 일은 아주 신중하게 해야 한다. 예를 들어, 어떤 고객이 잔디밭에 잡초가 무성한 것을 보고 잔디관리를 해 주기로 한 회사에 전화를 걸어 계약을 해지하려 한다고 하자. 고객이 잔디밭 잡초에 신경을 쓰고 있다는 걸 파악한 회사 관리자는 고객에게 '고객이 전화를 걸면 언제라도 무료로 잡초제거를 해 주고 있습니다' 는 식으로 반응할 수 있다. 비록 직접 말은 안 했지만 관리자는 고객이 전화해서 말하지 않는 한 회사가 모든 고객의 잔디밭을 일일이 체크하면서 관리할 수는 없다는 것을 고객에게 상기시킨 것이다. 고객에게 문제의 책임을 공유하도록 할 수 있으면 고객의 분노를 진정시키고 고객과의 거래를 지속할 수 있다. 이 방법은 자주 사용하면 좋지 않지만 간헐적으로 사용하면 매우 효과적이다.

고객을 응대하면서 점점 더 화가 나는 경우에는, 지금 이 순간 자신이 회사의 대표로서 이 자리에 있다는 것을 명심하라. 모든 개인은 자신의 분노에 대해 책임을 져야 한다. 특히 고객서비스 담당자의 경우에는 자신의 분노를 통제하지 못하고 고객에게 표현한 것 때문에 회사의 평판을 나쁘게 만들 수 있다. 여러분이 화가 나서 참을 수 없게 되면 그 상황에서 일단 벗어나도록 하라.

6. 협상과정에서 고객이 잃게 될 것도 주지시켜라 _ 협상은 기본적으로 주고받는 것이다. 고객의 입장에서 고객은 주기만 하고 회사는 일방적으로 받기만 한다고 생각할 것이다. 고객이 생각하는 것을 타협

안이라고 이해하도록 노력하라. 대금납부를 연체한 고객은 대금의 일부를 면제받을 수 있는 방법을 찾고 있을지도 모른다. 회사 입장에서 보면 말도 안 되는 생각이지만 고객은 어쨌든 이렇게 생각할 수도 있는 것이다. 이 경우 밀린 대금을 면제해 주는 것은 아니지만, 납부기일을 변경해 주는 것이 해결책이 될 수 있다. 고객과 협상할 때는 모두에게 긍정적인 결과를 가져오는 해결책을 강조하라.

7. 문제해결과 상황개선에 모두 도움이 되는 해결책을 찾아라 _ 고객과 협상을 끝낼 때는 회사와 고객 모두에게 도움이 되는 해결책을 찾도록 하라. 고객이 다시는 이 회사와 거래하지 않겠다고 말하면서 화가 난 채로 떠나 버린다면 양측이 모두 손해를 보게 된다. 양측이 같이 살 수 있는 윈윈(win-win) 상황을 만든다면 계속적인 거래의 가능성이 있다. 회사가 다시는 그 고객과 거래하기를 원하지 않는 경우라도 그 고객과 잘 알고 지내는 다른 고객까지 잃을 필요는 없기 때문이다.

고객에게 합의한 방안이 어떻게 실행될지 정확하게 알려 주어라. 필요하다면 고객으로부터 추가로 정보를 얻을 수 있는지 알아보도록 한다. 양측 모두가 타협할 수 있는 해결방안을 강조하면 모두가 긍정적인 결과를 얻게 될 것이다.

사과하거나 나쁜 소식을 전하는 전문가다운 방법

고객서비스 담당자가 고객의 문제를 해결하려고 하다 보면 자신의 회사나 동료 또는 그 자신이 저지른 잘못에 대해 알게 될 것이다. 아마도 고객이 그럴 만한 정당한 자격을 갖고 있다는 것, 그리고 고객이 부당한 처우를 받았다는 것도 알게 될 것이다. 이럴 때에는 고객과 대화를 계속하기 위해 먼저 사과를 하는 것이 필요하다.

고객에게 사과하는 것은 직장생활에서 실재하지 않는 먼 나라의 일이 아니다. 고객서비스 담당자는 정당한 이유 없이는 사과하지 말아야 하지만 그럴 만한 이유가 있다면 언제든지 진심으로 사과할 준비를 하고 있어야 한다.

고객에게 사과할 때는 다음 사항을 명심하라.

1. 고객의 기분을 인정하라_ 고객의 기분과 감정을 알고 있다는 것을 고객에게 알림으로써 회사가 고객에게 신경을 쓰고 있다는 사실을 나타낼 수 있다.

2. 회사가 문제의 책임을 공유할 것이라는 것을 표현하라_ 회사가 해당 문제에 대해 전혀 잘못이 없거나 아주 약간만 잘못한 경우라도 회사가 문제의 진단과 해결에 참여할 것임을 밝혀라.

3. 진지함을 표시하라_ 고객에게 사과할 때 고객에 대한 배려와 관심을 보여 주는 것이 중요하다. 잘못한 것을 후회하고 있다고 말할 때도 그것을 행동으로 표시해야 한다.

4. 문제를 해결할 기회를 달라고 요청하라_ 문제를 해결할 어떤 대안도 제시하지 않고 단지 사과만 하는 것으로는 아무런 효과도 볼 수 없다. '어떻게 해결해 드리면 좋을까요?' 라고 물으면서 고객과 거래를 계속하고 싶다는 뜻을 밝혀야 한다.

5. 계속해서 고객과 거래할 기회를 달라고 요청하라_ 계속 고객으로 모실 수 있을지 고객에게 물어보라. 이렇게 함으로써 우리가 잘못을 시정하고 고객과의 거래를 유지하고 싶어 한다는 것을 표현할 수 있다.

문제해결과 의사결정의 장애요소

문제해결과 의사결정 과정에는 현실적으로 수많은 장애요소가 존재한다. 의사결정자는 이 장애가 의사결정 과정을 왜곡시킨다는 것을 모를 수도 있다. 문제해결과 의사결정 과정에 흔히 존재하는 장애요소로는 다음과 같은 것이 있다.

- 변화에 대한 거부감_사람들은 어떤 일을 하는 데 있어 오랜 시간 굳어져 온 방식에서 탈피하기를 주저한다. 변화에 대한 거부감은 새로운 기회를 잡거나 새로운 가능성을 고려할 수 없게 만든다.
- 습관_습관은 우리가 충분히 성취할 수 있는 것 그리고 문제해결 과정에서 우리가 볼 수 있는 많은 것들에 대한 비전을 제한한다. 많은 사람들은 습관을 미처 인식하지 못하는데 이는 문제해결에 장애가 된다. 예를 들어, 자신의 일을 제대로 하는 데 어려움을 겪고 있는 호텔 프런트 근무자는 자신이 개인적인 전화를 거는 데 아주 많은 시간을 보내고 있다는 사실을 모를 수가 있다.
- 불안정한 성향_불안정한 성향이 있는 개인은 위험을 무릅쓰거나 어떤 입장을 고수하기 위해 필요한 행동을 하기 싫어한다. 이 불안정한 성향은 개인의 과거 경험이나 자신감 부족에서 기인할 수 있다.

■ 과거의 부정적 경험_ 과거에 일어났던 일, 과거에 효과가 있었거나 없었던 일 등을 아는 것이 문제해결이나 의사결정을 위해 새로운 방법을 도입하는 걸 싫어하게 만들 수 있다. 과거사는 종종 변화를 추구하지 않는 것에 대한 변명이 된다. 새로운 방식으로 접근하기를 원하지 않는 개인은 과거에 다른 사람이 실패했던 경험을 회상하기를 좋아한다.

■ 성공이나 실패에 대한 두려움_ 누구나 어떤 상황에서는 어떤 형태의 두려움을 경험한다. 성공이나 실패에 대한 두려움은 일견 말도 안 되는 것처럼 보이더라도 사람들이 어떤 문제에 직면하는 것 자체를 두려워하게 만든다. 누구나 모르는 것은 두려워하게 마련이다. 어떤 일을 새로운 방법으로 시도하게 되면 그 결과는 좋을 수도 있고 나쁠 수도 있다. 결과가 어떻든 변화가 발생한다. 어떤 이들은 남 앞에 나서려고 애쓰는 반면 어떤 사람은 수줍어 도망치려고 한다. 이런 두려움은 사람들로 하여금 성공이나 실패의 가능성조차 회피하게 만든다.

■ 시간적 압박_ 문제를 단시간 내에 반드시 해결하고 결정을 내려야만 할 때는 성급하게 결론에 도달하기가 쉽다. 성급하게 결론을 내릴 때는 어떤 일이 일어나고 어떤 일이 일어나지 않을 것인가를 미리 가정해야 하는데 이 가정은 흔히 부정적인 경향으로 흐르기 쉽다.

■ 제한적인 인식_ 인식이란 우리가 과거의 경험을 바탕으로 어떤 일을 해석하는 방식이다. 우리의 인식은 너무 제한적이기 때문에 기존의 시각으로 많은 것을 보지 못한 채 놓쳐 버릴 수 있다.

문제해결과 의사결정의 장애요소를 제대로 파악하면 고객서비스 담당자는 장애가 발생하기 전에 그것을 극복하려고 노력할 수 있게 된다.

문제해결 후 사후추적의 중요성

일단 문제를 해결하고 결정을 내린 후에는 사후추적이 중요하다. **사후추적**(follow-up)이란 어떤 상황이 처음에 계획했던 대로 잘 되고 있는지 아닌지를 보기 위해 되돌아보면서 체크하는 것이다. 효율적인 사후추적을 위해서는 문제해결자나 의사결정자가 고객과 함께 원래의 의도대로 모든 행동이 잘 되어 가고 있는가를 체크해 보는 것이 필요하다. 해결방안이 전혀 수행되고 있지 않거나 어떤 예상하지 못한 어려움이 발생했다면 문제해결 방안은 효과가 없는 것이다.

고객은 회사와 상호작용한 후의 최종 결과만을 기억하지 처음이나 중간과정을 기억하지 않는다. 고객은 담당자의 친절함과 신속한 반응, 제시된 해결안에 대해 처음에는 만족했을지도 모른다. 그러나 어떤 이유로 그 해결안이 실제로 수행되지 않았다면 고객은 직원의 친절함과 신속한 응답을 더 이상 기억하지 않을 것이다. 고객은 해결하려고 했던 그 문제만을 기억하게 될 것이다. 문제해결에서 그 문제를 담당했던 사람 이외에 다른 사람의 개입이 필요하게 된 경우 사후추적이 필요하다.

문제해결 과정에 특별히 새로운 것이 없더라도 고객과의 관계를 유지하기 위해서는 고객에게 일이 어떻게 되어 가고 있는지 계속 알려 주는 것이 좋다. 고객에게 전화해서 일이 어떻게 되어 가고 있는지 알려 주면 고객에게 회사가 그들의 문제를 잊지 않고 있다는 것을 알려 줄 수 있을 뿐만 아니라 고객에게 신선한 충격을 줄 것이다. "내게 이렇게 전화를 해 주다니, 믿을 수 없어! 이 회사의 고객서비스는 정말 끝내주는군." 사후추적은 고객만족을 지속시키고 고객욕구를 충족시킬 수 있는 회사의 능력을 고객에게 확신시켜 주는 안전장치이다.

효과적으로 잘 준비하면, 고객서비스 문제에서의 문제해결과 의사결정은 고객이 회사의 성공에 얼마나 중요한 존재이며 고객만족이 회사의 목표달성에 얼마나 중요한 것인지를 고객에게 인식시킬 수 있는 좋은 기회이다.

핵심용어

갈등	마인드 매핑	문제해결
브레인스토밍	사후추적	시각적 도식화
조직도	찬성/반대 도표	플로차트
협상		

OX 퀴즈

1. 문제해결이란 도전적 상황에 대한 적극적인 해결책이다.

2. 고객들은 문제해결에 있어 창의력을 사용하는 것을 압도적으로 반대한다.

3. 고객들이 해결해야 할 문제를 갖고 있을 때 속도는 중요한 요소가 아니다.

4. 갈등은 욕구와 소망, 아이디어가 서로 대립함으로써 발생하는 부적절한 충돌상태이다.

5. 브레인스토밍은 개인이 사용할 수 있는 효과적인 문제해결 전략이다.

6. 플로차트는 문제가 왜 발생했는지 밝혀내는 데 유용한 해결과정의 각 단계를 도표로 만들어 문제해결을 시각적으로 표현하는 가장 간단한 방법이다.

7. 고객에게 분노를 표출하는 것이 때로는 적절하다.

8. 고객서비스 담당자가 제안하는 해결책은 항상 옳다.

9. 습관은 문제해결에 장애가 된다.

10. 사후추적은 중요하지 않다. 고객은 회사와 상호작용한 처음만 기억하지 끝은 기억하지 않는다.

1. 문제해결 모델과 해결책을 결정하고 수행하기까지의 7단계를 설명하시오.

2. 브레인스토밍은 창의적인 문제해결을 어떻게 가능하게 하는가?

3. 직원들에게 문제해결 방식을 훈련시키는 것이 왜 도움이 되는가?

4. 문제해결 시 창의성이 어떻게 특정 상황에 대한 효과적인 접근을 가능하게 하는가?

5. 문제를 바라보는 긍정적인 접근방식 중 하나는 문제를 기회로 간주하는 것이다. 이 방식으로 고객의 문제나 좌절에 대한 방어적인 반응을 어떻게 감소시킬 수 있을까?

6. 갈등해결의 가이드라인을 제시하시오.

7. 문제해결 시 찬성/반대 도표 같은 가장 단순한 방식이 때로는 가장 효과적인 이유는 무엇인가?

8. 어떤 문제나 결정을 하나 선택하라. 그리고 가능한 대안을 찾기 위해 생각지도(마인드맵)를 그려 보라.

9. 고객문제 해결을 위해 일할 때 회사의 규정을 이해하는 것이 왜 중요한가?

10. 문제가 해결된 후의 사후추적이 왜 중요한가?

서비스 기술 구축

문제해결과 의사결정

고객서비스는 대부분 문제해결과 의사결정 과정을 필요로 한다. 고객서비스 담당자는 상황을 분석하고 효과적인 해결책을 강구하기 위해 늘 준비하고 있어야 한다.

다음의 경우 여러분이라면 어떻게 하겠는지 문제해결 전략을 이용하여 생각해 보라.

■ 여러분이 관리하는 회계부서는 대금을 제때 갚지 않는 고객들 때문에 계속 문제를 겪고 있다. 더구나 제때 갚아야 할 액수와 다른 금액을 결제하고 있는 고객도 많다. 납부금 고지서를 읽기 쉽게 새로운 형식으로 고쳐야 한다는 주장은 이미 제기된 상태이다. 문제해결 전략 중 하나를 사용하여 적절한 해결책을 찾아보라.

- 여러분은 전국적으로 널리 알려진 렌터카 회사에 근무하고 있는데 예약 담당자라는 직책에 만족하지 못하고 있다. 회사 내에도 다른 승진의 기회가 없는 것은 아닌데 여러분은 회사 밖에서 다른 기회를 찾아보려고 하고 있다.

  문제해결 전략 중 하나를 사용하여 적절한 해결 방향을 찾아보라.

- 여러분이 회사의 직원훈련 강사라고 하자. 훈련받는 직원이나 고객들이 여러분이 시킨 과제를 따르지 않고 마감까지 프레젠테이션 준비도 하지 않는다는 걸 알았다고 하자.

  적절한 해결책을 찾기 위해 문제해결 전략 중 최소한 한 가지를 사용해 보라.

고객서비스와 윤리

당신은 다양한 박스를 파는 지방상점의 매니저이다. 고객들은 물건을 사거나 혹시 가격 할인이 가능한지 물어보기 위해 당신에게 온다. 오늘 한 부부가 계산대 앞에 서서 50달러어치 물건을 샀을 경우 받게 되어 있는 기프트 카드에 대해 문의했다. 계산대에 있던 종업원은 그런 프로모션 행사에 대해 전혀 모르는 상태였다. 종업원은 슈퍼바이저에게 전화를 걸었고 슈퍼바이저는 고객에게 이 상점에서는 그런 행사를 하고 있지 않으며 고객이 무언가 잘못 알고 있다고 대답했다. 고객은 물건을 사면 이 기프트 카드를 받을 수 있다는 광고를 보고 상당히 먼 거리에서 왔다며 화를 냈다. 슈퍼바이저는 고객에게 집으로 돌아가 다시 신문광고를 읽어보고 만일 광고내용이 맞다면 그 광고지를 가지고 오라고 요청했다. 그러자 그 고객은 원래 사려던 물건을 포기하고 다른 물건을 구매한 후 결제했다. 그러고 나서 그들은 이제 매니저인 당신과 이야기하겠다고 한다. 당신은 어떻게 하겠는가? 어떻게 고객을 만족시키고 계속 당신 상점과 거래하도록 만들 수 있을까? 공교롭게도 당신도 신문에 난 그 광고에 대해서는 전혀 모르고 있다. 그러나 고객이 신문에서 본 광고는 사실이었다.

다른 어느 시기보다도 오늘날의 사람들은 정보를 더 추구한다. 개인이나 집단이 필요로 하는 어떤 것에 대해서도 조사를 하는 것이 쉬워지고 있다. 정확한 조사자료를 수집하고 편집하는 능력은 모든 전문가들이 발전시켜야 할 기술이다. 정보를 모으는 것이 재미있고 쉽다고 해도, 정보를 엄밀히 살펴서 가려내고 그것을 유용한 형태로 편집하는 것이 정보에 기초한 결정을 공식화하는 데 중요한 부분이다.

도전목표

1. 선택된 고객서비스 영역에서 추가적인 조사기회를 개인에게 제공하기
2. 수집된 정보를 일관성 있는, 사실에 입각한 문서양식으로 편집하기
3. 보고서의 정보를 다른 사람들과 말로 공유하기

직접 해 봅시다

담당상사와 함께 고객서비스 영역에서 적절한 조사주제를 정하라. 정보로서도 유용하고 여러분도 흥미를 가지고 있는 주제를 찾도록 노력하라. 만일 그것이 여러분의 현재 또는 미래의 직업과 관련이 있다면 금상첨화이다. 조직적으로 전문가답게 조사를 수행하라. 인터넷은 오늘날 전문가들이 사용할 수 있는 멋진 조사도구이지만 응답의 타당성을 확인할 수 있어야 한다. 어떤 정보가 인터넷에 떠 있다는 사실만으로는 그 정보가 사실일 것이라고 말할 수 없다.

선택한 주제에 대해 가능한 한 심층적인 조사를 하라. 주제에 대해 잘 다듬어진 시각을 얻을 수 있도록 해 보라. 이때 적어도 네 가지의 정보원천을 포함해야 한다. 그중 하나는 인터넷이다. 인터넷에서는 다시 여러 다양한 정보원을 이용할 수 있을 텐데 적어도 하나의 정보원은 인터넷이 아닌 다른 것이어야 한다. 전문가와의 개인적 면접도 정보를 보완하기 위한 재미있는 방법이다. 전문가와의 면접은 보다 현실적인 시각을 제공해 줄 수 있다.

프레젠테이션

수집한 정보를 보고서 형태로 편집하라. 보고서는 이해하기 쉽게 잘 쓰여야 한다. 모든 보고서는 타이핑을 하고 5쪽에서 8쪽 정도의 분량이어야 한다. 각주는 불필요하지만 미주는 자료의 신빙성을 더하기 위해 꼭 필요하다.

각 개인은 수업 중에 보고서를 비공식적으로 발표한다. 이렇게 하면 모든 조사 참가자들이 조사로부터 나온 이익을 공유하게 된다. 조사하면서 재미를 느껴라. 여러분이 선택한 주제는 여러분이 앞으로 수년 동안 흥미를 느낄 주제가 될 것이다.

OX 퀴즈 정답

1. O	2. X	3. X	4. O	5. O
6. X	7. X	8. X	9. O	10. X

고객서비스 성공계획 수립하기

좋은 품질은 거저 얻어지는 것이 아니라 집중하여 진지하게 노력하고
현명하게 방향을 정하고 노련하게 업무를 수행한 결과로 얻어지는 것이다.
다시 말해 그것은 많은 대안들 중에서 현명하게 하나를
선택한 결과로 얻어지는 것이다.

_ Will A. Foster

이 장의 학습목표

□ 전략의 개념을 이해한다.

□ 계획을 위한 필수적인 목표를 만든다.

□ 인프라 구축의 중요성을 설명할 수 있다.

□ 기업문화의 예를 기술할 수 있다.

□ 서비스 지향적인 고객과 지향적이지 않은 고객의 예를 들고 설명할 수 있다.

□ 소비행동을 이해하고 표현할 수 있다.

□ 고객을 유용한 집단으로 나누기 위해 시장 세분화를 사용한다.

전략이란 무엇인가

훌륭한 고객서비스는 우연히 발생하는 것이 아니라 철저한 계획의 산물이다. 훌륭한 고객서비스를 하기 위해 가장 중요한 단계는 전략을 개발하는 단계이다. **전략**(strategy)이란 확실한 행동을 취하기 위한 계획이다. 목표를 달성하고자 할 때는 항상 계획이 필요하다.

▶ **전략**
확실한 행동을 취하기 위한 계획

전략은 기업이 적절한 수준의 고객서비스를 하도록 도와준다. 고객서비스를 너무 많이 제공한다면 재무문제가 생길지 모른다. 반면 너무 낮은 수준의 고객서비스를 제공한다면 고객은 다른 경쟁사와 거래할 것이다. 고객서비스 전략을 개발할 때 고려할 요인으로는 계획, 인프라(infrastructure), 문화, 고객의 서비스 지향성, 소비행동, 시장 세분화 등 여러 가지가 있다.

고객서비스 계획 세우기

계획은 포괄적인 고객서비스 전략을 개발할 때 첫 번째 단계에 해당하는 것이다. 고객서비스 업무에 대한 계획을 세우려면 먼저 고객서비스에서 달성하고자 하는 목표가 무엇인지 정해야 한다.

넓은 의미로 보면 **계획**(planning)이란 집중해야 할 분명한 방향을 발견하는 것이다. 더 구체적으로 말하자면 계획이란 구체적인 고객서비스 목표를 설정하는 것이다. 이 목표는 고객불평을 감소시키는 것에서부터 고객의 전화에 20초 이내로 응답하는 것에 이르기까지 다양할 수 있다.

▶ **계획**
넓은 의미로 보면 집중해야 할 분명한 방향을 발견하는 것. 더 구체적으로 말하자면 구체적인 고객서비스 목표를 설정하는 것

고객서비스 목표를 먼저 정하면 고객서비스 담당자들이 달성해야 할 하위 목표를 설정하기가 쉽다. 전략을 개발하면서 추가 목표나 다른 우선적인 목표가 표면화되는 것도 드문 일이 아니다.

고객서비스 인프라

고객서비스는 적절한 시설이나 설비가 되어 있는가에 따라 그 성과수준이 달라진다. **고객서비스 인프라**(infrastructure)란 고객서비스를 지원하는 사람, 물리적 설비, 그리고 정보로 구성된다. 기업은 종종 자신이 가진 인프라로 가능한 범위 이상의 고객서비스 업무를 수행하려고 한다. 예를 들어, 어떤 회사가 수신자부담 전화를 설치하고도 전화회선 수는 늘리지 않았다면 이는 그 회사의 고객서비스 평판에 득이 되기보다는 오히려 실이 될 것이다. 수신자부담 전화를 설치한 것은 좋은 아이디어이나 전화회선의 부족은 고객들을 화나게 만들거나 직원이 응답하기 전에 전화를 끊어 버리게 만들 수 있다.

▶ **고객서비스 인프라**
고객서비스를 지원하는 사람, 물리적 설비, 그리고 정보의 구성

인프라는 여러분을 원하는 곳으로 데려가 주는 고속도로라고 생각하면 된다. 고속도로가 없으면 많은 것이 가능하지 않게 될 것이다. 많

은 도시들은 도시 인프라(상수도, 하수도, 전기 등)가 인구성장을 따라가지 못하면 공공서비스가 불가능하다는 것을 알고 있다. 새로운 도로가 만들어지면 새로운 산업이 급성장한다. 새로운 기업에 대한 요구가 높아도 인프라의 부족 때문에 새로운 기업이 그 사회에 진입하지 못하는 경우가 많다.

인프라를 위해서는 많은 계획이 필요하다. 미래의 요구를 예측할 수 없다면 더 많은 비용이 필요할 것이다. 그런데 인프라에 대한 투자의 효과가 3년이나 5년 내에 나타나는 경우는 거의 없다. 인프라가 고객의 요구를 충족시켜 효과를 나타내는 데에는 많은 시간이 걸린다. 기업이 좋은 고객서비스를 만들어 내기 위해 투자해야 할 가장 큰 비용은 인프라를 구축하는 데 드는 비용이라고 할 수 있다.

인프라의 잠재력은 최대로 활용될 수 있어야 한다. 첨단기술을 받아들였지만 직원이 그 기술을 사용할 훈련을 받지 못했다면 그것은 낭비일 뿐이다. 불행히도 이런 현상이 나타나고 있는 기업이 적지 않다. 음성메일 시스템이나 컴퓨터, 복사기, 팩스 등은 그것을 사용하는 훈련을 받지 못한 사람에게는 무용지물일 뿐이다. 오늘날의 소비자들은 첨단기술에 익숙하다. 그들은 고객서비스 담당자들도 그것에 익숙하기를 기대한다. 매출액이 증가할수록 고객의 욕구에 응답하는 회사의 능력도 같이 성장해 가야 한다.

고객서비스 문화

기업의 고객서비스 환경은 고객서비스 지향적인 문화를 가지고 있어야 한다. **문화**(culture)는 집단 구성원들이

▶ 문화
집단 구성원들이 공유하고 있는 가치와 믿음, 그리고 규범의 구조

공유하고 있는 가치와 믿음, 그리고 규범으로 이루어져 있다. 기업은 독특한 자기 문화를 가지고 있으나 고객들은 그것을 잘 알지 못한다. 관리자는 고객서비스를 강조하면서도 고객서비스를 잘 할 수 있는 업무 환경을 만들어 주지는 못하는 경우가 많다. 기업문화가 고객서비스를 잘 할 수 있도록 고무하지 못하는 분위기라면 훌륭한 고객서비스는 불가능하다.

사우스웨스트 항공사는 고객불평도 거의 없고 시간도 정확하게 잘 지키는, 고객서비스를 잘하는 기업으로 알려져 있다. 이는 회사에서 직원들에게 강조한 고객서비스 문화 덕분이다. 회사는 직원들에게 자신의 의무 이상의 것을 하도록 격려한다. 그들은 필요에 따라 편안하고 전문가다운 옷을 입을 수 있다. 고객과의 관계에서는 유머를 중시한다. 사우스웨스트 항공사가 고객에게 우호적인 고객서비스 문화를 만드는 데 성공한 이유는 다음 세 가지이다.

- **황금률을 연습한다**_ 다른 사람이 여러분에게 해 주기를 원하는 대로 다른 사람에게 해 주어라. 겉으로만이 아니라 진심으로 그렇게 하라.
- **내부고객을 최고로 생각한다**_ 사우스웨스트 항공사는 회사가 내부고객(직원)을 배려하면 내부고객이 자동적으로 외부고객(소비자)을 배

려하게 된다는 것을 알고 있다.

- 열심히 일하고 열심히 논다 _ 성공을 축하해 주고 인센티브를 제공하라. 사람들이 열심히 일하도록 만들 이유를 제공하라.

고객의 서비스 지향성에 맞추기

고객과 고객서비스의 유형은 매우 다양하다. 그리고 고객은 유형별로 다양한 서비스 욕구를 가지고 있다. 고객을 이해하는 방법 중 하나는 고객을 서비스 지향적인 고객과 서비스 지향적이지 않은 고객으로 나누는 것이다. **서비스 지향적인 고객**(high-touch customer)은 회사와 높은 수준의 상호작용을 요구한다. 이들 고객은 높은 수준의 고객서비스를 기대한다. 이들은 제품가격이 서비스 비용을 포함하고 있다고 믿는 사람들이다. 만족스러운 고객서비스를 받지 못하면 고객은 불만을 표시한다. 이들은 서비스 없이 회사와의 상호작용을 성공적으로 끝낼 수 없게 된다.

▶ **서비스 지향적인 고객**
회사와 높은 수준의 상호작용을 요구하는 고객

하나의 대안을 선택하기로 결정한 소비자들은 서비스 지향적이지 않은 경향이 있다. 혹자는 서비스 지향적인 경험조차도 거부한다. **서비스 지향적이지 않은 고객**(low-touch customer)이란 소비자와의 상호작용에 대한 기대수준이 낮은 고객이다. 서비스 지향성이 낮아지는 것은 기술발전 때문인 경우가 많다. 많은 사람들이 사용하지만 값이 싼 제품의 경우에는 기업과 고객의 상호작용이 미미한 경우가 많다.

▶ **서비스 지향적이지 않은 고객**
소비와의 상호작용에 대한 기대수준이 낮은 고객

낮은 서비스 수준에도 만족하고 아예 서비스를 받으려는 생각도 안 하는 고객을 서비스 지향적으로 만들 필요는 없다. 고객이 서비스를 기대하지 않는 데는 여러 가지 이유가 있다. 가령 고객이 은행에서 드라이브 인 창구(drive-in window)를 이용하는 이유는 차에 있는 아기를 데리고 은행 안으로 들어가 일을 보는 것이 귀찮아서일 수 있다. 만일 은행에 들어가야만 어떤 일을 처리할 수 있다고 하면 그 고객은 귀찮아서 일을 미루게 될지도 모른다. 그런 일이 자주 일어나면 고객은 자기가 원하는 단순한 서비스를 제공하는 다른 은행으로 계좌를 옮길 것이다.

그룹 과제

그룹을 만들고 서비스 지향적인 고객과 서비스 지향적이지 않은 고객의 개념에 대해 토론하라. 각 그룹이 서비스 지향적인 고객이나 지향적이지 않은 고객을 구별하고 어느 고객이 더 지배적인지를 설명하라. 서비스 지향적이지 않은 고객의 수를 증가시키는 사업이 트렌드임을 기억해야 한다. 브레인스토밍을 통해 서비스 지향적이지 않은 고객을 늘리는 방법을 제안하라. 해당 조직에서 실행할 수 없는 아이디어는 지워라. 서비스 지향적이지 않은 새로운 아이디어를 발견하면 관리자에게 설명하라. 관리자가 기타 모든 가능성을 고려할 것이다.

1. 고속도로 통행카드 확인소(유료도로에서는 체크카드 사용)
2. 현금자동지급기 창구
3. 렌터카 회사의 빠른 창국(express line)
4. 호텔로비의 빠른 창구(호텔 요금을 모니터로 보여 줌)
5. 고객이 직접 주유하는 주유소
6. 드라이브 인 패스트푸드점(차에 탄 채로 음식을 주문하고 가져감)
7. 셀프 복사점
8. 온라인 대금 납부
9. 온라인 계좌 관리
10. 음악이나 전화벨소리 다운로드

고객의 소비행동 파악

소비행동(consumption behavior)이란 고객의 화폐 사용패턴과 지불패턴을 말한다. 고객의 소비행동을 평가하는 것은 소비자에 대한 정보를 모으는 비교적 쉬운 방법에 해당한다. 기업이 고객의 자료를 모으는 어떤 방법을 이미 가지고 있다면 더욱 그렇다. 오늘날 대개의 기업은 고객정보를 모으는 전산화된 시스템을 가지고 있다. 그러나 불행하게도 그 자료를 가지고 무엇을 해야 하는지 정확하게 아는 기업은 많지 않다. 그들은 너무 많은 정보를 가지고 있어서 오히려 고객에 대한 심층적인 이해를 하지 못한다. 고객의 소비행동을 파악할 때 해야 할 질문 중 중요한 것들은 다음과 같다.

▶ 소비행동
고객의 화폐 사용패턴과 지불패턴

- 고객이 무엇을 구매하는가?
- 고객이 왜 그 물건을 사는가?

- 고객이 왜 지난번보다 오늘 더 많이 사는가?

- 고객이 왜 질문을 하는가?

- 고객의 질문은 어떤 내용인가?

- 고객이 얼마나 많이 구매하는가?

- 고객이 예전에도 우리 물건을 산 적이 있는가?

- 고객은 물건값을 어떻게 치르는가?

- 고객이 언제 물건을 설치하거나 조립하는가?

- 고객이 최근에 산 다른 물건들은 무엇인가?

고객의 소비행동에 대해 더 많은 정보를 얻을수록 기업은 고객서비스 전략을 더 잘 준비할 수 있게 된다. 그리고 많은 기업들이 비슷한 소비패턴을 가진 다수의 고객에게 서비스를 할 수 있다. 그러나 모든 고객에게 아주 똑같은 방법으로 서비스하는 것은 적절하지 않다. 그런 기업은 어떤 고객에게는 과도한 서비스를, 또 다른 고객에게는 미흡한 서비스를 제공하게 될 것이다.

지붕 홈통을 제작하는 어떤 회사가 매우 비싼 집에 홈통(gutter)을 설치했다. 얼마 후 새로운 주인이 그 집을 사서 추가로 홈통을 주문했다. 그런데 회사는 홈통을 설치해 주기로 약속한 날짜를 세 번이나 어겼다. 마침내 직원들이 도착해서 일을 마쳤을 때는 마침 집주인이 집에 없었다. 직원들은 집주인에게 아무런 청구서도 남기지 못하고 돌아갔다. 사흘 후 첫 번째 할부대금 납부일을 적은 송장(invoice)이 포함된 메일이 도착했다. 집주인은 그 청구서를 받아 '갚아야 할 것'이라는 제목이 쓰인 파일 안에 넣어 두었다. 주 중의 지정된 요일에 청구대금을 지불하는 것이 집주인의 습관이었다. 청구서를 받은 지 사흘 후에 홈통 회사의 채권추심자가 집주인에게 화난 목소리로 전화를 걸어 왜 대금을 갚지 않느냐고 따졌다. 집주인은 청구서를 이제 막 받았으며 며칠 내에 대금을 지불할 것이라고 말했다. 채권추심인은 대금은 일이 끝난 후 바로 현금으로 지불해야 하는 것이라고 말했다.

일이 끝났을 때 자신은 집에 없었고 따라서 청구서도 받지 못했다고 집주인이 설명했으나 집주인은 대금을 내지 않은 고객은 존중하지 않는다는 소리를 회사로부터 들었을 뿐이다. 이 홈통 회사는 고객이 대금을 곧바로 지불할 것을 기대했고 그렇지 않은 경우 집주인에게 법적 행동을 취하곤 했던 것이다. 집주인은 바로 대금을 지불하겠다고 말하고 전화를 끊었으나 기분이 매우 나빴다. 이런 전화를 받기 전에 어떤 재촉도 받은 적이 없었기 때문이다. 집주인은 바로 청구서 대금을 보냈는데 그날 저녁에 이웃집 사람이 놀러와서 이 집의 홈통이 독특하다고 감탄하면서 어떤 회사가 그것을 시공했는지 물었다. 집주인은 그에게 있었던 일을 이야기하면서 아무리 홈통이 멋있더라도 그 회사를 추천하고 싶지 않다고 말했다.

얼핏 보기에 이 이야기는 별로 마음에 안 드는 제품 때문에 속상해하는 한 고객의 이야기로만 들린다. 현실적으로 많은 기업들은 사람들의 관심을 크게 끌지 못하는 제품과 서비스를 팔면서도 이익을 창출한다. 만약 이 회사가 고객의 소비행동을 조사하고 연체된 계좌에 대한 정보를 수집하는 방법을 바꿨다면, 회사의 명성을 보존하고 잠재고객을 붙잡을 수 있었을 것이다.

많은 기업들이 고객의 소비행동을 고려하지 않기 때문에 좋은 사업기회를 놓치고 만다. 여러분은 제품상자나 설치설명서에 '월요일부터 금요일, 아침 8시부터 저녁 5시까지 무료전화 가능'이라고 광고하는 것을 얼마나 자주 보아 왔는가? 이 회사의 무료전화나 고객지원은 아주 제한된 시간 동안만 가능하다. 5시 이후에 잔디깎기가 고장나거나 밤중에 컴퓨터에 무슨 프로그램을 설치하려는 사람은 어떻게 하겠는 가? 고객의 소비행동을 잘 파악해야 기업이 언제, 어디서, 어떻게 하면 고객에게 정말 잘 서비스할 수 있을지 알 수 있다.

> "아무도 가지 않는 길로 가라.
> 그 길은 절대 붐비지 않는다."
>
> _화자 미상

시장 세분화

고객서비스 전략을 개발하고자 할 때 고객들 간의 유사점을 이해하는 것도 중요하다. **시장 세분화**(market segmentation)는 고객을 비슷한 특성을 가진 사람들끼리 여러 집단으로 나누는 것이다.

세분화는 고객을 서비스하기 좋은 여러 집단으로 나누고 집단별로 적절한 서비스를 할 수 있도록 도와줄 것이다. 세분화는 또한 아기를 돌봐 주는 시설을 갖춘 헬스클럽, 고객에게 교통편의를 제공하는 안과병원 등 비슷한 요구를 가진 고객들을 파악할 수 있게 해 준다.

고객서비스 세분화 기준의 예

1. 필요한 서비스의 유형
2. 현재 고객들 간의 유사점
3. 가장 바쁜 업무 시간대와 그 시간대의 고객 특성
4. 고객이 요구하는 고객서비스의 정도
5. 회사 제품이나 서비스에 적절한 세분화의 다른 기준

세분화는 많은 고객의 공통적인 고객서비스 요구와 개별적인 요구를 구별할 수 있게 해 준다. 고객이 워낙 다양하기 때문에 세분화가 쉬운 것은 아니지만 고객서비스 전략을 개발할 때 세분화는 좋은 출발점이 된다.

고객서비스 전략 개발하기

계획, 인프라, 문화, 서비스 지향성, 소비행동, 그리고 시장 세분화 등 전략개발의 요소들을 고려한 후에는 고객서비스 전략을 개발해야 한다. 서비스 전략개발을 위해 다음에 제시한 7가지 가이드라인을 보라.

1. 고객을 세분화하라_고객을 비슷한 특징을 가진 사람들끼리 묶어라.
2. 사람 수가 가장 많고 이익을 가장 많이 낼 고객집단을 파악하라_초기에는 숫자가 많은 집단을 대상으로 하는 것이 좋다.
3. 고객의 기대수준을 파악하라_고객이 여러분과의 경험에서 기대하는 바가 무엇인지 찾아내라.
4. 고객의 기대를 효율적으로 충족시킬 플랜을 개발하라_고객에게 효과적으로 서비스할 수 있는 혁신적인 전략을 창출하라.
5. 계획을 실행하라_수립한 새로운 전략의 모든 측면을 동시에 실행하면서 전략을 행동화하라.
6. 평가를 위한 계획표를 짜라_실행한 전략의 성공 여부를 언제쯤 판단할 것인지 전략을 모두 실행하기 전에 계획해 보라.
7. 전략을 평가하고 개선하라_새로운 고객서비스 전략의 효율성을 평가하고 적절한 개선 노력을 기울여라. 새로운 전략이 가능한 한 현실적이도록 계속 변화하라.

업무와의 연결

여러분이 속한 몇 개의 세분화된 시장을 써라. 가능한 한 여러분과 관련된 25개 정도의 세분화된 시장을 나열해 보라. 그 세분화된 시장이 얼마나 다양한지, 각 세분 집단이 서로 얼마나 유사하고 유사하지 않은지 비교해 보라. 여러분은 시장 세분화에 대한 새로운 인식을 가지고 여러분 고객 그룹을 세분화할 수 있을 것이다.

핵심용어

계획	고객서비스 인프라	문화
서비스 지향적이지 않은 고객	서비스 지향적인 고객	소비행동
시장 세분화	전략	

OX 퀴즈

1. 전략은 확실한 행동을 취하기 위한 계획이다.
2. 고객서비스 목표를 세우기 위해서 고객서비스 담당자는 고객들이 성취하고 싶은 것이 무엇인지 알아야 한다.
3. 인프라 구축을 위한 투자의 대가는 보통 즉시 회수된다.
4. 집단 구성원들이 공유하고 있는 가치와 믿음 그리고 규범은 그 집단의 개성이다.
5. 은행 창구, 전문점, 호텔 로비, 변호사와 회계사 사무소는 모두 서비스 지향적이지 않은 곳이다.
6. 소비자 지향성이 낮아지는 이유는 기술발전 때문인 경우가 많다.
7. 온라인 고지서 지불은 서비스 지향적이지 않은 서비스로 인기가 치솟고 있다.
8. 소비행동에 대한 정보는 보통 수집하기에 부적절하고 어렵다.
9. 시장 세분화는 고객을 비슷한 특성을 가진 사람들끼리 여러 집단으로 나누는 것이다.
10. 평가를 위한 계획표를 짜는 것은 고객서비스 전략을 개발하기 위한 가이드라인의 하나이다.

1. 시장 세분화를 설명하시오.
2. 문화를 정의하고 직장 내 문화의 예를 두 개 들어 보시오.
3. 서비스 지향성이 높은 고객과 그렇지 않은 고객을 구분해서 설명해 보시오.
4. 고객서비스 전략을 개발할 때 고려해야 할 요소들은 무엇인가?
5. 여러분이 속해 있는 기업의 인프라에는 어떤 것이 있는가? 예를 들어 보시오.
6. 서비스 전략 가이드라인을 따라 개발된 전략과 그렇지 않은 전략의 잠재적 성공 가능성을 비교해 보시오.
7. 여러분은 고객서비스 시장에서 어떤 세분화 집단에 속하는가?
8. 서비스 지향적이어야 할 경우와 서비스 지향적일 필요가 없는 경우의 예를 드시오.
9. 고객의 기대는 고객서비스 전략 수립에 어떤 영향을 주는가?
10. 여러분 회사의 문화를 평가해 보시오.

서비스 기술 구축

시간관리

고객업무를 다루는 사람에게는 시간관리가 필수적이다. 여러분 자신 말고는 아무도 여러분의 시간관리 기술을 향상시킬 수 없다. 여러분이 시간관리를 효율적으로 하는 데 실패했다면 좌절하기 쉽고 또 그 좌절감을 고객에게까지 연장시키기 쉽다. 생각 없이 시간을 그냥 흘려보내거나 고객에게 무의미하게 조각난 여러 자투리 시간을 내주게 되는 경우도 적지 않다.

시간관리를 삶의 한 방식으로 만들려면 지속적이고 규칙적이어야 한다. 여기에 훌륭한 시간관리 요령 10가지를 제시한다.

1. 목표를 세우고 우선순위를 정하라.
2. 언제나 달력을 가지고 다녀라.
3. 임시 마감일을 정하고 그것을 지키면 자신에게 상을 주어라.
4. 잠자기 전에 다음 날 해야 할 일의 목록을 적어라.

5. 휴식시간을 충분히 가져라.

6. 달성해야 할 목표에 집중하라.

7. '열심히' 보다는 '현명하게' 일하라.

8. 스위스 치즈 제조방식을 활용하라(일을 여러 가지 작은 일로 나누고 시간이 있을 때마다 하나씩 해결해 나가는 방법).

9. 평가하라(어떤 일이 시간을 가장 많이 빼앗는지 판단하라).

10. 시간을 잘 관리한 자신에게 보상하라.

여러분이 시간을 잘 관리했는지 평가하려면 아래의 연습을 해 보라.

3~5일 동안 시간을 어떻게 썼는지 박스 안에 세밀하게 적어 보라. 행동한 것과 전화한 것, 휴식을 취한 것을 정확한 시간 단위로 모두 기록한다. 시간소비를 기록함에 있어 솔직해야 한다. 직업을 위한 것이건, 개인적인 생활을 위한 것이건 모두 기록하라. 그런 후에 여러 가지 행동에 소비한 시간을 분석한다.

소비한 시간을 (1) 특별한 업무를 위한 시간, (2) 일반적인 업무를 위한 시간, (3) 개인시간(생산적으로 소비한 시간), (4) 개인시간(비생산적으로 소비한 시간), (5) 기타 시간으로 나눈다. 여러분의 행동을 명확하게 하거나 적절하다고 믿는 코멘트도 적어 보라.

서비스기술 연습

시작시간	끝난시간	경과시간	행동코드	행동내용	코멘트

행동코드

1. 특별한 업무를 위한 시간 — 특별 업무시간(WST)

2. 일반적인 업무를 위한 시간 — 일반 업무시간(WGT)

3. 개인시간(생산적으로 소비한 시간) — 생산적 개인시간(PP)

4. 개인시간(비생산적으로 소비한 시간) — 비생산적 개인시간(PNP)

5. 기타 시간 — 기타(MISC)

시간을 어떻게 썼는지 분석한 후에 여러분 스스로의 시간관리에 대한 결론을 내려 보라. 직장에서 보낸 시간의 20% 이상을 개인적인 일로 소비했거나 반대로 집에서 보낸 시간의 20% 이상을 회사 일로 소비했다면 시간이 비효율적으로 뒤섞이고 있다는 것을 나타낸다.

때로는 쓸데없는 사소한 일에 너무 많은 시간을 보내고 있다는 결론을 내릴 수도 있다. 시간관리는 지속적인 과정이다. 시간을 효율적으로 사용하도록 노력하면 그 결과에 놀라게 될 것이다.

가능하면 시간기록표를 최소한 다른 한 명과 같이 분석해 보라. 시간기록표를 보고 시간관리를 잘 하기 위해 필요한 것을 조언해 달라고 말하라. 우리의 시간관리에 대한 다른 사람의 조언은 그들의 경험을 통해 배우는 것을 의미하기 때문에 아주 유용하다.

고객서비스와 윤리

당신 동료는 지난 수주일 동안 점심식사 후 업무 재개시간을 훨씬 넘겨 회사에 들어오는 일을 반복하고 있다. 당신 회사는 부서 단위로 평가를 받는다. 동료의 게으름 때문에 부서의 생산성이 떨어지고 부서의 전체적 평가가 떨어질 상황이다. 일부 부서원들은 화가 나서 태만한 동료를 고발하자고 한다. 당신은 어떻게 하겠는가?

어떤 직업세계에서든 생활의 독특한 부분 중 하나는 각 부서와 조직 내에서 의사소통을 하기 위해 특수한 용어들이 사용된다는 것이다. 불행하게도 이 특수 용어들을 배우는 것은 쉽지 않다. 사람들은 어떤 단어의 의미나 약어의 의미를 계속 질문하면서 그 단어의 뜻을 알아 가야 한다. 내부고객이든 외부고객이든 이런 특수한 용어의 의미를 알 때까지 어려움을 겪게 될 것이다. 어떤 부서에서 특수하게 통용되는 이런 용어들을 **부서별 은어**(departmental factoid)라 한다.

도전목표

1. 부서별 은어의 의미를 설명해 보기
2. 조직 내에서 의사소통하기 위해 흔히 사용되는 특수한 용어들을 제시해 보기
3. 유용하고 읽기 쉬운 매력적인 안내서를 만드는 법 배우기

직접 해 봅시다

여러분의 업무 영역에서 사용되는 용어들을 소비자들이 더 잘 이해할 수 있도록 하기 위해 우선 해당 부서의 은어목록을 만들라. 여러분이 어떤 부서나 산업 분야에서 막 일하기 시작했을 때 누군가로부터 설명을 들어야 했던 용어나, 의미를 다시 명료하게 정의해야 했던 용어들이 이 목록에 포함될 만한 후보 용어들이다.

프레젠테이션

정보제공 안내서 형태로 그 내용을 설명한 부서별 은어를 발표하라. 그 안내서는 다음과 같은 것들을 포함해야 한다.

1. 제목과 시각적 자료를 포함한 표지
2. 보기 좋게 배치된 부서 내 은어와 그 의미에 대한 설명
3. 질서정연한 은어의 배열(알파벳순, 숫자순 등)
4. 독자가 특수한 은어를 기억하기 쉽게 도와줄 힌트

5. 전문가다운 디자인

6. 읽기 쉬운 용어

성공적인 안내서는 보기 좋을 뿐만 아니라 정보를 제공해 줄 수 있어야 한다. 산업계에서는 안내서가 잘 조직되고 유용하게 만들어지지 않으면 그것 때문에 큰 비용을 치르게 될 수도 있다.

힌 트

마이크로소프트의 파워포인트나 유사한 소프트웨어의 경우를 참고하라. 가용한 자료가 그 외에도 많겠지만 그 회사 안내서들은 질서정연하고 매우 보기 좋게, 그리고 읽기 쉽게 되어 있어 최소한의 노력으로도 이해할 수 있다. 이 분야에 대한 여러분의 능력을 개발하여 이력서에 한 줄 첨가할 수 있기를.

OX 퀴즈 정답

1. O	2. O	3. X	4. X	5. X
6. O	7. O	8. X	9. O	10. O

고객서비스 담당자에 대한 재량권 부여

창의적 사고란 어떤 일을 할 때 항상 해 오던 방식대로 한다면
특별한 행운은 더 이상 없을 것이라는 점을 깨닫는 것이다.

_Roger Van Oeck

이 장의 학습목표

☐ 고객서비스에서 재량권을 부여하는 예를 알아본다.

☐ 미션과 목표 헌장의 중요성을 설명할 수 있다.

☐ 공동생산의 개념을 이해한다.

☐ 회사에서 공동생산의 예를 알아본다.

☐ 잘 설계된 고객서비스 시스템의 중요성을 토론할 수 있다.

재량권이란 무엇인가

기존의 고객을 유지하고 새로운 고객을 유치하기 위해서 경영자는 전통적인 방식을 넘어서야 한다. 고객서비스 산업에서 효과가 있는 것으로 알려진 새로운 접근방식 중 하나는 담당자에게 충분한 재량권을 부여하는 것이다.

고객서비스에서 **재량권 부여**(empowerment)란 고객서비스 담당자가 고객을 도울 수 있는 범위를 스스로 결정할 수 있도록 허용하는 것을 말한다. 고객서비스 담당자는 회사 규정에 있는 사례 이외에 특별한 문제를 가진 고객을 계속 만나기 마련이다. 고객서비스 담당자에게 재량권을 부여해 주면 그들은 고객을 도울 수 있는 의사결정을 내릴 수 있게 된다.

재량권 부여는 고객의 요구를 당연하게 받아들여야 하는지 아닌지를 고객서비스 담당자가 결정할 수 있게 해 준다. 고객이 어떤 문의사항을 가지고 회사와 접촉하려고 하는 경우, 고객들은 전화를 받는 어느 한 사람에게 일의 전모를 설명한다. 고객서비스 담당자가 재량권을 가지고 있다면 그는 어떤 한도 내에서는 자유롭게 자신이 판단하여 결정을 내릴 수 있다. 만일 담당자가 상급자에게 문제를 설명하고 허락을 받는 동안 고객을 기다리게 해야 한다면 모두가 손해를 보게 된다. 고객은 오래 기다리거나 상급자에게 다시 한 번 똑같은 내용을 되풀이해서 설명해야 하고, 고객서비스 담당자는 무력감을 느끼면서 그들의 고유업무에서 제외되어야 하며, 상급자는 잘 모르는 고객의 성급한 설명을 다시 들어야 한다. 고객서비스 담당자에게 재량권을 부여하면 이런 상황을 피할 수 있다.

미션과 목표공시의 중요성

재량권 부여는 기업문화에서 반드시 반영시켜야 할 철학이다. 문화는
집단 구성원들이 공유하는 가치와 믿음, 규범으로 구성된다. '재량권
이 허용되는 문화'에서 직원들은 자신의 권한을 잘 알
고 있다. 그들은 문제에 대한 가능한 해결안의 범위가
어느 정도인지 훈련받은 사람들이고 상급자가 자신의
결정을 지지해 줄 것이라는 점도 알고 있다.

고객문제를 다루는 모든 기업은 미션과 목표를 적은 공식적인 문서
를 가지고 있어야 하고 그것을 전 직원이 볼 수 있도록 공시해야 한다.
이 문서는 기업이 존재하는 이유인 **기업목표**(purpose)와 기업이 어떻게
목표를 달성할 것인가 하는 수단인 **미션**(mission)을 표현하는 것이어야
한다.

재량권 부여는 새로운 기회

재량권 부여는 새로운 기회이다. 수많은 고객과 접촉하는 고객서비스
담당자는 가장 많은 고객의 질문과 문제에 대한 해결책이 무엇인지 알
고 있다. 고객서비스 담당자가 일상적인 문제를 스스로 처리할 수 있
는 재량권을 갖게 되면 특별한 문제를 다루는 데 더 많은 시간을 할애
할 수 있고 고객에게 더 철저히 봉사할 수 있다. 고객서비스 담당자의
재량권을 강화하면 상급자의 시간도 절약할 수 있다. 왜냐하면 상급자
가 고객문제를 다룰 경우 대체로 고객서비스 담당자보다 더 많은 시간
을 소모하기 때문이다.

시간을 갖고 개인적인 목표 헌장을 써 보라. 여러분은 왜 존재하는가? 목표헌장을 카드에 써서 잘 보이는 곳에 두라. 여러분이 우선적으로 해야 할 일이 목표에 부합하는가?

재량권 부여의 예

어느 은행의 모든 창구직원들은 한 달에 고객에게 100달러까지 쓸 수 있는 재량권을 가지고 있다. 직원들은 고객의 불편함이나 오랜 기다림 또는 직원의 실수에 대한 대가로 그 돈을 지불할 수 있다. 직원들은 자신이 적절하다고 판단한 방식대로 그 돈을 사용할 수 있다. 예를 들어, 고객에게 꽃을 사 보낼 수도 있고 저녁을 대접할 수도 있으며 고객의 가족에게 야구장 입장권이나 선물을 보낼 수도 있다. 직원들은 어떤 방식으로 왜 돈을 썼는지 기록해 두어야 한다. 직원들은 그렇게 하기 위해 어느 때라도 은행고객과 접촉할 수 있다.

어떤 전기회사는 직원들이 고객의 상황을 듣고 고객의 경제상태에 따라 특별한 전기요금 납부 플랜을 세울 수 있도록 하는 재량권을 부여하였다. 또한 그 회사는 직원들이 하루에 4개의 카드를 고객에게 보내도록 권장하고 있다. 이 카드는 고객과 고객서비스 담당자가 공유하는 과거의 어떤 경험, 예를 들어 고객의 득남/득녀 소식이나 새 집 구매와 같은 경험을 회상시키는 것들이다. 이 외에도 '축하합니다' 나 '알립니다' 또는 '저런! 저희가 실수했습니다' 와 같은 내용을 적어 보내는 카드도 있다. 카드를 보내는 의도는 고객을 회사 내의 한 사람과 마음이 오가는 친밀한 관계가 되게 함으로써 고객과의 관계를 유지하기 위한 것이다.

고객서비스 담당자에 대한 재량권 부여 단계

직원에 대한 재량권 부여는 어느 날 저절로 이루어지는 것이 아니다. 그것은 가이드라인을 만들고 직원을 훈련시키고 결과를 받아들이고 긍정적인 결과에 보상하는 등 회사가 노력한 결과로 얻어지는 것이다. 여러분 회사 내에서 재량권 부여 프로그램을 만들고 싶다면 다음 사항을 추천한다.

1. 성취하고자 하는 목표를 그림으로 그려라 _ 그림은 회사가 추구하는 바와 그것이 직원들에게 어떤 이익을 줄 것인지를 나타내는 인상적인 도구가 될 수 있다.
2. 직원들이 재량의 범위를 결정하게 하라 _ 직원들이 자신의 선택에 대한 책임을 지게 하고 그들의 선택에 대한 피드백을 제공하라. 그러나 직원이 실수를 했더라도 처벌하지 말고 근신하게 하라. 실수에 대한 처벌을 두려워하게 되면 직원들은 재량권을 발휘하려고 하지 않을 것이다.
3. 재량권 부여의 긍정적인 결과를 인정하고 보상하라 _ 여러분이 재량권 부여과정에 기여했음을 회사에 보여 줄 수 있다.
4. 장기적인 이득을 생각하라 _ 긍정적인 결과는 하룻밤 사이에 나타나는 것이 아니지만 기다릴 만한 가치가 있다.

고객서비스 공동생산

고객서비스에서의 재량권 부여를 다루는 방식 중 다른 하나는 고객에게 재량권을 주는 것이다. **공동생산**(coproduction)이란 고객이 결국은 자신들이 받게 될 서비스의 최소한 일부분을 제공하는 것을 말한다. 고객은 고객서비스 과정에 참여하기를 원하고 그 일을 즐긴다.

▶ **공동생산**
고객이 결국은 자신들이 받게 될 서비스의 최소한 일부분을 제공하는 것

고객서비스 시스템은 고객 스스로에 대한 서비스를 고객에게 허용하고 장려하도록 설계되어야 한다. 다른 모든 점이 동일하다면, 고객서비스 시스템은 고객이 많이 참여할수록 더 효율적이다(William H. Davidow and Bro Uttal, *Total Customer Service: The Ultimate Weapon*, New York: HarperCollins, 1990).

공동생산의 개념 안에는 고객 자기자족(self-sufficiency)의 개념이 포함되어 있다. 고객의 자기자족이란 고객이 만족할 만한 수준에서 스스로의 서비스 니즈를 충족시키기 위해 서비스 현장의 시스템을 사용하여 문제를 해결할 때 발생한다.

공동생산의 예

1. 고객이 원하는 샐러드를 스스로 골라 먹게 하는 샐러드 바
2. 고객이 스스로 음료를 리필하는 레스토랑
3. 셀프서비스 복사점
4. 7일 동안 유효한 세차권
5. 대학 내의 셀프광고판
6. 진료를 기다리는 동안 치료나 보험에 대한 문진을 환자 스스로 작성하는 것
7. 고객에게 여러분의 계좌번호나 고객의 진료카드번호를 알려 주는 것
8. 은행에서 고객에게 미리 입금표를 나눠 주고 작성하게 하는 것
9. 전화고객 지원라인
10. 셀프서비스 주유소

- 셀프 체크아웃
- 자신이 원하는 옵션을 스스로 선택하게 하는 모든 제품, 서비스
- 온라인 보증시스템
- 사용안내서
- 사용방법을 설명해주는 비디오
- 은행잔고를 알려주는 자동 알림 메시지
- 온라인 대금 지불
- 배달상황 추적 시스템
- 바코드 스캔만으로 처방내용을 알려주는 처방전

공동생산과 고객 자기자족의 차이는 공동생산은 어떤 특정 시간에 발생하는 데 비해(가령 병원에서 검진순서를 기다리면서 문진을 작성하는 것) 고객 자기자족은 언제 어디서나 고객이 원할 때 가능하다는 것이다. 고객 자기자족은 고객에게 또 다른 독립감을 제공해준다. 가령 어떤 가전제품을 사용하는 고객은 서랍에서 오래된 사용 매뉴얼을 꺼내 읽느니 컴퓨터에서 관련 정보를 얻으려고 할 것이다. 아마도 고객은 컴퓨터에서 곧 매뉴얼을 찾게 될 것이고 원하는 답을 얻게 될 것이다. 이런 트렌드에 발맞추어 사진용품을 파는 텍사스의 한 회사는 더 이상 제품에 보증서나 사용설명서를 첨부하지 않기로 했다. 어떤 제품을 구매할 때 고객은 그 자리에서 바로 온라인에 접속해 구매한 제품에 대한 정보를 등록한다. 그러면 이메일을 주고받을 필요 없이 고객은 바로바로 원하는

정보를 쉽게 얻을 수 있다. 이 회사의 고객들은 이렇게 고객지향적으로 바뀐 보증방식에 대해 매우 만족하였다. 고객이 원하는 시기에 원하는 곳에서 긍정적인 고객서비스 경험을 할 수 있을 때 고객만족 수준은 높아지기 마련이다.

공동생산이 효과적인 이유

공동생산이 효과적인 이유는 고객이 참여할 때 그들이 일종의 주인의식을 갖기 때문이다. 다른 말로 하자면 고객은 기업의 성공에 공헌한다는 느낌을 갖게 된다. 공동생산이 효과적인 또 다른 이유는 고객이 고객서비스 경험을 하기 때문만이 아니라 고객이 무력하게 기다리기보다 하나의 역할을 하고 있다는 생각을 하게 되기 때문이다. 또한 고객서비스 담당자는 업무와 책임을 공유한 누군가가 있다는 생각 때문에 업무를 수행하는 데 스트레스를 덜 받게 된다.

공동생산은 고객이 모든 일을 하도록 맡기는 것이 아니다. 그것보다는 고객과 파트너십을 창출하는 것이다. 공동생산은 고객을 유기하거나 무시하거나 무력화시키는 것이 아니다. 공동생산을 장려하는 방향으로 고객서비스 시스템을 설계했지만 어떤 요소가 제자리에 있지 않다면 그 시스템은 실패한다. 가령 물건을 살 때 주문서를 작성하도록 고객에게 요구하면서 주문서 작성을 위한 용지나 필기도구는 갖춰놓지 않은 기업은 고객에게 재량권을 주는 데 실패한 기업이고 이 경우에는 공동생산이 불가능하다.

공동생산이 모든 고객이나 모든 고객서비스 상황에 적절한 것은 아니다. 상류층 고객을 위한 환경에서는 고객이 고객서비스에 직접 참여하기를 바라기가 어렵다. 그런 고객은 자신들이 그 가격을 충분히 지불하기 때문에 누군가 다른 사람이 서비스를 해야 한다고 생각한다.

다음은 고객을 공동생산 참여자(coproducer)로 만드는 요령이다.

■ 전화를 건 고객에게 필요한 준비를 하도록 요구하라 _ 우편주문을 하기 위해 전화를 걸었을 때 누군가 잠시 여러분을 기다리게 한 후 제품 카탈로그와 신용카드를 갖고 있는지 물어보는 이유를 생각해본 적이 있는가? 그 회사는 교묘하게 여러분을 서비스 협조자로 만들고 있는 것이다.

■ 중요한 정보는 반복해라 _ 고객에게 주문을 다시 한 번 확인하도록 요청하는 것은 실수를 고치고 고객에게 다시 한 번 생각할 기회를 주는 것이다.

■ 고객을 공동생산 참여자로 훈련시켜라 _ 고객이 완성해야 할 어떤 양식의 기재요령을 알려 주는 것, 할인점에서 빠른 계산대임을 알리는 표시를 해 주는 것, 레스토랑에서 자리를 기다리는 고객에게 미리 메뉴를 보여 주는 것, 유통업체 주차장에 쇼핑수레를 반환할 수 있는 장소를 만드는 것(쇼핑수레를 돌려줘서 고맙다는 인사와 함께) 등은 작은 것이지만 고객을 공동생산 참여자로 만드는 것이다. 고객은 회사

그룹 과제

그룹을 만들어 공동생산에 대해 토론하라. 공동생산은 고객이 자신들이 받게 될 서비스의 최소한 부분을 스스로 제공하는 것이다. 여러분의 부서를 위해 새로운 공동생산 방법을 창조하라. 공동생산은 고객서비스 경험에 확실한 자산이 될 수 있어야 한다. 과정을 행하기 쉽고 설명하기 쉽게 만들어라. 새로운 공동생산 방법을 시험하고 만약 여러 사람의 검토를 통과하면, 관리자와 상의하라. 관리자가 여러분 팀의 독창성에 감명받을 수 있도록.

가 자신에게 기대하는 바를 알게 되면 빠르고 효과적으로 여러분
을 도우려고 한다.
- 고객에게 왜 그들이 공동생산 참여자가 되어야만 하는지를 말하라_어떻
게 모든 사람이 공동생산의 이익을 나누게 되는지 고객이 알게 되
면 그들은 좀 더 열정적으로 참여하려고 할 것이다.

고객서비스 시스템 설계

재량권 부여와 공동생산은 저절로는 이루어지지 않는
고객서비스의 양면이다. 기업은 이 두 요소를 신중하
게 고객서비스 시스템에 포함시켜야 한다. **고객서비스
시스템**(customer service system)은 고객서비스의 완성에 기

여하는 일련의 과정으로 이루어진 체계이다. 모든 고객서비스 시스템
이 효율적이고 효과적으로 작동하는 것은 아니다. 그렇게 되도록 설계
된 시스템이어야만 효과적이고 효율적일 수 있는 것이다.

불행하게도 많은 시스템은 과거의 어느 시점에 누군가가 정해 놓은
그 상태로, 한 번도 수정되지 않은 채로 존재한다. 그리고 많은 경우 시
스템을 만드는 사람과 그 시스템을 사용할 사람은 서로 다르다. 기업
내에서 시스템을 만드는 데 가장 적절한 사람은 지속적으로 그 시스템
을 사용하고 전체적인 그림도 그릴 수 있는 사람이다.

동일한 질문을 계속하는 고객이 많거나 하나의 과정이 복잡하게
몇 단계 이상으로 이루어져 있다면 시스템을 재검토해야 할 필요성
이 있다.

시스템 설계를 위한 가이드라인

다음에 제시한 6개의 가이드라인은 효율적인 고객서비스 시스템을 만드는 데 도움이 될 것이다.

1. 새로운 과정이 필요한 영역이나 재검토해야 할 시스템을 찾아내라.
2. 시스템을 만들거나 개선하는 데 필요한 단계를 모두 적어라.
3. 여러분이 회사가 추구하는 목적을 향해 제대로 가고 있는지 확인하기 위해 미션과 목표를 검토해 보라.
4. 공급자와 소비자를 포함하여 재량권을 가져야 할 사람을 파악하라. 불필요한 단계는 제거하라.
5. 직원의 재량권 부여를 지지하는 문화를 만들어라.
6. 일정 기간 동안 시스템을 운영한 후에 시스템의 효율성을 다시 평가하라. "타인의 삶에 밝은 햇살을 비춘 사람은 스스로의 몸도 빛나기 마련이다."

핵심용어

고객서비스 시스템	고객서비스에서 재량권 부여	공동생산
목표	미션	자기자족(self-sufficiency)

OX 퀴즈

1. 고객서비스에서 재량권을 부여한다는 것은 고객서비스 담당자가 고객을 도울 수 있는 범위를 스스로 결정할 수 있도록 허용하는 것이다.
2. 재량권이 허용된 문화에서 직원은 자신의 권한을 잘 알고 있지 못하다.

3. 기업의 목표는 기업이 존재하는 이유이다.

4. 공동생산은 고객이 자신들이 받게 될 서비스의 최소한 일부분을 제공하는 것이다.

5. 가게의 셀프-체크아웃 통로는 공동생산의 한 예이다.

6. 공동생산은 고객과의 상호작용에서 고객이 대다수의 일을 한다는 의미이다.

7. 고객서비스의 완성에 기여하는 일련의 과정으로 이루어진 체계는 시스템이다.

8. 시스템을 만드는 데 가장 적절한 사람은 지속적으로 그 시스템을 사용하는 사람이다.

9. 시스템을 산업과 일상생활의 다양한 분야에서 넓게 적용할 수 있다.

10. 고객서비스의 재량권 부여를 지지하는 문화를 만드는 것은 성공한 고객서비스 시스템을 만드는 데 중요한 부분이다.

연습과제

1. 공동생산의 예를 세 가지 들어 보시오.

2. 효과적인 고객서비스 시스템을 만들기 위한 가이드라인을 제시하시오.

3. 우수한 고객서비스를 제공하기 위해 시스템을 새롭게 바꾸거나 새로운 시스템을 만들기 위한 방법은 무엇인가?

4. 공동생산 형태는 어느 산업에 가장 도움이 되겠는가?

5. 여러분이 속한 부서를 위한 사명 선언서를 써 보시오.

6. 재량권 위임의 의미를 설명하시오.

7. 재량권이 충분히 위임되지 않으면 고객이 기대하는 서비스를 제공하는 데 서비스 담당자가 어떤 영향을 받게 되는가?

8. 오늘날 조직 내에 효과적이지 않은 시스템이 많이 존재하는 이유는 무엇인가?

9. 여러분 경험에 따르면, 고객들은 기꺼이 공동생산에 참여하여 서비스를 제공하려고 하는가? 여러분이 생각하기에 고객이 서비스를 제공하려는 이유와 제공하려 하지 않는 이유는 무엇인가?

10. 왜 사람들은 때때로 새로운 시스템에 저항하는가?

공동생산

대부분의 기업은 고객의 기본적 욕구를 충족시킨다. 그러나 미래에 정말로 성공하고 싶다면 기업은 강요에 의해 행해지는 대응적 고객서비스가 아니라 전향적(proactive) 고객서비스를 하기 위한 환경을 만들어야 한다. 고객이 기업에 협조적이라면 고객을 자신들이 받는 일부 서비스의 제공자로서 참여하도록 허용하고 고무하라.

공동생산에 필요한 요소는 다음과 같다.

- 공동생산은 기업과 고객 간의 파트너십을 창출해야 한다.
- 고객이 협조에 필요한 도구들을 가지고 있어야 한다.
- 고객이 공동생산에서 그들의 역할을 알고 있어야 한다.

여러분 회사에서의 공동생산을 창출할 수 있는 방법을 적어 보라.

-
-
-

여러분 동료나 다른 소집단과 공동생산에 대한 아이디어를 나누어 보라. 공동생산이 창출하는 이익을 다른 사람에게 이해시켜 보라.

고객서비스와 윤리

당신은 유명한 비디오대여 상점에서 일하고 있다. 당신은 고객과 아주 좋은 관계를 유지하고 있고 개인적으로도 그들을 잘 알고 있다. 고객들은 가게에 올 때마다 당신을 찾고 당신을 친구로 생각한다. 어느 날 좋은 관계를 맺고 있는 고객이 화가 나서 찾아왔다. 여러분의 회사가 그 고객이 빌린 후 돌려주지 않은 비디오에 대해 벌금을 부과하겠다는 편지를 보냈다는 것이다. 고객은 자신이 지금 당장은 그 비디오에 대한 벌금을 지불할 여력이 없다고 하소연했다. 회사규정에는 맞지 않지만 당신은 그 고객을 실망시키고 싶지 않다. 어떻게 해야만 할까? 여기서 한 가지 더, 고객이 돌아간 후 고객의 계좌를 체크했을 때 당신은 그 고객의 실수가 이번이 처음이 아니라는 것을 알게 됐다.

<table>
<tr><td>고객서비스 실무 도전 **5**</td><td># 새로운 시스템의 설계</td></tr>
</table>

고객서비스는 잘 설계된 고객서비스 시스템이 작동할 때 가능하다. 많은 고객서비스 시스템이 낡았거나 이런 업무에 익숙하지 않은 사람에 의해 만들어졌기 때문에 시스템을 재검토하거나 평가하는 작업이 꼭 필요하다. 어떻게 효율적인 고객서비스 시스템을 창출할 것인지 배우고 나면 고객서비스 담당자는 변화를 주도하고 요구할 능력을 갖추어 스스로를 준비시킬 수 있다.

도전목표

1. 어떻게 고객서비스 시스템이 고객서비스 프로그램의 성공에 영향을 미칠 수 있는지를 나타내기
2. 자신의 업무환경에서 학생들의 아이디어를 실행해 보기(상급자의 승인이 필요)
3. 개발된 시스템을 다른 사람에게 설명하기

직접 해 봅시다

여러분의 업무 또는 개인적 환경을 관찰하라. 혼돈스럽거나 무질서한 영역 또는 원래 의도대로 돌아가지 않는 시스템을 찾아보라. 일단 그런 영역을 찾았으면 그 문제를 수정하기 위해 시스템을 어떻게 개선할지 설계해 보라. 새로운 시스템은 상황을 개선하기 위해 거쳐야 할 구체적인 단계들을 포함해야 한다. 여러분이 새로 만든 시스템의 가이드라인을 만들기 위해 앞에 제시된 고객서비스 시스템의 가이드라인을 읽어 보라. 그리고 새로운 시스템의 운영에 포함시켜야 할 사람들의 이름도 적어 보라.

프레젠테이션

여러분이 새로 만든 시스템을 제안서 형태로 프레젠테이션하라. 제안서 안에 포함시켜야 할 내용은 다음과 같다.

1. 제안서를 소개하는 표지
2. 현재 시스템 또는 현재 시스템에서 부족한 것에 대한 설명
3. 시스템을 재검토해야 하는 이유
4. 새로운 시스템으로 어떻게 효율성을 높일 수 있는가에 대한 설명
5. 시스템 개선에 드는 예상비용
6. 새로운 시스템 운영 담당자에 대한 훈련계획
7. 시스템 자체에 대한 설명
8. 시스템을 구체적으로 보여줄 시각적 보조 도구
9. 시스템의 핵심적인 측면을 보여줄 요약 설명문

여러분이 만든 제안서의 성공 여부는 그 시스템의 복잡함에 달려 있는 것이 아니라, 어떻게 그것을 잘 설계하고 아이디어를 표현하며 문서로 나타낼 수 있는가에 달려 있다.

힌트

제안서를 프레젠테이션할 때 파워포인트를 활용하라. 여러분이 이 프로그램에 익숙하지 않다면 친구에게 도움을 요청하거나 일단 스스로 시작해 보라. 파워포인트는 배우기가 아주 쉬우면서도 여러분을 전문가답게 만드는 프로그램이다.

고객서비스와 의사소통

장애란 자신이 세운 목표에서 한눈을 팔게 될 때
보게 되는 불쾌한 것들을 말한다.

이 장의 학습목표

☐ 의사소통과 고객서비스 사이의 관계를 설명할 수 있다.

☐ 고객이해지능의 개념을 이해한다.

☐ 관계마케팅의 이점을 설명할 수 있다.

☐ 다섯 가지 중요한 의사소통 방법을 설명할 수 있다.

☐ 긍정적으로 정보를 전달하기 위한 어조의 사용을 설명할 수 있다.

☐ 사용하면 좋은 단어/사용하면 안 되는 단어의 목록을 만들 수 있다.

의사소통이란 무엇인가

고객서비스는 효과적인 의사소통 기술을 필요로 한다.
의사소통(communication)이란, 둘 이상의 사람들 사이에
서 정보나 아이디어 또는 이해를 공유하는 과정이다.
사람들은 자신이 다른 사람과 의사소통을 하고 있다고
생각하지만 사실은 서로 이해하지 못하는 경우가 종종 발생한다. 고객
서비스 담당자는 의사소통 기술을 개발하여 모든 종류의 커뮤니케이
션을 잘할 수 있어야 한다.

고객이해지능 높이기

고객이 누구인지를 고객서비스 담당자가 정확하게 파악할 수 없다면
의사소통이 더욱 어려워진다. 고객을 가깝게 알 수 있는 방법 중 하나
는 고객이해지능을 계발하는 것이다. **고객이해지능**
(customer intelligence)이란 고객에 대한 정보를 모으고 데이
터베이스를 만들어 현재 고객과 미래의 잠재고객 그리
고 떠나 버린 고객에 대한 이해를 발전시키는 정도이
다. 고객이해지능 또는 고객 IQ는 회사, 특히 고객서비
스 담당자가 고객에게 더 잘 서비스할 수 있도록 만든
다. 기업이 특정 고객에 대한 맞춤 서비스를 제공할 수 있게 만드는 것
이다. 오늘날 대부분의 기업은 고객이 왜 비슷한 제품이나 서비스를 제
공하는 기업 중 특별히 어느 한 기업을 왜 더 좋아하는지 알고 있다. 기
업이 고객이해지능을 계발하는 동안 기업은 고객에 대한 정확하고 전

체적인 그림을 얻어 내야 한다. 고객정보 중 일부에 대한 것만 평가한다면 고객에 대한 왜곡된 결과를 얻을 수 있다. 이런 경우에는 부정확한 정보보다 아예 아무런 정보가 없는 편이 더 나을 수도 있다.

고객에 대한 이해는 관계마케팅의 가능성을 높여 준다. **관계마케팅**(relationship marketing)이란 고객과 상호 호혜적이고 지속적인 관계를 맺어 가는 것이다. 많은 기업은 이미 고객에 대한 수많은 정보를 가지고 있다. 그러나 그들은 고객 데이터에서 어떤 것을 얻어 낼 수 있는지 충분히 인식하지 못하고 있다. 고객이 기업을 선택하는 기준, 고객이 상담을 원하는 시간, 고객이 기대하는 상호작용의 정도, 고객의 구매패턴, 고객의 기대 등 많은 것들이 고객이해력의 영역에 포함된다. 개인적인 관계건 거래상의 관계건 어떤 사람을 잘 알고 이해하게 될수록 의사소통을 더 잘할 수 있게 되는 법이다. 고객과의 의사소통에 긍정적이고 적절한 방법으로 접근할수록 고객서비스에서 성공할 가능성이 높다.

고객이해는 시장 세분화에서 한 걸음 더 나아간 것이다. 시장 세분화란 고객을 유사한 특성을 가진 사람끼리 나누는 것이라는 점을 기억하라. 고객이해는 현재 고객뿐만 아니라 떠난 고객까지 포함한 시장 세분화이다. 새로운 정보가 발견되면 고객이해지능이 계발되고 높아지는 것이다.

의사소통의 방법

고객서비스에서의 효과적인 상호작용을 위해 사용할 수 있는 다섯 가지 의사소통 방법은 다음과 같다.

1. 듣기_화자가 말하고자 하는 바를 듣고 이해하는 것

2. 쓰기_다른 사람이 화자가 의도한 메시지를 이해
   할 수 있도록 기록하는 것

3. 말하기_다른 사람이 이해할 수 있는 단어나 용어를
   사용하여 말하는 것

4. 읽기_글로 쓰인 것을 읽고 이해하는 것

5. 비언어적 표현_목소리의 높낮이와 어감, 얼굴 표정,
   제스처와 눈 맞추기. 비언어적 표현은 다른 의사소
   통 방법을 통하여 전해지는 메시지와 다를 수 있다.

고객서비스를 위해서 의사소통의 모든 방식을 이용
할 수 있다. 고객서비스 담당자는 지속적으로 의사소통
기술을 향상시켜야 한다. 물론 상황에 따라 의사소통의
방식이 다를 수 있지만 어떤 경우에도 의사소통의 가장
중요한 방법은 듣기라고 할 수 있다.

듣기

고객의 말을 듣는 것은 고객에 대한 관심과 존경을 표시하는 것이다.
그러나 좋은 경청자가 되는 것은 쉬운 일이 아니다. 듣기능력을 향상
시키려면 연습과 헌신이 필요하다. 듣기 기술은 우리가 계속 개발해야
할 기술이다.

좋은 경청자가 되는 데는 여러 장애가 따른다. 고객의 말을 듣다가
딴 생각을 하거나, 마음을 닫거나, 계속 같이 말하거나, 게을러질 수가

▶ 듣기
화자가 말하고자 하는 바를 듣고 이해하는 것
▶ 쓰기
다른 사람이 화자가 의도한 메시지를 이해할 수 있도록 기록하는 것
▶ 말하기
다른 사람이 이해할 수 있는 단어나 용어를 사용하여 말하는 것
▶ 읽기
글로 쓰인 것을 읽고 이해하는 것
▶ 비언어적 표현
목소리의 높낮이와 어감, 얼굴 표정, 제스처와 눈 맞추기, 비언어적 표현은 다른 의사소통 방법을 통하여 전해지는 메시지와 다를 수 있다.

있고, 중간에 듣겠다는 의지를 상실할 수도 있다.

사람들은 우리가 시각적 사회에 살고 있기 때문에 오래 집중하지 못한다고 말한다. 우리는 상업광고와 리모트 컨트롤에 너무 익숙해져 있어서 다른 것에 신경 쓰지 않고 한 사람의 말을 듣는 데 어려움을 겪게 된다는 것이다. 화자에게 초점을 맞추면서 다른 생각을 하지 않는 가장 좋은 방법은 집중하는 것이다. 우리의 생각은 말보다 10배 이상 빠르기 때문에 통상 화자가 말한 것을 잽싸게 다 처리하고 다음에 우리 생각에 맞추어 말을 하고자 기다리게 된다. 화자와 화자가 말한 것에 집중해야 우리는 전달되는 메시지를 놓치지 않을 수 있다.

고객의 말을 들을 때는 시각적, 청각적으로 주의를 분산시키는 것을 피해야 한다. 벽에 걸린 시계, 손가락을 꺾는 소리, 복도에서 들리는 잡음, 오늘 할 일을 적어 놓은 목록 등은 모두 마음을 분산시킨다. 특히 시각적인 분산요인은 눈에 쉽게 띄고 딴 생각을 유발시키기 때문에 우리가 정말로 들어야 할 것을 듣지 못하게 방해하는 요소가 된다.

닫힌 마음도 경청을 방해하는 요소이다. 누구라도 자신만의 생각이나 믿음, 가치를 갖고 있다. 우리가 갖고 있는 생각이나 믿음은 누군가 다른 사람의 말을 경청하는 것을 방해한다. 좋은 경청자가 되려면 누군가가 말하는 것을 듣고 성급하게 결론을 내리지 않아야 한다. 새로운 아이디어에 마음을 열면 새로운 것을 배우고 색다른 시각을 들을 수 있는 기회를 갖게 된다.

경청은 듣는 사람이 말하기를 멈추고 화자가 말하는 것을 듣는 것이다. 화자가 말을 끝내기 이전에 듣는 사람이 말을 끊는 경우 의사소통 상의 문제가 발생하는 것은 흔한 일이다. 사람이 두 개의 귀와 한 개의 입을 가지고 있다는 것은 말하는 것보다 2배 더 많이 들으라는 뜻이라고 한다. 이 말을 실행에 옮기기는 말만큼 쉬운 일이 아니다. 어떤 사람의 말을 들을 때는 말하는 사람이 말하기 원하는 것을 다 끝낸 다음에 반응하라. 관찰자의 입장이 되어 보라. 화자가 말하는 도중에 말을 끝내기 위해 잠시 쉬는 순간을 관찰해 본다. 화자가 완전히 말하기를 멈출 때까지 기다린 후에 반응을 보여야 한다.

좋은 경청자가 되는 조건을 다시 말하면,

1. 진지함을 보여라.

2. 말하는 사람의 생각을 방해하지 말라.

3. 머리를 끄덕여라.

4. 말허리를 자르지 말라.

5. 상대가 말한 것을 다시 한 번 바꿔 말하라.

6. 말하는 사람 쪽으로 몸을 기울여라.

7. 긍정적인 멘트를 하라.

8. 편안하게 눈을 맞춰라.

듣기 기술을 향상시키려면 다음과 같이 해 보라.

1. 말하는 사람과 그가 말하는 내용에 집중하라.

2. 말하는 사람을 쳐다보고 가능하면 눈을 맞춰라. 전화로 듣고 있다면 듣고 있다는 표시를 하라.

3. 열린 마음으로 들어라.

4. 내용을 잘 이해하고 있는지 확인하기 위해 상대가 한 말을 다시 반복하라.

5. 몸짓을 조절하라. 못 참겠다거나 인정할 수 없다는 제스처를 보이면 안 된다.

좋은 경청자는 다른 사람과 의사소통하는 즐거움을 알고 있다. 여러분이 될 수 있는 최고의 경청자가 되기 위해 노력하라.

남의 말을 잘 들을 수 있는 능력을 갖도록 연습하라. 특히 동료가 여러분과 대화하는 것을 멈췄을 때 듣기 능력을 향상시킬 수 있도록 연습하라. 상대의 눈을 보고 머리를 끄덕이고 상대가 말을 끝마칠 때까지 기다려라. 그리고 상대가 한 말을 반복하라. 상대는 여러분이 자신의 말에 집중하고 있다고 생각할 것이고 여러분은 효과적인 고객서비스 방법을 연습한 것이다. 시도해 보라.

고객서비스 도구로서의 어조 표현

많은 사람들이 자신의 생각을 다른 사람에게 말로 전달하는 데 어려움을 겪는다. 사람들이 여러분이 말한 것을 자꾸 다시 물어보거나 여러분이 말하는 도중에 말을 끊거나 여러분의 말을 심각하게 받아들이지 않는다면, 아마 여러분의 목소리에 문제가 있을지도 모른다. **어조**(voice inflection)란 목소리의 높낮이, 타이밍, 크기가 다양한 정도를 말한다. 또한 **음조**(pitch)란 목소리의 높고 낮음을 의미한다. 미국 전역을 대상으로 한 연구에 의하면 미국인들이 가장 싫어하는 소리는 구슬프게 흐느끼면서 말하거나 불평하는 소리, 성가시게 잔소리해대는 스

▶ **어조**
목소리의 높낮이와 타이밍, 그리고 목소리의 크기가 다양한 정도

▶ **음조**
목소리의 높낮이

타일, 그리고 고음으로 날카롭게 말하는 소리이다. 목소리 문제는 전화상에서 더욱 커진다. 여러분의 목소리와 메시지는 여러분이 어떤 사람인지를 나타내는 중요한 특징이 된다.

목소리와 메시지로 나타나는 특징들은 다음과 같다.

- 직업 만족도
- 태도
- 성별
- 교육수준
- 지식수준
- 일하는 속도와 반응속도
- 자신감
- 출신지
- 직위
- 건강상태
- 심리상태

많은 사람들은 목소리가 성격을 나타낸다고 믿고 있다. 어조의 효과를 보여 주려면 다음과 같은 연습을 해 보라. 보통 때의 목소리로 다음 문장을 읽어 보라.

존은 소프트웨어에 관련된 그 문제를 해결했다.

이 문장을 질문이라고 생각하고 읽어 보라. 다음에는 비밀이라고 간주하고, 그 다음에는 놀라운 일이라고 생각하고 읽어 보라. 다른 어조를 사용하여 읽으면 그때마다 느낌이 다를 것이다. 우리가 사용하는 어조는 어디를 강조하느냐에 따라 서로 다른 메시지를 전달하게 된다.

어조를 개선하고 싶다면 다음과 같이 연습을 하라.

1. 자신의 목소리를 녹음하라.
2. 친구에게 솔직한 조언을 부탁하라.
3. 어조 개선을 위해 의식적으로 노력하라.
4. 자신의 목소리에 경청하라. 낡은 습관으로 돌아가는 것은 쉽다. 좋은 어조를 가지려면 연습이 필요하다.

전화와 고객서비스

전화기 앞에서 여러분은 자신을 파는 것이다. 고객서비스 상호작용의 많은 부분은 전화를 통해 이루어진다. 그러므로 고객서비스 담당자는 훌륭한 전화기술을 가져야 한다. 전화로 고객과 이야기할 때 대면 의사소통의 장점은 존재하지 않는다. 왜냐하면 아무런 시각적 자료도 몸짓도 가능하지 않기 때문이다. 대신에 의사소통은 주로 듣기 기술과 질문에 효과적으로 반응하는 능력, 그리고 어조에 의존한다.

다음은 성공적인 전화응대를 위한 7단계이다.

1. 웃어라. 얼굴에 웃음을 띠고 있으면 목소리에 훨씬 친밀감이 생긴다.
2. **열정과 전문가다운 반가움을 표시하면서 전화를 받아라.** 여러분 회사의 성공은 여러분이 고객에게 얼마나 좋은 첫인상을 주었는가에 달려 있다.

- ■ 전화한 사람을 반겨라.
- ■ 여러분 회사나 소속을 밝혀라.
- ■ 여러분 자신을 소개하라.
- ■ 도와주겠다고 제의하라.

3. 분명하지 않은 것에 대해서는 질문하라. 정보가 더 필요하면 왜 필요한지 설명하라.

4. 가능한 한 신속하게 응답하고 도움을 주어라. 문제를 해결하거나 질문에 답할 수 없다면 다음에 어떻게 하려고 하는지 고객에게 알려 주어라.

5. 고객에게 감사하다고 말하라. 다른 도움이 더 필요하지는 않은지 물어보라.

6. 긍정적으로 전화를 마무리하라. 모든 전화를 새로운 관계의 시작으로 간주하라.

7. 사후 확인전화를 하라. 고객이 만족했는지 그리고 약속한 대로 모든 일이 잘 처리되었는지 확인하라.

여러분이 고객과 전화로 상호작용할 때는 조직화가 아주 중요하다. 좀 더 잘 조직화하려면 다음과 같이 해 보라.

- ■ 포스트잇을 항상 옆에 두어라. 메모를 하거나 고객의 이름을 메모할 때 아주 유용하다.
- ■ 회사의 규정을 숙지하라. 또는 다른 참고문헌을 가까이에 두라.
- ■ 고객에게 여러분의 이름을 말하라.
- ■ 경청기술을 연습하라.

■ 고객에게 사후 평가전화를 걸어 일이 정말로 잘 끝났는지 확인하라.

사용하면 좋은 단어/사용하면 안 되는 단어

고객을 대할 때 어떤 단어는 다른 단어보다 더 긍정적이고 적합하다. 어떤 사람들은 사람들과 이야기할 때 매우 부정적이고 애매한 단어를 사용한다. 고객과 상호작용할 때는 긍정적인 분위기를 만들 수 있는 단어를 골라서 사용해야 한다.

어떤 고객서비스 담당자들은 사용하면 좋은 단어와 사용해서는 안 되는 단어를 적어 놓고 참고한다고 한다. 다음의 예를 보라.

사용하면 좋은 단어	사용해서는 안 되는 단어
• 제발, 부디	• 할 수 없습니다.
• 네.	• 결코 안 됩니다
• 제가 …해도 될까요?	• …하지 않습니다.
• …를 고려해 보시지요.	• …하셔야 합니다.
• …하세요.	• 아무 말도 하지 마세요.
• 협상하시지요.	• …하지 않을 것입니다.
• …을 하시겠습니까?	• 규정상 안 되는데요.
• 고맙습니다.	• 제 담당이 아닌데요.

• 귀하	• 신성모독 단어
• 우리	• 상스러운 속어
• 감사드립니다.	• 문제로군요.
• …하실 수 있을까요?	• 유감입니다만…
• 고객의 이름	• 연인들 간의 속어('허니' 같은)
• …해 주실 수 있습니까?	• 해 보겠습니다만…
• 기회	• 시간이 없어서…
• 도전	• 모르겠습니다.
• 후회	• 잠시 기다리세요.

그룹 과제

그룹을 만들고 사용하면 좋은 단어/사용하면 안 되는 단어에 대해 토론하라. 팀에서 사용하면 좋은 단어와 사용하면 안 되는 단어를 각각 10개씩 만들라. 그 단어들을 여러분 팀의 특정 과업에 맞게 조정하라. 단어를 선택할 때 여러분이 서비스를 제공하는 고객들의 특성을 고려하라. 단어 목록이 완성되었으면, 팀 구성원 모두가 해당 단어들을 사용하거나 사용하지 않도록 노력하라. 2주 내에 팀원들이 다시 모여서 고객을 응대할 때 사용한 단어들이 얼마나 효과적이었는지 또는 얼마나 효과적이지 않았는지 논의하라. 여러분이 적절한 단어를 선택하여 고객과 더 많은 순조로운 대화를 할 수 있기를.

용기를 주는 말

사람들에게 용기를 주는 말(power phrases)을 이용하여 고객이 매우 중요하며 고객의 의견을 존중한다는 메시지를 고객에게 보낼 수 있다. 여기 10개의 예가 있다.

1. 귀하의 식견 덕분에…

2. 매우 독특한 제안입니다.

3. 귀하의 고견을 바랍니다.

4. 제발, 부디…

5. 정말 맞습니다.

6. 귀중한 시간을 잠시 내주실 수 있다면…

7. 제가 … 할 수 있을까요?

8. 물론 잘 아시겠지만…

9. 충고를 듣고 싶은데요.

10. 해 주신다면 감사하겠습니다.

고객과의 대화에서 위와 같은 구절들을 사용하면 고객의 아이디어가 중요하다는 것을 표현할 수 있다. 또한 고객의 시간과 전문성의 가치를 알고 있다는 것도 알릴 수 있다.

눈 마주치기의 효과

의사소통에서 상대와 눈을 맞추는 것은 아주 중요하다. **눈 마주치기**(eye contact)란 상대와 눈을 통한 시각적 접촉을 허용하는 것이다. 우리 문화에서 상대의 눈을 마주보는 것은 진지함과 관심을 표현하는 것이다. 상대의 눈을 피하는 것은 관심의 부족이나 정직하지 못함을 나타낸다. 눈은 또한 동조와 배려를 표현한다. 고객서비스 담당자가 고객과 눈을 마주치지 않으면 고객은 담당자가 자신이 하는 말에 관심이 없다고 생각할 것이다. 고객서비

스 담당자는 고객과 전화로 이야기할 때에도 눈 마주치기에 신경 써야
한다. 왜냐하면 내부고객들을 의식해야 하기 때문이다.

다른 문화에 속한 사람들을 대할 때 고객서비스 담당자는 문화적 차
이를 고려해야 한다. 어떤 사회에서는 눈을 빤히 바라보지 않는 것이
상대에 대한 존경의 표시이다. 문화적 차이에는 주의하되 가능한 한
눈 마주치기를 자주 활용하라.

의사소통시 여러 감각의 활용

고객과 의사소통할 때, 할 수 있는 한 많은 감각에 호소하는 것이 좋다.
레스토랑의 웨이터는 손님에게 음식에 대해 설명할 때 아주 드라마틱
한 시각적 그림을 그린다. 그는 손님의 청각과 시각, 그리고 후각에까
지 의존하는 것이다. 이런 여러 감각의 조합을 활용하는 것은 한 가지
감각에 의존하는 것보다 훨씬 효과적이다. 한 고객이 청구서가 잘못
되었다고 생각하고 그것을 가져왔다고 하자. 이럴 때는 고객에게 청구
금액을 계산하는 방법을 설명하고 그 광경을 보여 주는 것이 도움이 될
것이다. 여러 감각에 호소할수록 고객은 우리의 메시지를 더 잘 이해
하게 될 것이다.

고객서비스 담당자가 전화로 일하고 있을 때는 고객에게 내용을 더
명확하게 설명하기 위해서뿐만 아니라 통화내용에 대한 기록을 남기
기 위해서도 여러 감각을 동원할 수 있다. 이때의 기록은 전화통화에
대한 사후평가를 위해 고객에게 보낼 수도 있다.

의사소통과 테크놀로지

테크놀로지의 발전은 고객서비스 산업에 큰 영향을 끼쳐 왔다. 고객서비스 담당자들은 그들에게 가용한 첨단기술들에 익숙해져야 한다. 고객서비스 산업 분야에 중요한 테크놀로지의 영역은 음성메일, 팩스, 그리고 이메일이다. 이들은 일상생활에서 널리 이용되고 있는 것들이다. 고객서비스 담당자는 고객에게 효율적으로 서비스할 수 있는 능력과 생산성을 고양시키기 위해 이들 테크놀로지에 전문가가 되어야 한다.

인터넷

인터넷은 점점 고객들의 일상적인 삶에서 아주 중요한 부분을 차지하고 있다. 어느 고객을 다루는 회사든 그 중요함을 저평가해선 안 된다. 고객들은 온라인으로 잠재적 구매대상을 찾고, 상점을 비교하며, 궁금한 점에 대한 답을 찾고, 물건을 구매하며, 주문 상황을 살펴보고, 제품의 보증여부를 확인한다. 이 리스트는 끝이 없다! 고객들이 인터넷을 그들의 서비스 도구로 이용하게 되면서 기업들은 끊임없이 고객에게 향상된 정보와 서비스를 제공해야 하는 상황이 되었다. 회사의 웹사이트는 굉장히 중요한 고객서비스를 제공할 수 있다. 물건이 있는 웹 주소는 정확해야 하며, 정보는 유용하고 계속 업데이트가 되어야 하고, 사이트는 돌아다니기 편해야 한다.

아주 좋은 웹사이트는 회사의 고객서비스 비용을 줄여주고 고객에게 제공되는 다른 기술들을 더 빛나게 한다. 전화 주문을 원하는 고객은 기다리는 동안 인터넷 주문에 대한 메시지를 들을 수 있다. 이때 어떤 고객은 전화를 끊고 대신 인터넷으로 주소를 찾아 주문해버릴 수도 있다. 이른바 서비스 공동생산자 역할을 하게 되는 것이다. 그러나 대부분의 고객은 전화기를 들고 기다리는 동안 적어도 여기저기 인터넷을 뒤져보기라도 할 것이다. 만약 그들이 웹사이트에 쉽게 접근을 할 수 있고 어떻게 주문하는지를 볼 수 있다면 인터넷을 이용할 것이다. 고객은 대접받았다고 느끼고, 주문은 문제없이 제대로 이루어지고, 기다림에 지쳐 고객이 전화를 끊는 일은 발생하지 않는다. 모든 것이 고객이 만족할 만한 방식으로 이루어질 것이다. 궁극적으로 회사는 고객을 효과적으로 대접했다고 간주할 수 있다.

전자우편

많은 기업들은 컴퓨터 시스템에 전자우편(electronic mail, e-mail) 프로그램을 가지고 있다. 전자우편은 직원들의 메일박스와 책상, 쓰레기통을 가득 채우던 서류들을 불필요하게 만들어 버렸다. 전자우편은 직원들과 부서 간의 의사소통을 위한 시간도 단축시켰으며, 내부고객과 상호작용할 때 가장 큰 이익을 제공한다. 예전에는 사내 메일 시스템을 통해 직원들에게 회람시키고 반응을 얻는 데 며칠이 걸렸었다면 이젠 즉시 반응을 받아 볼 수 있다. 고객서비스에 사용되는 의사소통 테크놀로지인 전자우편 사용자는 그 시스템을 잘 이해해야 한다.

전자우편을 사용할 때 사용자는 회사의 전자우편 사용규정에 대해 잘 알고 있어야 한다. 전자우편 사용자 사이에는 나름대로의 여러 가지 규칙이 있다. 다음은 그중에서 대표적인 것들이다.

- 대문자를 사용하지 말라_대문자를 사용하면 읽기가 불편하기 때문에 예의가 아니다.
- 메일박스를 정기적으로 비워라_메일박스를 정기적으로 정리하면 낡은 메일을 지우고 현재와 미래의 중요한 메일에 집중할 수 있다.

- 회사 시스템에서 사사로운 메일을 보내지 말라_ 전자우편을 이용할 때 여러분은 누군가 다른 사람의 자원을 이용하고 있는 것이다. 아마 무의식적으로 잘못된 주소로 메일을 보내게 될지도 모른다. 제대로 보낸 보안메일도 깨져 버릴 수 있다는 것을 명심하라.
- 전자우편은 '어조'라는 것이 없기 때문에 여러분의 감정을 표현할 수 없다_ 자신의 감정이나 성격을 나타내기 위해 메일에 이모티콘(emoticons)나 아이콘(icons) 사용을 좋아하는 사람들이 있다. 이모티콘을 만드는 법에 관한 책도 나와 있을 정도이니 필요하면 참고하라.
- 대부분의 전자우편은 수신자가 메일을 읽었는지 메일을 보낸 사람이 확인(confirm)할 수 있게 되어 있다_ 필요하면 이 기능을 활용하라.

전자우편은 내부고객 및 외부고객과 의사소통하는 새로운 전기를 마련한 것으로 평가되고 있다. 고객서비스 담당자는 조직 내에서의 전자우편 활용에 익숙해져야 한다.

자동 전화 시스템

1-800 라인으로 전화를 해본 사람이라면 그 사람은 자동 전화 시스템을 이용해본 것이다. 학교, 작은 기업, 그리고 병원들은 그들의 통화 시스템에 자동 전화 시스템을 포함하고 있다. 자동 전화 시스템의 큰 장점은 사람을 대신해 전화를 받고, 질문에 대답을 하며, 필요한 부서로 전화를 연결해 준다는 것이다. 이 시스템은 비용과 시간을 줄일 수 있으며 능률을 올려준다. 그러나 안타깝게도 일반적인 고객들은 이 자동 전화 시스템 때문에 고생한 적이 있을 것이다.

자동 전화 시스템을 사용하는 회사는 시스템을 잘 확인해야 한다. 스스로 정기적으로 자사에 전화를 해서 확인하라. 자동 응답 스피커나

음악 소리는 듣기 좋을 정도로 맞춰져 있어야 하고, 메뉴는 아주 정확하고 간결해야 한다. 목소리 인식 시스템은 자주 전화하는 고객의 목소리를 인식할 수 있어야 한다.

모든 고객서비스 제공업체들은 반드시 자동화 시스템에 대한 고객의 불평이나 잠재적인 결함에서 나타난 의견을 신속하게 검토해야 한다. 자동 전화 시스템은 잘 관리하기만 하면 비용을 절약할 수 있는 효과적인 방법이다.

음성메일

대부분의 회사는 어떤 형태로든 음성메일 시스템을 가지고 있다. 고객서비스 담당자는 음성메일을 이해하고 그 시스템을 편안하게 사용할 수 있어야 한다.

음성메일 시스템은 고객과 고객서비스 담당자가 서로 잘 상호작용할 수 있는 기회를 제공한다. 고객과 바로 접촉할 수 없다면 메시지를 남겨 신속하게 피드백을 받을 수 있다. 고객 입장에서는 음성메시지를 남기면 회사로부터 신속하게 전화를 받거나 필요한 내용을 자세하게 녹음해 놓을 수 있다.

음성메일에 메시지를 남길 때 고객의 반응을 높이려면 다음과 같은 것들을 연습하라.

1. 분명하게 천천히 말하라. 그리고 전화 건 사람과 회사 이름, 전화 건 날짜와 요일, 시간을 말하라.
2. 전화를 건 용건을 설명하라.
3. 고객이 어떻게 해 주면 좋겠는지 이야기하라. 고객이 전화해 주기를 바라는지 또는 그냥 기다려야 하는지 등.

4. 전화 건 사람의 이름과 연락처를 남겨라. 이전에 이름을 미리 얘기했더라도 고객이 연락처를 적어 놓지 않았을 경우를 대비하여 전화번호를 다시 남겨 놓는 것이 좋다.

5. 인사를 하고 끊어라.

녹음메시지를 남길 때는 시간이 충분하지 않을 것이므로 용건을 가능한 한 짧게 해야 한다는 것을 명심하도록 한다.

질문이나 문제를 가진 고객은 자동응답기 같은 기계에 대고 이야기를 해야 한다면 좌절할 수도 있다. 음성메일에 관련된 고객불평을 사소한 것으로 치부하면 안 된다. 고객에게 전화를 걸어 무엇이 잘못되었는지 물어보라. 음성메일 시스템이 작동하지 않는다고 고객이 불평하면 여러분이 직접 전화해 보라. 고객 입장에서 무엇이 잘못되었는지를 확인하는 가장 좋은 방법은 여러분이 직접 고객이 되어 보는 것이다. 시스템이 잘못되었거나 사용하기에 문제가 있다고 생각되면 그 시스템을 바꿀 수 있는 사람과 얘기하라. 때로는 문제가 아주 쉽게 풀릴 수도 있다. 고객이 전화기를 들고 기다리는 동안 들리는 배경음악이 너무 크거나 지지직거릴 수도 있고 계절에 맞지 않는 음악이 흘러나올 수도 있다. 또는 녹음을 요구하는 목소리가 듣기에 거북할 수도 있다.

팩스

팩스는 대부분의 사무실에 꼭 필요한 고정물품인데도 많은 사람들이 팩스를 사용하는 데 익숙하지 않다. 팩스를 사용할 때는 반드시 표지를 사용해야 한다. 표지는 단지 멋있게 보이기 위해 필요한 것이 아니라 여러 중요한 내용을 포함하는 것이다. 표지에 써야 할 내용은 팩스를 보내는 사람의 이름, 직위, 소속 부서와 회사 이름, 주소, 전화번호, 팩스번호, 보내는 팩스의 쪽수, 그리고 안내말 등이다. 보내는 팩스의 내용이 보안을 요구하는 사안이라면 표지에 경고 메시지를 쓴다. 팩스 표지는 받는 이에게 여러분의 회사에 대한 첫인상을 심어 주는 중요한 것이다. 회사에서 사용하는 공식적인 겉표지용 종이가 없다면 필요한 모든 사항을 적고 회사로고까지 포함한 표지를 직접 만들어라. 그것을 만드는 데는 시간이 얼마 안 걸리지만 그 효과는 상당히 오래 갈 것이다.

정보를 팩스로 보낼 때는 정확성을 유지하도록 애써라. 받는 이의 팩스번호를 다시 한 번 체크하라. 팩스번호를 잘못 눌러 엉뚱한 곳으로 서류가 전달되는 경우는 많지 않지만 전혀 불가능한 것은 아니다. 팩스의 내용은 읽기 쉽게 만들어라. 글씨가 너무 작아 읽기가 힘들다면 미리 확대한 후에 보내야 한다. 팩스를 보낸 후 답장을 받아 확인할 수 없는 경우라면 표지에 큰 글씨로 '주의!' 또는 '중요함!' 이라는 단어를 적어 보낸다.

팩스 서류상의 서명은 일반서명과 마찬가지의 효력이 있는 것으로 인정받는다. 이는 사업을 하는 데 드는 시간을 줄여 주는 것이지만 해당자들에게는 그만큼 큰 책임감을 주는 것이다.

가능하다면 언제나 일과가 끝날 때쯤 팩스를 보내라. 고객들은 바쁜 시간대에 팩스 앞에 있지 않아도 되는 것을 고마워할 것이다. 여러분도 기계 앞에서 오래 대기하는 데 드는 비용을 절약할 수 있을 것이다. 마지막으로 팩스가 언제나 잘 작동하는지 용지가 충분한지 수시로 점검하라. 읽기 어려운 팩스를 받는 사람들은 여러분 회사에 대해 좋게 말하지 않는다.

문자 보내기(Texting)

점점 더 많은 기업들이 활용하고 있는 새로운 커뮤니케이션 방법 중의 하나는 휴대전화에 문자를 보내는 것이다. 지난 몇 년간 개인 의사소통의 핵심도구로서 휴대전화 사용은 급격하게 증가되어 왔다. 기업은 고객이 좋아하는 방식으로 그들과 소통할 수 있는 방법을 고안해야만 한다. 이러한 방법 중 하나는 휴대전화를 이용해 문자를 주고받는 것이다. 수많은 기업들이 문자메시지를 사업에 활용하는 방법을 찾아내고 있다. 가령 시골지역의 한 약국은 고객들에게 처방전이 준비됐다는 메지지를 보낼 수 있을 것이다. 고객은 문자를 보내 약속시간을 정하거나 약속시간을 확인할 수 있을 것이다. 은행은 고객들에게 잔고에 관한 정보를 정기적으로 보낼 수 있을 것이다. 이 문자메시지를 창의적으로 활용하는 많은 사례들이 나타나고 있다.

그러나 모든 고객들이 문자를 받기를 원하지는 않을 것이고 또 한없이 문자를 받을 수 있는 상황이 아닐 것이기 때문에 모든 고객들이 이 방식을 원할 것이라고 가정하면 안 된다. 문자메시지를 활용한 고객서비스 기회는 고객들이 원하는 방식으로 고객에게 봉사할 또 다른 방식일 뿐이다.

훌륭한 커뮤니케이션 기술을 개발하는 것은 고객서비스 종사자들에게 고객을 더 잘 이해할 수 있는 방식으로 소통할 수 있는 최상의 기회를 주는 것이다. 커뮤니케이션의 다섯 가지 요소― 듣기, 쓰기, 말하기, 읽기, 그리고 비음성 언어― 를 매일 매일의 생활에 통합시키면 고객과 긍정적으로 소통할 수 있는 기회를 갖게 된다.

고객이해지능	관계마케팅	눈 마주치기
듣기	말하기	비언어적 표현
어조	음조	의사소통
읽기	쓰기	음성메일(voice mail)

1. 고객서비스 담당자는 반드시 숙달된 의사소통자여야 한다.

2. 고객이해지능은 고객에 대한 정보를 모으고 데이터베이스를 만들어 현재 고객과 미래의 잠재고객 그리고 떠나 버린 고객에 대한 이해를 발전시키는 정도이다.

3. 관계마케팅은 기업에 긍정적인 효과를 거의 가져다주지 못한다.

4. 왜 고객이 떠나는지를 밝히는 것은 기업이 긍정적으로 변화하는 데 도움이 된다.

5. 좋은 청자는 화자가 말할 때 무슨 질문을 할 것인지를 계획한다.

6. 목소리를 사용하는 방법은 메시지의 이해에 특별한 영향을 미치지 않는다.

7. 전화로 상호작용할 때 메모를 하는 것은 고객의 관심사를 더 조직화하여 말할 수 있다는 점에서 유용하다.

8. '할 수 없습니다, 결코 안 됩니다, 하지 않습니다, 하셔야 합니다'는 사용하면 좋은 단어가 아니다.

9. 눈 마주치기는 상대에 대한 진지함과 관심을 표현하는 것이다.

10. 전자우편은 내부고객과 외부고객 모두에게 대면 의사소통을 대신할 수 있다.

연습과제

1. 고객서비스에서 사용하면 좋은 단어와 사용해서는 안 되는 단어 네 가지를 각각 써 보시오.

2. 의사소통의 다섯 가지 방법을 설명하시오.

3. 사람들의 경청 기술을 좋지 않게 만드는 요인은 무엇인가?

4. 목소리가 그 사람의 어떤 특징들을 나타낼 수 있는가?

5. 전화로 들은 정보를 녹음하기 위한 전략에는 어떤 것이 있는가? 여러분 회사는 어떤 전략을 사용하고 있는가?

6. 고객이해 개발을 통해 어떻게 특정 고객과의 관계 마케팅을 향상시킬 수 있는가?

7. 대면상담 중인 고객이 눈을 마주치지 않으려 하면 어떻게 반응해야 하는가?

8. 고객으로서의 여러분은 음성메일을 어떻게 평가하고 있는가? 고객서비스 담당자의 입장에서는 어떻게 평가하는가?

9. 팩스 표지에 포함되어야 할 내용은 어떤 것들인가?

10. 전자우편과 관련된 프라이버시 문제를 조사해 보시오.

듣기

대부분의 고객이나 고객서비스 담당자는 훌륭한 듣기 기술의 필요성을 인식하고 있다. 그럼에도 불구하고 좋은 경청자가 되지 못하는 이유 중 가장 중요한 것은 우리 자신의 듣기 능력과 습관에 대해 잘 알지 못하고 있기 때문이다.

개인적으로든 소그룹을 이루어서든, 누군가에게 다음 이야기를 큰 소리로 읽게 하라. 다 읽은 후에는 아래에 이어지는 이해력 시험문제에 답하라. 듣는 사람에게 필기를 하라고 일부러 얘기하지 말라. 하지만 스스로 메모를 시작하면 그대로 두라. 읽는 사람은 다음 내용을 보통 속도로 읽어야 한다.

켄달 씨는 저녁 파티에 필요한 몇 가지 물품을 사러 시장에 가야 한다. 그녀는 필요한 품목을 빠뜨리지 않으려고 시장에 가기 전에 필요한 품목의 목록을 적어 가기로 했다. 그러나 주변에 종이가 없었기 때문에 슈퍼마켓 봉투에 그 목록을 적었다. 가장 먼저 적은 품목은 상추였으나 몇 개가 필요한지는 적지 않았다. 아마 한 봉투면 충분할 것이다. 스테이크용 고기도 필요했다. 그녀가 초대한 11명 중 8명이 그 초청을 수락했다. 켄달 씨의 친구 제이콥과 앤드류는 수시로 그냥 방문하기 때문에 그녀는 2인분의 재료를 더 사야 할 것이다.

그렇다면 그녀는 10인분의 스테이크용 고기를 사야만 한다. 또 감자와 당근, 빵, 우유, 사워 크림, 완두콩, 달걀 2팩도 필요하다. 켄달 씨는 토마토를 가지고 샐러드를 장식하려고 했다가 마음을 바꿨다. 그녀는 목록을 다 적었다고 생각했으나 그래도 냉장고 안을 다시 한 번 확인했다. 그러고 나서 디저트용으로 딸기를 사는 게 좋겠다고 생각했다. 마침내 그녀는 시장으로 출발했다.

방금 읽은 내용을 듣고 다음 질문에 답하시오.

1. 저녁에 파티를 열려고 하는 사람은 누구인가?
2. 파티에 오겠다고 초대를 확실히 수락한 사람은 몇 명인가?
3. 쇼핑목록에 어떤 품목들이 있었는가?

4. 쇼핑목록은 어디에 쓰였는가?

5. 저녁에 대접할 고기는 어떤 용도로 사용될 고기인가?

여러분의 답을 체크하라. 정확하게 답을 모두 맞춘 사람은 좋은 경청자이다. 정확하게 답하는 데 어려움을 겪은 사람은 경청기술을 개발해야 할 필요가 있는 사람들이다.

여러분의 듣기 기술이 어느 정도인지 평가하기 위해 다음 사항을 체크해 보라.

1. 경청자로서 여러분의 장점 네 가지를 적어 보라.

2. 경청자로서 여러분의 단점 네 가지를 적어 보라(잡생각 등). 가장 나쁜 것부터 순서 대로 적어라.

3. 여러분은 평균적으로 얼마나 오래 집중할 수 있는가?

4. 좋은 경청자가 되기 위한 조건 네 가지를 적어 보라.

5. 직장에서 여러분의 듣기를 방해하는 외부적인 방해요소들을 적어 보라.

위에 적은 자기평가용 답안지를 검토해 보라. 경청자로서 여러분의 장점과 단점을 파악했으면 좋은 경청자가 되기 위한 일차적 준비를 마친 셈이다. 이제 경청기술 향상이라는 목표를 달성하기 위해 해야 할 일 세 가지를 적어보고 그 일을 실행하기 위한 스케줄을 짜라. 훌륭한 경청기술은 평범한 고객서비스 담당자와 훌륭한 고객서비스 담당자를 구분하는 결정적인 요소이다. Happy Listening!

고객서비스와 윤리

당신은 유명한 주문제작 주택 회사를 소유하고 있는데 지난 몇 년 동안 너무 바쁜 시간을 보냈다. 성공한 것은 감사할 일이지만 이젠 더 이상 개별 고객의 문제를 일일이 챙기지 못할 상황에 이르렀다. 그래서 약 11개월 전 당신을 도와 고객업무를 해 줄 한 사람을 고용했었다. 당신은 이 직원에게 매우 관대하게 대해줬고 회사보험 혜택을 주었으며 회사 자동차를 제공하고 유연하게 근무시간을 쓸 수 있도록 해주었다. 이 직원은 현재 8명의 고객을 위해 각기 다른 공정을 보이고 있는 여덟 채의 집을 짓는데 관여하고 있고 고객들은 모두 이 직원을 좋아한다. 고객들에게 이 직원은 이제 회사의 얼굴이다. 그런데 오늘 갑자기 경쟁자인 다른 회사로 옮기겠다고 예측하지 못했던 선언을 했다. 그는 지금까지 자신에게 베풀어 준 모든 것에 감사하지만 자신이 할 일은 자기 가족에게 최선인 선택을 하는 것이라고 변명한다. 그는 오늘까지만 근무할 것이며 아내가 고장난 차를 수리하는 대로 바로 회사 자동차 열쇠를 반납할 것이라고 한다. 당신은 그에게 뭐라고 말할 것인가? 그 직원이 지금 담당하고 있는 고객들에게는 뭐라고 설명할 것인가?

고객서비스 실무 도전 6 | 암행쇼핑

고객서비스와 고객만족은 평가하기가 매우 어렵다. 암행쇼핑(mystery shopper)은 고객서비스를 평가하기 위한 방법 중 하나이다. 여러분은 이미 가끔 고객서비스 현장을 방문하고 무언가에 대해 평가하는 누군가를 알고 있을지도 모른다. 인터넷에서 암행쇼핑이라는 단어를 쳐 보라. 아마도 일자리를 제의하거나 조사 견본을 제공하거나 왜 암행쇼핑이 필요한지를 설명하는 수많은 자료들을 만나게 될 것이다.

암행쇼핑은 어떤 기업이나 고위 임원에게 그들이 직접 관찰하지 않고는 절대로 알 수 없는, 실제 서비스 상황에 대한 평가정보를 제공한다. 대부분의 종업원들은 사장님이 언제 불시에 들이닥치는지, 그리고 그때 해야 할 최상의 행동이 어떤 것인지를 알고 있다. 많은 기업들이 이런 방식을 택하지만 이런 시찰만으로는 종업원이 고객들을 매일매일 어떻게 하는지 그리고 고객들이 기업의 서비스 수준을 어떻게 인식하는지에 대한 현실적인 평가를 하기 어렵다.

도전목표

1. 고객서비스를 관찰하기 위한 포괄적인 설문지 구성하기
2. 관찰법을 이용해 설문 내용에 따른 조사를 수행하기
3. 암행쇼핑 결과를 가지고 유용한 정보로 편집하기

직접 해 봅시다

암행쇼핑을 할 대상 영역을 하나 선택하라. 그리고 그 영역을 조사하기 위한 포괄적인 설문을 기획하라. 그 조사는 여러분이 조사하고자 하는 영역에 적절한 고객서비스 문항을 최소한 10개 이상 포함해야 한다. 만일 필요하다면 샘플 질문을 참고하라. 조사할 문항을 논리적 순서로 배열하고 조사할 각 대상에 대해 별도의 장을 할당하는 것이 좋다. 이 자료들이 여러분의 조사 결과를 지지하는 증거가 될 것이다.

샘플 질문들

- 조사대상 기업의 물리적 외양
- 직원이 얼마나 빨리 고객을 반기는가?
- 제품문의에 대한 고객서비스 담당자의 응답능력
- 직업의식
- 판매권유
- 거래 속도
- 거래 중 방해요소
- 향, 냄새
- 직원의 외모(단정함 등)
- 물리적 배치
- 온도
- 주차장의 물리적 상태
- 조명
- 주차의 용이성
- 소비자가 느끼는 안전감
- 고객서비스 담당자의 예절
- 고객서비스 담당자의 지식
- 고객서비스 담당자의 상황통제 방식
- 전반적인 만족감
- 고객으로서의 경험에 대한 기타 기록
- 이 기업(또는 제품) 재방문(재구매) 의도

- 이 기업(또는 제품)에 대한 추천의도
- 기타

프레젠테이션

조사대상 기업을 방문한 후 결과를 검토해 보고 각 조사대상에 관한 평가지를 준비한다. 그 평가지는 분명한 정보를 제공해야 하고 결과를 설명할 세부적인 사항을 포함해야 한다.

평가지는 타이핑되어야 하고 체계적으로 조직되어 있어야 하며 전문가가 한 것답게 작성되어야 한다. 암행쇼핑은 여러 가지 방법 중 하나일 뿐이기 때문에 기업은 다른 시각 또는 경험도 가지고 있어야 한다는 것을 기억하라. 어느 것이든 궁극적인 목표는 어떻게 하면 고객서비스를 더 잘할 수 있는가를 알아내는 것이다. 여러분은 암행쇼핑을 즐기고 있는 자신을 발견하고 이를 새로운 직업 기회로 삼고 싶어질지도 모른다.

OX 퀴즈 정답

1. O	2. O	3. X	4. O	5. X
6. X	7. O	8. O	9. O	10. O

도전적인 고객 대하기

어떤 상황에서도 멋지고 침착하게 보일 수 있을 만큼
모든 것을 가진 사람은 없다.

_Thomas Jefferson

이 장의 학습목표

□ 고객이 도전적이 되는 이유를 이해한다.

□ 도전적인 고객을 만들지 않는 다섯 가지 비결을 이해한다.

□ 감정이입의 생산적인 속성을 이해한다.

□ 책임소재 평가의 개념을 이해한다.

□ 고객에게 실수를 했을 때 해야 할 행동을 이해한다.

누가 도전적인 고객인가

일상적인 생활에서 다른 사람들과 상호작용할 때, 우리는 함께 있으면 시간이 빨리 가고 또 재미있는 사람들이 있다는 사실을 알게 된다. 우리를 괴롭히는 사람들은 피하고 싶은 사람들이다. 그러나 고객들이 기업을 괴롭히더라도 기업은 고객을 피할 수가 없다. 사실 기업은 아주 도전적인 고객을 다루는 데 상당히 많은 시간을 소비해야 하는 경우가 많다.

누가 도전적인 고객인가? **도전적인 고객**(challenging customer)은 문제와 두려움을 가지고 있는 고객이며, 우리에게 진실된 의사소통을 요구하는 고객이다. 모든 사람들은 자신만의 독특한 성격과 과거 경험을 가지고 있기 때문에 도전적인 고객들의 특성도 다양하다. 그러나 도전적인 고객들과의 상호작용이 쉽지 않음에도 불구하고, 우리는 여전히 이들을 우리의 고객으로 생각해야 하고 이들에게 훌륭한 고객서비스와 만족감을 제공하는 것을 목표로 삼아야 한다.

> ▶ 도전적인 고객
> 문제와 두려움을 가지고 있는 고객이며, 우리에게 진실된 의사소통을 요구하는 고객

왜 고객이 도전적이 되는가

고객들이 도전적이 되는 이유는 다양하다. 우선 그들은 상호작용하기 어려운 성격과 의사소통 스타일을 가지고 있을 수 있다. 특별히 구체적인 어떤 일을 하지 않아도 어떤 고객은 도전적인 것으로 보일 수 있다. 이 외에도 고객은 다음의 이유 때문에 도전적인 것처럼 인식될 수 있다.

- 우리와 같은 언어로 말하지 않는다.
- 특정 상품이나 상황에 대한 전문지식이나 이해를 갖고 있지 않다.
- 원래 공공연하게 적대적인 성격이다.
- 여러분이나 여러분 회사와 관계가 없는 다른 어떤 것 때문에 이미 흥분한 상태이다.
- 원래 매우 조용하고 말이 별로 없는 스타일이다.
- 원래 거만해 보이는 스타일이다.
- 참을성이 없다.
- 여러분과 거래하는 것을 여러분이나 여러분 회사에 큰 은혜를 베푸는 것으로 생각한다.
- 여러분이 개인적으로 나쁜 편견을 가지고 있는 유형의 사람처럼 보이는 스타일이다.
- 이미 극히 화가 나 있다.
- 의사결정에 어려움이 있다.

모든 사람은 누군가에게 도전적인 고객이다. 고객은 어떤 순간에 우리의 생활에서 그들이 가장 중요한 사람이라는 것을 확인하고 싶어 한다. 우리가 훌륭한 고객서비스를 제공하고자 노력하는 그 순간에 모든 고객은 가장 중요한 사람이 되어야만 한다. 도전적인 고객은 결코 우연히 그러는 것이 아니다. 그들은 과거의 경험과 인식, 기대, 좌절, 일상생활의 스트레스, 그리고 고객존중에 대한 열망 등을 가지고 우리와 의사소통을 한다. 고객서비스 담당자는 그들대로 그들 자신의 독특한 생각을 가지고 의사소통에 임한다. 이 둘 사이의 차이점은 고객서비스 담당자는 고객과 달리 의사소통 연결의 책임을 져야 한다는 것이다.

여러분이 도전적인 고객을 만들고 있지는 않은가

어떤 고객들은 우리들이 그들을 위해서 무엇을 하건 하지 않건 간에 무조건 도전적이다. 대중과 함께 일하는 대부분의 사람들은 자신이 고객과 상호작용하는 좋은 일을 하고 있다고 믿는다. 그러나 때때로 우리 자신이 많은 고객문제를 만들고 있는 것이 현실이다. 우리가 대체로 행복하고 협조적인 고객에게 감사하고 있는 동안에, 우리의 매너리즘이나 코멘트는 또 다른 고객의 신경을 건드리거나 화나게 하고 나아가 비협조적으로 만들 수 있다.

도전적인 고객을 만들지 않는 다섯 가지 비결

1. 고객의 시간을 존중하라 _ 항상 최대한 능률적으로 일하라. 우리는 우리가 편안하게 느끼는 사람들을 다루는 느긋한 방식에 빠져 버리기 쉽다. 고객에게 계속 초점을 맞춰라.

2. 여러분의 나쁜 기분을 다른 사람에게 전달하지 말라 _ 모든 사람에게는 때때로 기분 나쁜 날이 있기 마련이다. 그러나 여러분이 그런 날을 보내고 있다는 것을 고객들은 절대로 알 수 없어야 한다. 고객과 고객서비스 담당자 모두 문제를 가지고 있다. 그러나 고객들은 여러분에게 오늘 무슨 일이 일어나고 있는가를 들으려고 하지 않는다. 만일 여러분이 변덕스럽거나 감정에 기복이 있다는 평판을 얻게 된다

면 사람들은 여러분과 접촉하는 것을 피할 것이다. 내부고객과의 상호작용도 무시하지 말아야 한다. 여러분의 외부고객에게만 잘 대하고 동료에게는 부정적으로 대하는 것은 바람직하지 않다. 만일 여러분이 여러분의 일을 잘 수행하고 긍정적인 생각에 몰입하다 보면, 여러분을 괴롭힌 문제를 잊을 수 있을 것이고 기대한 것보다 좋은 날을 보낼 수 있을 것이다.

3. 단골고객을 미소로 맞고 그들의 이름을 기억하라 _ 고객은 여러분 회사와의 거래 경험을 계속 평가한다. 자신을 기억해 주길 바라는 고객의 기대는 그리 큰 욕심이 아니다. 누군가에게 아는 체를 하는 것은 좋은 관계를 위한 근사한 출발점이 된다. 고객을 인식하는 것은 그렇게 하기로 결정하고 노력하는 것에서부터 시작해야 한다. 모든 사람은 누군가가 자신을 알아보면 자신이 환영받고 있고 또 자신이 그 상황의 일부라고 느낀다. 일주일 동안 여러분의 내부고객을 포함한 모든 사람의 이름을 부르려고 노력해 보라. 그러면 좋은 결과를 얻을 수 있을 것이다. 여러분의 업무 분야에서 사기가 증가할 것이고 수많은 새로운 친구를 가진 느낌으로 하루의 일을 마감할 것이다. 사람들은 항상 자신이 좋아하는 사람들과 거래하기를 원한다.

4. 파괴적인 언어를 사용하지 말라 _ 어떤 상황에서는 창조적이고 스마트한 방식으로 모욕행위를 하는 것이 적절한 것처럼 보일 수도 있고, 한 순간 승자로서의 느낌을 가져다줄 수도 있다. 그러나 이것은 여러분을 결국 패배자로 만든다. 일부 고객은 여러분에게 보복할 방법을 찾을 것이고, 일부 다른 고객들은 그들이 받은 상처나 여러분 회사 전체가 무례하다는 생각 때문에 여러분이나 여러분 회사를 피할 것이다. 이런 상황에서 따라야 할 황금률이 있다. 누군가로부터 듣기를 원하지 않는 말이 있다면 다른 사람에게도 그런 말을 하지 말

라. 결국 파괴적인 언어는 상황을 파괴적으로 만든다.

5. 솔선수범하라 _ 여러분이 기꺼이 업무를 끝내거나 고객을 위해 전력
   을 다한다는 것을 보여 줘라. 오늘날 우리 사회에는 나태함이 팽배
   해 있다. 약간이라도 솔선수범하거나 업무를 끝까지 완성하는 사람
   과 거래하는 것이 오히려 신선한 경험으로 느껴질 정도이다. 고객은
   솔선수범하는 사람과 일하게 되리라고는 기대도 안 했을 것이다. 따
   라서 그들의 눈에는 여러분이 영웅으로 보일 것이다.

도전적인 고객의 특성

도전적인 고객은 여러 가지 방법으로 분류될 수 있다. 다음은 도전적
인 고객의 10가지 특성이다. 도전적인 고객은 그들의 문제 때문이 아
니라 우리의 문제 때문에 도전적이 된다는 사실을 명심하라.

1. 언어적·문화적 장벽을 가진 고객 _ 우리 사회에 다른 문화권의 사람들
   이 계속 증가하면서 우리는 영어를 제2의 언어로 말하거나 거의 영
   어를 말하지 못하는 사람들과 종종 접촉하게 된다. 같은 언어로 말

그룹 과제

그룹을 만들고 '우리는 도전적인 고객을 만들고 있지는 않은가?' 라는 주제에 대해 토론하라. 정직하게 평가하라. 대부분의 기업은 도전적인 고객을 가지고 있다. 문제는 여러분이 도전적인 고객을 만들고 있는지 아닌지를 분별하는 것이다. 토론을 할 때 도전적인 고객을 만들지 않는 다섯 가지 비결을 언급하라. 여러분 팀이 도전적인 고객을 만들어 내고 있다는 것을 알아냈다면, 그것을 멈추기 위한 행동계획을 짜라. 도전적인 고객을 처리하는 가장 쉬운 방법은 그런 고객을 만들지 않는 것이다.

할 때조차도 의사소통이 잘 안 될 때가 있다는 것을 상기하라. 영어로 말하는 데 어려움이 있는 사람과 의사소통할 때는 천천히 명확하게 말해야 한다. 해석하기 어려운 속어의 사용을 피하라. 만일 언어가 의도한 메시지를 전달하지 못한다면 손짓, 몸짓으로 설명하려고 노력하라. 고객이 말한 것을 이해한 것처럼 가장하지 말라. 질문을 하고 여러분이 이해한 것을 반복해서 확인해 보라. 단념하지 않고 노력하는 것이 중요하다. 우리의 말을 이해하는 데 어려움을 지닌 고객도 우리가 인내심을 가져야 할 가치가 있는 고객들이다. 그들은 여전히 우리의 고객인 것이다. 때때로 해야 할 말을 종이에 써 주는 것이 비영어권 사람들을 더 쉽게 이해시킬 수 있는데, 이것은 그들이 사전을 참고할 수 있기 때문이다. 그들이 말하는 것을 명확하게 이해할 수 있도록 늘 필요한 사전을 가까이에 두라.

이 모든 것이 잘 안 된다면 이런 상황을 해결하는 데 도움을 줄 수 있는, 영어로 말할 수 있는 친구를 데리고 오든가 친구에게 전화를 걸도록 고객에게 제안하라. 여러분이 근무하는 지역에서, 여러분의 업무에서 가장 흔하게 다루어지는 외국어가 무엇인지 확인하라. 이 언어는 여러분이 배워 놓아야 할 언어일 수 있다. 고객서비스 담당 직원의 채용조건으로 특정 언어의 유창성을 요구하고 있는 경우도 많다.

어떤 사람들은 무지함 때문에 다른 문화권의 사람들을 화나게 만든다. 여러분 고객의 문화에 대해 알도록 노력하라. 노력하면 정보를 쉽게 얻을 수 있을 것이고, 고객 출신국의 전통과 거래관습, 관심사, 신념 등에 대한 통찰로부터 이득을 얻을 수 있을 것이다.

2. 노인 고객_ 사회는 점차 노령화되어 가고 있다. 이것이 명백해짐에 따라 노인 고객의 특성을 파악하는 것이 더 중요해지고 있다. 늙는다는 것은 무엇을 의미하는가? 사람들마다 대답이 다를 것이다. 여

기서는 노인 고객을 65세 이상의 고객으로 정의하고자 한다. 이 인구는 전체 인구에서 상당한 비율을 차지하고 있다. 의사결정을 할 능력이 없고 자유재량 소득을 거의 가지고 있지 않은 사람을 노인의 전형으로 보는 것은 옛날 생각일 뿐이다. 오늘날의 65세 이상 고객은 독립적이고 적극적이며, 자급자족할 수 있고, 마음껏 인생을 즐기며 살고 있다.

고객서비스 담당자는 노인 고객을 다룰 때 그들에 대한 존경심과 관심을 표현하면서 대해야 한다. 이들의 구매력은 매우 크다. 노인 고객들은 특별한 관심을 요구한다. 이들은 작은 글씨를 읽는 데 어려움을 느낄 수 있으며, 반응속도가 느리거나 잘 들리지 않을 수 있다. 노인 고객과 상호작용할 때 항상 높은 수준의 존경심을 보여라. 이들의 자존심 유지에 대한 욕구를 알아차려라. 고령자 할인을 받을 자격이 있다는 것을 확인하고 기뻐하는 많은 노인 고객들이 있는가 하면, 이를 반가워하지 않는 고객도 있다. 노인들을 '작은 아가씨' 또는 '젊은 오빠'라고 부르는 등 농담하는 태도로 말하지 말라. 여러분이 그들에게 호의를 가지려고 노력한다 해도 그러한 표현은 그들을 더 주목받게 하므로 바람직하지 않다.

만일 고객이 읽는 데 어려움이 있다는 것을 발견하면 더 밝은 장소로 옮기도록 제안하라. 그래도 어려움이 있다면 읽어 주도록 하라. 또 많은 노인 고객들은 듣는 데 어려움이 있다. 여러분이 말하는 것을 그들이 이해하도록 돕는 단순한 방법은 그들이 여러분의 입술 움직임을 볼 수 있도록 그들을 보면서 말하는 것이다. 그러나 과도하게 주목을 시키려고 소리치면서 말하지는 마라. 적절한 속도로 명확하게 말하되 우물우물하지 마라.

노인 고객들은 현재의 과학기술과 친숙하지 않을 수 있다. 물론 모두가 그런 것은 아니지만 대체로 그렇다. 만일 고객이 현재 업무 현장에서 일하지 않거나 컴퓨터나 팩스, 금전등록기 같은 것을 다뤄 보지 않았다면 이런 기기들에 압도당할 것이다. 반면에 어떤 노인 고객들은 새로운 기술을 배우는 데 시간을 투자해 왔기 때문에 우리 들보다 훨씬 더 능숙할 수 있다. 만일 고객이 기계를 어떻게 사용하는지 잘 모르는 것처럼 보이면 도와드릴지를 문의하라. 만일 그들이 여러분의 도움을 허락한다면 적극적으로 그들을 도와라. 만일 그들이 여러분의 도움을 거절한다면 그들 스스로 기계를 이해하도록 허용하라.

3. 참을성이 없는 고객 _ 오늘날 사람들은 '빨리빨리' 의 시대에 살고 있다. 사람들은 매일매일의 개인생활과 직장생활에서 종종 짧은 시간 내에 많은 일을 마치려고 시도한다. 그러나 이것이 항상 가능하지는 않다. 우리 고객들도 이와 똑같은 시도를 한다. 모든 것에 맞추려고 일을 서두르는 것은 고객들을 참지 못하게 만든다. 고객이 참을성이 없거나 성미가 급할 때, 그들이 우리의 통제범위 밖의 어떤 것, 즉 교통혼잡이나 두통, 업무를 금방 완성할 수 있을까 하는 두려움 등에 의해 고통받을 수도 있다는 것을 기억하는 것이 중요하다. 또는 고객들이 못 참아 하는 것이 구식의 거래방식이나 우리가 한 어떤 일 때문일 수가 있다. 고객에게 전화할 때 고객이 전화받기에 편안한지를 항상 먼저 물어보라. 중요한 일을 하던 고객들은 조급함을 표현할 수도 있고 우리가 말하는 것 때문에 혼란스러워할 수도 있다. 고객들에게 여러분의 목표는 가능한 한 효율적으로 고객들과 일하는 것이라는 것을 강조하라. 여러분이 고객의 이익에 관심을 가지고 있다는 것을 말하라. 관련 자료를 가까이에 두고 빠르고 정확하게 일을 마무리하라. 참을성 없는 고객들은 여러분이 그들의 일을

방해하고 있다거나 그들을 괴롭히고 있다고 불평할 것이다. 여러분 회사가 고객이 시간을 투자할 만한 가치가 있는 회사라는 것을 참을성 없는 고객들에게 행동을 통해 보여 주어라.

4. 화난 고객_불행히도 분노는 고객서비스에 있어서 흔하게 나타나는 감정이다. 내부고객과 외부고객 모두 종종 분노를 경험한다. 내부고객들 사이의 분노는 적절하게 관리되지 않는다면 부서 간의 전면 전쟁을 유발할 수 있는데, 이는 미래의 수월한 내부 고객서비스를 어렵게 하는 상황을 만든다.

많은 외부고객들은 화가 났을 때만 고객서비스 담당자에게 도전적으로 전화를 한다. 분노는 폭발하기를 기다리는 다이너마이트와 같다. 만일 폭탄의 뇌관이 적절하게 제거되지 않는다면 큰 소동을 유발할 수 있다.

고객의 분노에 반응을 보이면서 고객을 진정시키도록 노력하라. 고객서비스 담당자가 침착함을 유지하는 것이 중요하다. 화난 고객은 그들이 접촉하는 모든 사람들에게 화를 감추려 하지 않는 경향이 있다. 고객에게 그들의 상황을 설명하도록 요청하라. 고객이 그들의 상황과 감정을 드러내도록 하라. 그들은 모든 것을 드러낸 후 기분이 좀 더 나아졌다고 느낄 것이다. 그들을 저지하지 말고 감정을 모두 드러내게 한 후 반응하라. 고객의 감정을 알아차려라. 그러나 객관적인 사실을 파악해야 한다. 고객은 설명을 하면서 처음에 가졌던 분노를 조금씩 잊어버리게 된다. 고객은 기꺼이 들으려고 하는 누군가를 발견하게 된다. 그 상황에 효과적인 해결책을 발견하도록 시도하라.

화난 사람은 욕을 하거나 모욕적인 발언을 할지도 모른다. 이것은 고객서비스 담당자를 어려운 상황에 빠뜨리는 것이다. 고객서비스 담당자는 그저 욕을 먹어야 하는가 아니면 욕을 하지 못하게 해야 하는가? 욕을 못하게 하면 고객을 더 화나게 만들 위험이 있는가? 저속한 언어 사용에 대한 하나의 반응 요령은 "고객님께서 화가 나셨다는 것을 잘 알겠습니다. 그러나 제가 이런 식의 말을 듣는 것에 익숙하지 않으니 사실에 관해서만 말씀해 주시기 바랍니다"라는 식으로 말하는 것이다.

고객이 직업적 윤리에 벗어나는 방식으로 행동할 때조차도 항상 존경심을 가지고 고객을 대하라. 고객의 감정을 알아차리도록 하라. 그러나 가능한 한 빨리 대화를 통제할 수 있는 돌파구를 찾도록 하라. "고객님께서 얼마나 속상하실지 잘 알겠습니다"라는 말이나 "보다 긍정적인 해결책을 찾아볼까요?"와 같은 말은 고객서비스 담당자가 주도권을 잡도록 해 주는 도입 문장이다. 고객의 분노는 고객과의 새로운 관계를 시작할 기회를 제공하고 궁극적으로 긍정적인 결과를 가져올 수 있다.

5. 분석적인 고객 _ 분석적인 고객은 사실을 요구하는 경향이 있고, 상품이나 회사에 관해 잘 알고 있는 사람과 이야기하고 있다는 것을 확인하고 싶어 한다. 그들은 종종 의사결정과 문제해결에 객관적인 접근방식을 취한다. 분석적인 사람은 그들의 감정을 잘 드러내지 않고 여러분의 감정에 대해서도 관심이 없다. 그들은 여러분이 자신을 좋아하는지 아닌지에 대해 개의치 않는다.

분석적인 고객은 일관성과 증명을 좋아한다. 사실과 명확한 답변을 원하는 고객을 다룰 때 존경으로 그들을 대하고 그들이 원하는 것을 주어라. 그들에게 청구서를 어떻게 계산했고, 청구한 날짜가 언제이며, 이자율이 언제 올라가는지, 그 외에 그들이 질문하면 여러분이 사실에 입각한 답변을 줄 수 있는 것들에 대해 말하라. 그들이 다른 질문을 가지고 있는지 물어보고 이에 유능하게 답변하라.

6. 우유부단한 고객 _ 어떤 고객들은 의사결정하는 것을 어려워한다. 그들은 몇 개의 정보원으로부터 정보를 탐색하기 때문에 결정을 잘 하지 못할 수 있고 의사결정을 망설일 수도 있다. 사람들이 확실한 결정을 하지 못하는 이유는 다양하다. 그들은 과거에 너무 빨리 결정을 하는 바람에 나중에 후회한 경험이 있을 것이다. 또는 경제적 문제 때문에 모든 대안들을 주의 깊게 조사하고 의사결정의 장단기 수행가능성을 신중하게 결정해야 할 상황일지도 모른다. 일부 고객은 지금 그 자리에는 없지만 의사결정으로부터 이득을 얻을 그들의 상관이나 동료의 기대를 참작해야만 할지도 모른다.

   확실한 결정을 내리지 못하는 고객을 대할 때는, 그들이 여러분을 실망시키고 싶기 때문에 의사결정을 느리게 하는 것이 아니라는 것을 명심하라. 확실한 의견을 말하기를 망설이는 그들만의 이유가 있다. 그들이 빠른 결정을 하도록 돕기 위해서, 가능한 대안들을 자세하게 설명하라. 여러분이 설명하지 않은 것이 있는지를 물어보라. 그들이 오늘 의사결정을 하도록 제안하라. 만일 고객이 그렇게 할 준비가 되어 있지 않다면, 심사숙고하는 데 적절한 양의 시간을 허용하는 시간계획표를 제시하라. 시간계획표는 고객에게 결정 마감일을 알려 줄 것이고, 여러분이 그들과 공유한 정보가 날짜가 지나 쓸모없게 될 가능성을 줄여 줄 것이다.

7. 거만한 고객 _ 어떤 고객들은 고객서비스 담당자에게 자신이 우월하다는 인상을 주려고 노력한다. 이런 유형의 태도를 심각하게 받아들이지 않는 것이 중요하다. 거만한 태도를 보이는 고객들과 상호작용을 하다 보면 실망스러울 때가 많을 것이다. 그들은 버릇없을 수도 있고 반대로 의도적으로 겸손하게 말을 할 수도 있다. 실제로 이런 방식으로 자신을 드러내는 고객들은 매우 불안정하고, 누군가를 억

누름으로써 자신이 더 우월하게 보일 수 있다고 생각한다. 그들은 그들이 자신을 얼마나 중요하게 생각하고 있는가를 여러분이 알기를 원한다.

이런 유형의 고객을 대할 때 고객서비스 담당자는 스스로의 가치를 인식해야 한다. 진짜로 누가 더 괜찮은지를 확인하기 위해 고객과 경쟁하고 싶은 유혹이 생길 수 있으나, 이것은 비생산적인 시간낭비이며 결국에는 어느 누구도 이기는 것이 아니다. 고객의 거만한 태도를 여러분에게 유리하게 활용하라. 그들의 업적과 중요성을 칭찬하라. 여러분의 해결책이 그들의 지위를 높일 것이라는 것을 강조하라. 결국에는 고객이 승자가 될 것이라는 것을 고객이 확인하도록 함으로써 경쟁은 감소될 수 있다.

8. 미성숙한 고객_고객서비스 담당자는 미성숙한 고객과 상호작용할 기회가 많다. 많은 고객서비스는 문제해결을 중심으로 하고 있고, 미성숙한 고객들은 문제를 가지고 있다. 마감날짜가 지난 혹은 지불하지 않은 청구서, 변명, 자신의 문제에 대해 다른 사람을 비난하는 것 등은 미성숙한 고객들 사이에 흔하게 발생하는 일이다. 미성숙한 고객을 대할 때, 반응을 하기 전에 상황에 대한 그들의 설명을 들어라. 그들에게 문제나 질문을 완전하게 묘사하도록 하라. 반응을 할 때, 지불하지 않은 청구서와 이와 유사한 다른 곤경으로부터 유발되는 결과에 대해 솔직하게 말하라.

만일 그들이 질문을 한다면 완벽하게 대답하라. 그들은 모든 사람이 알고 있는 것을 묻고 있는 것처럼 보인다. 그러나 그들이 질문을 하고 있다면 그들은 확실하게 모르는 것이다. 미성숙한 고객은 그들의 행동이 다른 사람에게 영향을 미친다는 것을 알 필요가 있다. 이들에게 기업정책의 중요성과, 기업은 모든 고객을 공정하고 일관성 있게 대해야 함을 강조하라.

미성숙한 고객은 다른 사람과 함께 행동하고 반응하는 것이 가장 좋은 방법이라고 생각한다. 거액의 공공요금을 제 날짜에 지불해야 하는 것에 대해 불평하는 고객, 공공요금을 지불하고 나면 외식할 돈이 없다는 것을 말하는 고객들은 아마도 '현실감각 체크'를 받을 필요가 있다. 그들에게는 단호하게 대하라. 그들은 지금 여러분이 회사규정을 강행하는 것에 대해 고맙게 생각하지 않을지 모른다. 그러나 그들은 경험을 통해 무엇이 옳았는지 배우게 될 것이다.

9. 수다스러운 고객_ 수다스러운 고객은 함께 있으면 신이 날 수도 있다. 그들은 외향적이고 재미있는 이야기를 많이 알고 있다. 그들은 종종 훌륭한 이야기꾼이고, 자신이 말하는 것을 즐긴다. 사람들은 가끔 수다스러운 사람과 함께 있는 것을 즐기지만, 업무를 효율적으로 수행해야 하는 고객서비스 담당자로서 우리는 이를 경계해야 한다. 특히 함께 있기가 어려울 정도로 수다스러운 고객들을 조심해야 한다.

수다스러운 고객과 의사소통할 때는 긍정적이고 열린 매너로 이들을 대하라. 그들의 질문과 관심을 함께 나누도록 하라. 어떤 상황을 더 설명하게 만드는 구체적인 질문을 함으로써 고객이 그 주제를 벗어나지 않도록 하라. 그들의 상황을 수정하는 데 대한 여러분의 관심을 표현하라. 그들의 지식과 능력의 진가를 인정하라. 빠른 속도로 일하고, 그 토론에 초점을 계속 맞추기 위하여 유머를 사용하며, 더 질문이 있는지를 물어라. 그들의 인내심과 이해의 진가를 인정함으로써 결론을 맺어라. 때로는 수다스러운 고객과 대화를 끝내기가 어렵다. 그때는 시간이 제한돼 있다는 것을 암시하는 어구를 사용하라. 예를 들어, "저는 고객님의 귀중한 시간을 더 빼앗고 싶지 않습니다."라는 말은 효과적인 끝맺음이 될 것이다.

10. **특별한 요구를 가진 고객**_고객서비스 담당자는 때때로 특별한 요구 때문에 부가적인 서비스를 원하는 고객을 만난다. 개인적인 상황 때문에 우리의 적극적인 협조를 요구하는 모든 고객이 특별한 요구를 하는 고객이다. 특별한 요구를 가진 것으로 보이는 많은 고객들이 자신을 그렇게 생각하지 않기 때문에, 그러한 고객을 파악하기가 어려울 수도 있다.

장애가 있는 고객들과 대화를 나눌 때는 다음 사항에 유의하라.

- 청각에 장애가 있는 고객의 경우에는 그 고객에게 직접적으로 말하라. 이 고객을 도와줄 해석자나 조력자가 있다면, 이들에게 알리되 고객에게도 계속 말하라. 고객의 얼굴을 쳐다보면서 또렷또렷하게 천천히 말하라. 난청인 사람은 의사소통 도구로서 얼굴 표현이나 제스처에 많이 의존하므로 적절한 얼굴 표현을 사용하라.
- 휠체어에 앉아 있는 고객이라면 눈높이를 맞추어 의사소통하도록 하라. 휠체어나 걷기 보조 장치를 건드리지 말라. 이것은 그들의 개인적 공간에 대한 침해로 생각될 수 있다.
- 눈이 안 보이는 고객인 경우, 안내견과 놀거나 말을 걸지 말라. 이는 안내견의 역할을 방해할 수 있다.
- 언어장애가 있는 고객인 경우 인내심을 가지고 천천히 들어라. 그들의 말을 중간에 자르려는 유혹을 피하라.

누군가가 도움을 원한다고 무조건 추측해서는 안 된다. 그러나 공손하게 질문하는 것을 두려워하지 말라. 예를 들면, 단순히 "제가 도와드릴까요?"라고 묻는 것이다.

특별한 요구를 가진 고객들은 항상 존경심을 가지고 대해야 한

다. 그들의 질문과 관심을 이해하고, 적절한 해결책을 제공하도록
노력하라.

고객존중 : 아직도 적용되는 고전적인 아이디어

사회가 다른 연령층 간의 세대차이에 점점 더 관심을 갖게 되면서 우리
는 일종의 '세대차이 증후군' 에 빠지기 쉽다. 이것은 서로 다른 시기에
태어나 성장했고 다른 인생 경험을 한 사람들은 진정한 의사소통을 할
수 없다는 사고이다. 이것보다 더 잘못된 생각은 없다. 모든 연령층의
사람들은 의사소통할 수 있고 평화롭게 공존할 수 있다. 그때 필요한
요소는 상대에 대한 존중이다. **존중**(respect)이란 누군가
를 인식하고 특별한 관심을 주는 것을 의미한다.

> **▶ 존중**
> 누군가를 인식하고 특별
> 한 관심을 주는 것

　누군가를 존중하고 이를 나타내는 것은 우리들 자신
의 가치를 감소시키는 것이 아니다. 오히려 우리에게 누군가로부터 배
울 기회를 주고, 만일 우리가 우리와 똑같은 사람들하고만 상호작용한
다면 얻지 못할 성장의 기회를 준다. 존중은 다른 연령층의 사람들에
게만 보여 주어야 하는 것이 아니라, 모든 사람들에게 보여 주어야 하
는 것이다. 고객서비스 담당자는 "~ 님", "~ 선생님" 등과 같은 정중한
호칭을 사용함으로써 전문가적 기질을 보여 주어야 하며, 고객인 다른
사람들에게 가지고 있는 우리의 관심을 보여 주어야 한다. 만일 어떤
고객이 이렇게 공식적으로 불리기를 바라지 않는다면 고객이 원하는
대로 따라야 한다. 결코 짐짓 겸손한 척하지 마라. 아무리 어린 고객일
지라도 깔보는 태도로 이야기하는 것은 그들을 불편하게 만들고 화나
게 만들 뿐이다. 거기에는 또한 고객이 우리가 그들과 공유한 정보를

이해하지 못할 수도 있다는 생각도 깔려 있다. 마지막으로 고객의 지식에 대한 존중을 표시하라. 오늘날의 고객은 과거보다 더 정보에 밝고 더 똑똑하다. 연령, 성별, 인종, 교육 등과 고객의 심층적 지식과는 사실 거의 관계가 없다. 만일 우리가 고객이 아는 것을 모두 파악하게 되면, 우리는 이익을 얻을 수 있을 것이고 고객들로부터의 배움을 끝낼 수 있을 것이다.

감정이입의 힘을 이해하기

감정이입(empathy)은 누군가가 경험한 것을 이해하고 그 상황을 해결하는 데 도움을 주기 위하여 행동을 취하는 능력이다. 감정이입은 생산적인 것이다. 우리가 누군가에게 감정이입이 되어 있을 때 우리는 그들의 상황에 대한 우리의 슬픔을 표현하지 않는다. 대신 우리는 상황에 대한 그들의 설명을 듣고 다음과 같이 이야기한다. "당신을 돕기 위해 무엇을 하면 좋을까요?" 감정이입의 주된 초점은 문제해결이다.

> ▶ **감정이입**
> 누군가가 경험한 것을 이해하고 그 상황을 해결하는 데 도움을 주기 위하여 행동을 취하는 능력

만일 고객이 직계가족의 죽음 때문에 청구서에 대한 지불이 늦었다고 말하기 위해 전화를 걸었다면, 이 고객은 분명히 감정적으로 고통을 받아 온 것이다. 우리의 감정이입을 보여 줌으로써 우리는 위로의

말과 도움의 의지를 전달한다. 아마도 우리는 청구서 마감일을 연장시
켜주거나 특별 재정을 마련해 줄 수 있을 것이다. 어떤 경우에 있어서
도 고객서비스 담당자는 고객의 문제를 해결하는 데 도움을 주게 된다.

책임소재 평가

고객서비스를 잘하는 것은 쉬운 일이 아니다. 대부분의 경우 기업은
고객이 원하는 것을 가지고 있다. 그러나 기업의 목적은 수익을 창출
하는 것이다. 때때로 고객이 정당하지 않은 서비스를 요구하여 고객서
비스 담당자와 기업을 불편한 입장에 처하게 하는 경우가 있다. 이때
고객서비스 담당자는 서비스를 제공하고 수익감소의 위험을 감수해야
하는가 혹은 서비스 제공을 거절하고 고객을 잃을 위험을 감수해야 하
는가?

이런 유형의 상황을 다루는 한 가지 방법은 책임소재 평가를 해 보는
것이다. **책임소재 평가**(responsibility check)는 상황을 평가
하고 누가 문제의 책임을 져야 하는가와 실제로는 누
가 책임지는가를 결정하는 것이다. 때때로 고객은 실
제로는 자신의 책임인 어떤 것 때문에 기분 나빠한다.
훌륭한 고객서비스를 제공하기 위하여 고객은 서비스 과정에 참여해
야 하고 단지 이득만 얻으려고 해서는 안 된다. 고객에게도 책임을 주
고 일을 수행하도록 해야 한다.

한 예로서 학생과 교수 사이의 책임소재 평가가 필요한 적절한 상황
을 제시하고자 한다. 교육적 상황에서 학생은 고객이고 교수는 고객서
비스 담당자이다. 전반적인 목표는 좋은 학점이라는 바람직한 결과를

▶ **책임소재 평가**
상황을 평가하고 누가 문
제의 책임을 져야 하는가
와 실제로는 누가 책임지
는가를 결정하는 것

가져올 배움의 기회를 학생에게 제공하는 것이다. 교수는 학생들을 만족시켜 학생들이 그 수업에 계속 등록하도록 할 필요가 있다. 그러나 동시에 모든 학생들을 위해 그 과정과 제도의 통합성을 유지하도록 노력해야 한다. 만일 수업에 참석하지도 않고 공부도 잘 하고 있지 않은 학생/고객이 교수에게 접근해서 학생은 고객이기 때문에 좋은 점수를 받아야 한다고 제안한다면 교수는 책임소재 평가를 수행해야만 한다. 학생이 좋은 점수를 얻을 수 있게 하는 것은 누구의 책임인가? 그것은 교수와 학생의 공동책임이다. 교수는 적절한 정보를 제공해야 하고 학생들의 질문에 대답하는 시간을 내주어야 하며 공정하게 테스트를 해야 한다. 학생은 수업에 참석해야 하고 교재를 읽고 공부해야 한다. 만일 학생이 그들의 책임을 실천하지 않고 있는데, 즉 학생이 필요한 기여를 하지 않고 있는데 교수가 학생에게 좋은 점수를 주었다면 이것은 그 과정의 통합성을 떨어뜨리는 것이다. 고객서비스를 제공할 때는 일부의 고객이 아니라 모든 고객이 고려되어야 한다.

책임소재 평가를 수행하는 목적은 어떤 상황에서 무엇이 잘못되고 있는가를 명확하게 하고 책임이 있는 측에 책임을 지우는 것이다. 책임을 지우는 과정은 고객서비스의 공동생산에 의해 향상될 수 있다. 책임소재 평가는 관련된 모든 사람에게 과정에 참여하고 책임을 지도록 요구함으로써 최상의 고객서비스 기회를 만들어 내는 긍정적인 접근방법이다. 책임소재 평가는 요령 있게 행해져야 하나, 잘되면 모든 고객에게 더 좋은 고객서비스 기회를 창출할 수 있다.

> *"최고를 향한 여행에는 종착역이 없다."*
>
> _H. James Harrington

담당자가 잘못했을 때 취해야 할 행동

고객서비스 담당자가 고객과 상호작용할 때, 모든 고객에게 마땅히 해야 할 방식대로 대접하지 않을 가능성이 존재한다. 고객서비스 담당자도 사람이기 때문에 고객들에 대한 실망을 드러내고 싶은 유혹을 느끼거나 실수를 할 수도 있다. 여러분이 고객을 적절하게 대접하지 못하고 있다고 생각될 때면 다음과 같이 하라.

- **상황을 검토하라** _여러분의 행동과 말을 검토해 보라. 고객의 관점에서 상황을 보도록 하라.
- **고객의 반응을 관찰하라** _고객이 눈에 띄게 흥분했는가? 고객이 여러분의 행동에 의해 놀라거나 상처받은 것처럼 보이는가?
- **실수를 인정하라** _정보에서의 실수든 판단에서의 실수든 여러분이 저지른 그 실수를 인정하는 것이 가장 중요하다.
- **여러분의 행동이나 실수에 대해 사과하라** _여러분이 그 문제에 대해 미안하게 생각하고 있다는 것을 고객에게 표현하라. 그러나 그것이 왜 일어났는가에 대한 변명은 하지 말라.
- **해결책을 찾아서 실행하라** _고객에 대한 부적절한 대응을 원상태로 돌리는 가장 좋은 방법은 효과적인 해결책을 찾아서 가능한 한 빨리 실행하는 것이다.

도전적인 고객을 다루는 6가지 방법

1. 경청하라 _ 고객에게 그들의 관심을 표현하게 하거나 그 이야기를 함
   께 나눈다.
2. 질문을 하라 _ 문제를 명료화하라. 관련된 변수들을 파악하라.
3. 감정이입을 하라 _ 고객이 무엇을 경험했는가를 이해하도록 하고 그
   상황을 해결하는 데 도움을 줄 행동을 취하라.
4. 문제를 해결하라 _ 상황에 가장 적절한 해결책을 결정하라. 고객과 여
   러분 회사 모두에 긍정적인 결과를 창출해 내고자 할 때 창의성 있
   게 해결하되 회사규정을 따라야 한다.
5. 해결 후에도 한 번 더 확인하라 _ 무엇이 결정되었고 상황이 어떻게 해
   결되고 있는가를 다시 진술하라. 고객에게 다른 질문이 더 있는지를
   물어보라.
6. 긍정적인 언급으로 끝맺음하라 _ 고객의 이해에 감사를 표하라. 여러분
   이 전문가적 방식으로 고객의 문제를 해결했다는 것을 기억할 수 있
   도록 열정적인 방법으로 작별인사를 하라. 고객은 상호작용의 시작
   보다는 끝을 더 잘 기억한다.

도전적인 고객이 주는 이득

고객서비스 담당자는 그들의 고객을 장기적 자산으로 생각해야 한
다. 고객서비스 담당자는 신규고객을 창출하는 것보다 기존고객을
유지하는 것이 훨씬 더 쉽다는 것을 기억하면서, 도전적인 고객의 문
제를 해결하려고 동기화되어 있어야 한다. 고객이 상호작용의 처음

보다 끝을 더 좋게 느끼도록 업무를 처리해야 한다. 일이 잘 돌아갈 때 고객을 대하는 것은 쉽다. 일이 도전을 받게 될 때 어려움이 발생한다.

우리는 갈등에 맞닥뜨림으로써 갈등을 다루는 방법을 배운다. 우리가 갈등을 더 잘 다루기 위해서는 기술을 발달시키거나 새로운 정보를 알도록 노력해야 한다. 도전적인 사람들은 고객서비스의 현실이다. 그들을 적절하게 대하는 방법을 아는 것은 고객과 우리 모두의 스트레스를 줄여 줄 수 있다. 도전적인 고객을 다루는 방법을 앎으로써, 우리는 우리 기업과 업무의 가장 효과적이고 효율적인 자산이 될 수 있다.

핵심용어

감정이입	도전적인 고객	존중	책임소재 평가

OX 퀴즈

1. 도전적인 고객을 관리하는 좋은 방법은 그냥 무시하는 것이다.
2. 우리는 모두 누군가의 도전적인 고객이다.
3. 고객의 시간을 존중하는 것은 도전적인 고객을 만들지 않는 한 방법이다.
4. 상대에 대한 모욕은 때로 말하는 사람의 창의성을 나타내 주므로 필요하다.
5. 가능한 한 효과적으로 고객을 대하고자 하는 목표를 가진 고객서비스 담당자는 고객에게 감정이입을 해야 한다.
6. 존중은 누군가가 경험한 것을 이해하고 그 상황을 해결하는 데 도움을 주기 위하여 행동을 취하는 능력이다.
7. 책임소재 평가는 상황을 평가하고 누가 문제의 책임을 져야 하는가와 실제로는 누가 책임지는가를 결정하는 것이다.
8. 고객서비스 담당자는 자신들이 잘못되었다는 것을 절대로 인정해서는 안 된다.

9. 감정이입을 보이는 것은 매우 전문적이지 못한 것이다.

10. 도전적인 고객이 주는 이득은 매우 적다.

1. 책임소재 평가의 의미를 설명하라.

2. 왜 고객은 어떤 사람에게는 도전적이고 어떤 사람에게는 도전적이지 않은가?

3. 도전적인 고객의 다섯 가지 특성을 나열하고 설명하라.

4. 여러분은 어떤 고객 유형이 가장 도전적이라고 생각하는가? 왜 그렇게 생각하는가?

5. 욕설이 심한 고객에 반응하는 방법에는 어떤 것들이 있는가?

6. 과도하게 수다스러운 고객과의 대화를 이들의 기분을 상하지 않게 하면서 어떻게 끊을 수 있는가?

7. 감정이입과 동정은 어떻게 다른가? 어떤 것이 더 생산적인가?

8. 여러분이 고객에게 부정확한 정보를 주고 나중에 여러분의 실수를 정정했던 상황을 이야기해 보라.

9. 모든 고객과의 상호작용에서 긍정적인 언급으로 끝맺음하는 것이 왜 중요한가?

10. 도전적인 고객을 잘 다루면 어떤 이득이 있는가?

도전적인 고객 대하기

고객들이 도전적이 되는 이유는 다양하다. 어떤 경우에는, 고객이 우리에게 아무 일도 하지 않지만 그들 자체가 도전인 경우도 있다. 도전적인 고객은 전문직이 일상적으로 부딪히는 현실이며 고객서비스 산업에 있어서는 더욱 그렇다.

도전적인 고객들에 대해 좀 더 편안해지는 가장 좋은 방법 중 하나는 미리 연습하는 것이다. 다음의 시나리오에서 "여러분은 어떻게 할 것인가?"를 연습해 보라.

- 국제업무 부서의 고객응대 직원으로서의 업무 때문에, 여러분은 매주 수많은 사람들과 상호작용할 기회를 가지고 있다. 여러분은 평소 자신을 훌륭한

의사소통자로 생각하고 있음에도 불구하고, 때때로 비영어권 고객과 의사소통할 때 좌절감을 느낀다. 이런 도전적인 고객과의 의사소통 기술을 향상시키기 위하여 여러분은 무엇을 할 수 있는가?

- 여러분은 규모가 큰 카탈로그 회사의 주문확인 부서에서 일하고 있다. 여러분의 책임 중 하나는 주문된 상품의 선적 날짜를 확인하기 위하여 공급자에게 전화를 거는 것이다. 여러분은 온종일 전화를 건다. 그리고 대체로 여러분의 업무를 즐긴다. 여러분의 유일한 실망은 여러분이 일부 고객에게 전화했을 때 그들이 성급하게 반응하고 전화를 급하게 끊으려고 하는 것이다. 성급한 고객과의 의사소통 기술을 향상시키기 위하여 여러분은 무엇을 할 수 있는가?

- 전화회사의 서비스 직원으로서 여러분은 매일 고객의 문제를 접하게 된다. 대부분의 고객은 그들의 상황을 설명하고 여러분의 정보와 지식에 대해 열린 마음으로 대하는 데 반해, 일부 고객은 아주 도전적으로 여러분을 대한다. 오늘, 당신은 연체를 했기 때문에 회사로부터 계약해지 통지를 받아 화가 난 고객으로부터 전화를 받았다. 여러분이 상황을 이야기하려고 하자, 고객은 한 번도 빠짐 없이 매달 지불을 기대하는 것은 불공정하며 이 회사의 가격도 너무 비싸다고 말한다. 그 고객은 자신이 청구서에 대해 제때에 전액을 지불했다면 외식하기 위해 남아 있는 돈이 하나도 없었을 것이라고 말한다. 여러분은 이 고객이 미성숙한 고객이라는 것을 파악했다. 이런 고객 혹은 이와 유사한 고객에게 어떻게 적절하게 반응할 것인가?

고객서비스와 윤리

당신은 보험 회사 직원이고 새로운 보험급여 가입자들을 대상으로 여러 조건과 혜택을 설명하기 위한 프레젠테이션을 막 끝낸 상태이다. 그런데 당신은 단 이틀 동안만 이 업무를 하고 다른 부서로 이동할 것이다. 그런데 한 가입자가 와서 방금 당신이 말한 조건과 혜택에 대해 항의한다. 어떻게 반응해야 할지 몰라 잠시 말할 내용을 준비하고 있는데 그 가입자가 갑자기 울기 시작한다. 당신은 어떻게 하겠는가?

직원들에게 동료들을 더 나은 고객서비스를 위한 협조자로 인식하도록 만드는 특별한 방법 중 하나가 고객서비스 인증서(quality recognition form)이다. 고객서비스 인증서는 때로 다른 이름으로 불리기도 하지만 어쨌거나 그 주요 목적은 사람들이 서로 감사함을 표현하고 어떤 사람의 기여를 공개적으로 인식할 수 있는 문화를 만드는 것이다. 회사마다 이 아이디어를 다양한 방식으로 운영하고 있다. 어떤 경우에는 이 양식을 인터넷에서 활용할 수 있다. 그러면 직원들은 자기 책상에서 내용을 모두 작성한 뒤 바로 인터넷에 올릴 수 있다. 때로는 이 양식을 슈퍼바이저나 관리자에게 먼저 제출하고 다음에 그들이 그 내용을 직원들에게 알리기도 한다. 또는 바로 슈퍼바이저에게 이야기해서 직원의 파일에 기록하게 하기도 한다. 이는 문서화된 자료를 복사해서 돌린 것과 같은 효과가 있다. 이런 인정 프로그램은 직원들에게 어떤 상(금전적 보상, 휴가, 점심시간 연장, 봉급인상 자격부여 등)을 주기 위한 프로그램으로도 사용할 수 있다.

이런 우수품질 인증 프로그램의 중요한 측면 중 하나는 사람들로 하여금 늘 해오던 방식에서 벗어나도록 고무한다는 점이다. 우수함의 기준을 위에서 결정해서 내려 보내던 전통적인 방식과는 반대로, 이 프로그램은 직원들로 하여금 서로 북돋워 주게 만든다. 나아가 직원들이 동료들의 성공을 서로 알아주고 인정해 주는 문화를 만들어 준다. 이런 문화가 고객서비스에서의 성공을 지향하는 사람들이 일하기 원하는 문화이다.

도전목표

1. 우수한 품질을 인식하기 위해 필요한 기준을 정의해 보기
2. 품질기준 달성과 품질에 대한 의사소통을 선도하는 데 필요한 것들을 글로 표현해 보기
3. 동료가 잘한 일을 인식하고 축하할 때 발생하는 긍정적인 결과를 관찰하기

직접 해 봅시다

우수한 품질을 나타내는 데 중요하다고 생각되는 기준들의 목록을 만들라. 원하는 대로 추상적으로 광범위한 것도 좋고 구체적이어도 좋다. 가능하다면 현재의 업무 영역에서 평가의 기준이 될 수 있는 것이면 더 좋다. 기준목록은 최소한 5개 이상이어야 하는데 10개 정도가 가장 적절하다. 품질 평가 기준안을 2개 이상 만든 후 가능한 한 전문가다운 표현을 할 수 있도록 편집하라.

프레젠테이션

고객서비스 인증서를 복사해서 (또는 완전히 새로 만들어도 좋다) 그 양식을 모두 채워라. 관찰한 품질성과를 가능한 한 분명하게 설명할 수 있도록 하라. 최종 보고서에서의 표현을 제대로 하려면 먼저 평가 초안을 작성하고 교정을 보라. 최종 완성본을 제출할 때 여러분이 품질평가를 위해 만든 기준 목록을 같이 제출하라.

힌 트

고객서비스 인증서(이 양식의 이름은 바꾸어도 좋다)는 직원동기화와 직원 간 인정을 위한 아주 좋은 도구이다. 여러분 고용주나 회사에 이런 프로그램을 적용하자고 제안하라. 어떤 회사는 뛰어난 성과를 낸 동료를 모든 직급의 직원들이 인정할 수 있도록 이를 회사 내에서 활용하거나 온라인에서 활용한다. 여러분의 슈퍼바이저와 이 아이디어에 대해 상의하라. 이는 여러분이 장래에 되고자 하는 바로 그 전문가로서 인정받을 수 있는 길로 가는 것이기도 하다.

OX 퀴즈 정답

1. X	2. O	3. O	4. X	5. O
6. X	7. O	8. X	9. X	10. X

고객서비스 인증서

(적절한 평가를 위해 아주 자세한 정보를 제공해 주세요.)

저는 ○○ 부서 ○○○(팀)의 ○○○○ 우수한 고객서비스 실천 사례를 알려 드리고자 합니다. ____________________

____

____

____

____

인정자 : ○○○(서명) ________

날짜 : ○○○○년 ○월 ○일

해당란에 ○표 하시오.

- 개인
- 팀(팀 구성원 이름 나열)

제 · 8 · 장

직원동기화

업무를 잘 끝낸 것에 대한 최고의 보상은 그 일을 끝냈다는 것 자체이다.

_Ralph Waldo Emerson

이 장의 학습목표

☐ 동기화의 정의를 이해한다.

☐ 개인적 강점과 약점을 확인하는 자기평가를 실행할 수 있다.

☐ 욕구와 욕망의 차이를 이해한다.

☐ 자신의 자발적 동기화 비법을 다른 사람과 공유한다.

☐ 동기화 요소들을 파악한다.

☐ 사기가 높고 낮음이 조직에 미치는 영향을 이해한다.

동기란 무엇인가

모든 전문가는 어떤 과제나 의무를 수행하게 만드는 동기를 발견해야 한다. **동기**(motivation)란 우리를 특정한 방법으로 행동하도록 유도하는 개인적인 충동이다. 동기는 매우 개인적인 것이다. 사람들은 다양한 보상과 경험, 상황에 의해 동기화된다. 어떤 사람을 매일 아침 일찍 일어나게 하는 요인이 이웃집 사람에게는 똑같은 효과를 내지 못할 수도 있다. 관리자, 동료, 개인들이 동기화의 요인을 더 잘 이해하려고 계속 노력하는 것은 동기 자체가 아주 개인적인 문제이기 때문이다. 동기는 우리의 일상생활과 직장생활에 모두 중요하다. 동기는 우리가 무언가를 시작하게 만드는 추진력이고 또 계속 나아가게 만드는 에너지이다.

우리의 동료들은 우리와 다른 동기를 갖고 있다. 이는 우리 동료들이 처한 상황이 똑같지 않다는 것, 그리고 과제 달성과 신속한 일처리에 대한 욕망이 우리보다 더 많거나 더 적을 수 있다는 것을 말한다. 일이 끝나자마자 일주일 휴가를 시작하려고 하는 직원은 일을 제때 끝내려는 동기가 클 것이다. 기대할 휴가가 없는 그의 동료는 열심히 일하고자 하는 동기가 낮을 것이다. 각각의 동기화 수준이 다양할 때는 어느 한 집단을 이루어 일하는 것이 도움이 된다. 이 경우에 한 직원의 동기화 수준이 낮다면 다른 직원의 동기화 수준은 높아질 가능성이 존재한다. 그러나 불행하게도 실상은 그렇지 않은 경우가 많다. 다른 사람들이 이득을 거둬들이는 동안에 한두 직원들이 대부분의 일을 도맡아 해야 하는 수가 있다. 이러한 상황은 시간이 지나갈수록 동료들의 동기를 크게 저하시킨다.

고객서비스에 있어 동기는 이상적으로는 경영자 측에서 직원 측으로 전달되어야 한다. 몇 가지 격려 방법으로 고객서비스 담당자의 열정을 높일 수 있다. 우수직원 인정제도, 직원제안 포상제도, 매일의 격려 등이 모두 고객서비스 담당자가 최상의 고객서비스를 제공하도록 하는 데 도움을 준다.

일부 조직은 그들의 직원들을 동기화시키기 위해 독특한 전략을 개발한다. 유머는 오늘날 동기화된 일터의 중요한 부분을 차지하고 있다. 기업들은 각기 다른 방법으로 유머를 활용한다. 그 방법이야 어떻든 대체로 유머는 스트레스가 많은 환경을 밝게 할 수 있다. 여러 연구들이 웃음이 직원의 사기와 직업만족도를 증가시키는 열쇠가 될 수 있음을 보여 주고 있다. 유머러스한 직무 타이틀, 컴퓨터를 켰을 때 화면 위에 나타나는 그 날의 조크, 지정 주제복 착용의 날(미리 정해진 재미있는 주제에 맞춰 옷을 입고 오는 날) 등은 전문가의 직장에 유머를 가져올 수 있다.

어떤 기업들은 모든 직원들이 좋아하는 과자를 갖고 오는 스낵데이나 캐주얼 착용의 날을 정하거나, 소프트볼 게임이나 농구 게임 또는 콘서트에서 기업용 좌석에 앉을 기회를 제공한다. 이 외에도 매년 기업의 사회활동, 매달의 생일파티, 기타 수많은 창의적 동기부여 활동을 직원들에게 제공한다. 이런 활동 이면에 있는 동기부여의 힘은 직원들의 통합을 향상시킬 수 있다. 이는 직원들을 서로 묶는 데 도움이 될 공동경험을 제공해 주는 것이다. 자신이 팀의 중요한 일부분임을 느끼는 직원들은 더 강한 동기를 갖게 된다.

불행하게도 이런 유형의 긍정적 리더십은 항상 가능한 것이 아니다. 상황이 좋지 않은 경우에는 고객서비스 담당자가 자신의 동기부여에 대한 책임을 져야 한다.

욕구와 욕망

동기의 다양성을 이해하고자 할 때는 먼저 욕구과 욕망을 정의할 필요가 있다. **욕구**(need)는 우리가 개인적으로 필요로 하는 필수적 요구이다. 어떤 것은 공기나 음식에 대한 욕구처럼 본능적이거나 일차적이다. 이외의 다른 욕구들은 우리가 즐기거나 혹은 좋아하지 않는 특정 음식처럼 학습된다. 이런 욕구들은 이차적 욕구라고 부른다. 동기화를 위해서는 일차적 욕구와 이차적 욕구가 모두 필요하다. 많은 사람들은 그들 자신의 욕구를 파악하는 데 어려움을 가지고 있으며 이것을 욕망과 혼동하기도 한다. 예를 들면, 대부분의 어른들은 그들을 일하러 갈 수 있게 하고 그들의 의무를 수행할 수 있게 하는 운송수단을 필요로 한다. 그들에게는 기본적인 기능을 갖춘 자동차나 공공 교통 접근성이 필요하다(need). 그러나 이런 필요에 반응하여 사람들은 근사한 모양의 새 차를 원한다(want).

> ▶ 욕구
> 사람들의 개인적 필요

　욕망(wants)은 바라는 것 혹은 바라는 경험이다. 욕망은 욕구와 거의 관계가 없다. 우리의 욕구 충족이 우리의 개인적 기본요구를 만족시키는 반면에 욕망은 우리가 가져야만 하는 것과 거의 또는 전혀 관계가 없다. 사람들은 흔히 그들이 진정으로 필요하지 않은 것들을 원한다. 이 사실이 경제를 이끌어 가는 데 도움을 주기는 하지만, 자신이 필요하다고 생각하는 것을 얻을 수 없는 사람들은 실망시키게 될 것이다. 욕구와 욕망은 동기화에 절대적인 역할을 하는 요인이다. 대부분의 사람들은 필요로 하거나 원하는 것을 얻기 위해 기꺼이 열심히 일한다. 욕망은 우리 자신에 대한 이미지와 관계가 있고, 다른 사람에게 우리의 성공 또는 성공이라고 생각되는 것을 표현하고자 하는 바람을 반영한다. 경제적인 어려움

> ▶ 욕망
> 매우 원하는 사물이나 경험

을 가지고 있는 판매원이 우연히 거금을 얻게 되었을 때, 아주 좋은 명품시계를 구매할 수도 있다. 자신이 성공적이라는 것을 스스로 또는 다른 사람들에게 보여 주고자 하는 판매원의 욕망은 집세를 지불해야 한다는 생각을 떨쳐 버리게 할 것이다.

욕구와 욕망의 이해를 전문직 환경에 있어서의 동기에 적용할 때 자주 오해가 발생한다. 직원들이 필요로 할 것이라고 경영자 측에서 생각하는 것이 실제로 직원들에게는 거의 중요하지 않거나 동기부여 효과를 내지 못할지도 모른다. 비번인 날에 출근한 직원이 초과시간까지 근무해야 한다면, 비번인 것은 거의 또는 전혀 동기부여적 가치를 가질 수 없다. 상대방의 기대와 지각을 이해하고자 할 때처럼 부정확한 분석이 이루어질지도 모른다.

동기화 요소

여러 해 동안 사람들의 동기를 이해하기 위해 노력해 온 사람들이 있다. 이들은 무엇이 사람들을 동기화시키는지 완전하게 이해하기 위하여 수많은 연구들을 해 왔다. 동기화는 긍정적일 수도 있고 부정적일 수도 있다. 긍정적인 동기화는 여행 안내자가 자유여행의 자격을 얻기 위해 충분할 정도로 많은 여행 예약을 받으려고 동기화되는 것이다.

부정적인 동기화는 굶어 죽을 정도로 체중을 줄이려는 식으로 동기화되는 것이다. 결과가 긍정적이든 부정적이든 모든 행동에는 그런 행동을 하게 만든 동기가 있다.

성인들 사이에서의 동기화 요소로는 흔히 다음과 같은 것들이 있다.

- 스스로에 대한 존중
- 도전적인 일
- 경영자 측으로부터의 격려
- 재정적 안정
- 창의성을 표현할 기회
- 직업 안정성
- 승진 기회
- 통합화된 작업환경
- 높은 수익
- 프로젝트 완성
- 다가오는 휴가
- 다른 사람들로부터의 인정
- 고객과의 긍정적인 관계

모든 성인들이 이런 모든 상황에 의해서 동기화되는 것은 아니나, 이 상황 중 많은 것들이 목표에 초점을 두고 목표를 달성하도록 추진시키는 힘이 된다. 사람들은 그들의 개인적인 동기화 요인에 친숙해져야 한다. 고용주는 직원들을 동기화하는 요인의 다양성을 잘 알지 못하는 대신에 직원들의 봉급에 의해 실현되는 동기에는 너무 많은 관심을 둔다. 기업이 직원들의 봉급 수준을 향상시킬 수 없을 때 고용주는 직원

들의 동기가 사라질 것이라고 생각할 것이다. 그러나 많은 사람들은 그들의 수입에 의해서 기본적 욕구가 충족되는 한, 봉급 이상의 다른 요인들에 의해 더 많이 동기화된다는 것을 보여주는 연구들이 있다.

우수직원 인정제도는 잘못 이해될 수 있는 또 다른 동기화 요인이다. 어떤 제조회사가 뛰어난 직원들에게 특별 점심과 기념 찻잔을 수여함으로써 이들의 노고를 인정해 주는 식의 프로그램을 개발하고 있었다. 어떤 직원은 상사로부터 특별한 인정을 받는 영광을 얻었지만 회사가 이 사실을 다른 직원들에게 공표하지 않았다는 것을 알고 실망했다. 직원 스스로 자신의 입으로 그 사실을 퍼뜨리지 않는 한 동료들은 그 영예에 대해 들을 수 없는 것이다. 이것은 영예로부터 유발되는 동기를 감소시킨다.

직원 사기 진작시키기

사기(morale)란 업무나 상관, 회사에 대한 개인이나 집단의 감정 또는 태도이다. 직원들이 그들의 일에 대해 좋은 감정을 가지고 있을 때, 만족감이 높을 때, 직업의 안정성이 높을 때 사기가 높다. 사기가 높으면 직원들의 충성도와 업무 헌신도도 높다. 높은 사기는 경영자 측의 지지, 통

▶ 사기
직업, 관리자, 회사 등에 대한 개인이나 그룹의 감정이나 태도

합된 작업환경, 개인·부서·기업의 성공 등에 의해 만들어진다. 직원들의 사기가 높으면 생산성이 향상된다. 직원들은 자신의 상황에 대해 긍정적으로 느끼기 때문에 일에서 실수를 덜하고 회사에 더 많은 기여를 하려 할 것이다.

직원들, 때로는 경영자 측이 그들의 업무와 조직에 대해서 긍정적인 감정을 가지고 있지 않을 때는 직원들의 사기가 낮아진다. 무능한 경영, 자신의 불만족을 다른 사람들과 나누는 부정적인 직원들, 기업의 불확실한 미래, 해고에 대해 떠도는 루머, 과도한 업무 또는 초과근무, 기대했던 것보다 더 작은 봉급인상 등이 사기를 저하시킨다. 사기저하는 장기결근, 비전문가적 행동, 높은 이직률 등을 초래한다. 사기저하는 수정하기가 어렵다. 사기가 낮다는 것을 설령 관리자가 알고 있더라도 이것을 수정하는 것은 사실 쉬운 일이 아니다.

텔레비전 뉴스에 어떤 회사가 다음 몇 달 이내에 수많은 직원들을 해고할 것이라는 뉴스가 발표된다면 직원들의 사기가 떨어질 것이다. 만일 직원들이 고용의 미래에 대해 확신하지 못한다면 조직과 조직의 모든 사람에 대해 긍정적인 감정을 가지기 어려울 것이다.

그룹 과제

팀원들과 함께 모여 사기의 개념에 대해 논의하라. 사기는 직업, 관리자, 회사 등에 대한 개인 또는 그룹의 감정이나 태도라는 것을 기억하라. 여러분의 사무실이나 회사의 사기 수준은 어느 정도인가? 만일 사기가 높다면 무엇이 회사에 대한 전반적 만족을 높이는 데 기여할지 결정하라. 사기가 낮다면, 무엇이 이런 결과를 초래했을지 생각해 보라.

사기가 높든지 낮든지 간에, 이런 결과를 초래한 요인들을 나열하고 이를 팀원들과 논의해 보라. 만일 사기가 낮다면 사기를 높이기 위해 여러분의 팀이 할 수 있는 것은 무엇인가? 만일 여러분이 사기가 높은 회사나 조직에서 일할 수 있는 행운을 가졌다면, 그건 축하받을 일이다. 사기가 직장에서의 행복을 결정하는 유일한 요인은 아니라도, 직원의 사기에 관심을 갖는 것은 매우 중요하다.

자아개념과 동기화

자아개념과 동기화는 다른 사람들과 함께 일하면서 생산성을 향상시켜야 하는 경우에 문제가 된다. **자아개념**(self-concept)이란 사람들이 그 자신을 보는 방식, 그리고 타인들이 그를 본다고 스스로 생각하는 방식을 말한다. 강한 자아개념을 가진 사람은 긍정적인 방법으로 자신의 능력을 볼 수 있다. 그런 사람은 다른 사람의 확인을 구할 필요가 없다. 그들은 자신의 내부에서 스스로에 대한 확신을 발견한다. 긍정적인 자아개념 은 전문가적 방법과 생산적 방법으로 다른 사람들을 다루는 데 필요한 자신감을 갖도록 해 준다. 고객서비스 담당자는 긍정적인 자아개념을 발달시키도록 노력해야 한다. 화난 고객은 자신의 문제를 해결하는 데 도움을 주고자 하는 사람에게 자신의 욕구불만을 표출한다. 이런 일이 일어났을 때 열등한 자아개념을 가진 사람은 고객의 말이나 행동을 자기 개인에 대한 것으로 받아들이기 쉽다. 긍정적인 자아개념은 고객의 행동을 올바른 견해를 가지고 파악하는 데 필요한 준비를 갖추는 것이다.

불행히도 많은 사람들은 긍정적인 자아개념을 가지고 있지 않다. 사회는 우리 앞에 수많은 비현실적인 완벽함의 예를 제시한다. 대중매체들이 우리에게 계속 보여 주는 것은 진실로 행복하기 위해서 우리는 매력적이고, 키가 크고, 날씬하고, 재치 있고, 부유하고, 모든 면에서 완벽해야 한다는 것이다. 만일 우리가 이상적으로 생각하는 것에 못 미친다면 우리는 어떻게 긍정적인 방법으로 세상과 상호작용할 수 있겠는가? 이것은 오늘날 대부분의 사람들이 직면하고 있는 도전이다.

대중매체가 설정한 모델에 의해 영향을 받지는 않으나 부정적인 사람들에 둘러싸인 사람도 있다. 부정적인 사람들은 다른 사람들의 자아개념을 쉽게 깎아내릴 수 있다. 누군가가 내게 나쁜 사람이라고 말했다면 무엇 때문에 그들을 믿어야 하는가? 자아개념에 대한 긍정적 인식이 낮은 사람은 자신을 보는 방법을 변화시킬 힘을 가지고 있는 것은 그 자신뿐이라는 것을 인식해야 한다.

자아개념 향상시키기

모든 사람은 자신의 자아개념을 향상시킬 능력을 가지고 있다. 다른 사람이 자신을 어떻게 보는가에 대해 다른 사람이 영향을 줄 수는 있어도 변화는 자신의 내부에서 시작되어야 한다. 자아개념을 향상시킬 첫 번째 단계는 자기평가를 실시하는 것이다. **자기평가**(self-assessment)는 자기 개인의 강점과 약점을 확인하는 개인적 평가이다.

자기평가는 사람들이 그들 스스로와 그들의 행동을 변화시키지 않는 경우에 자신이 어디로 향하고 있는지를

▶ **자기평가**
개인의 강점과 약점을 확인하는 개인적 평가

파악하게 도와준다. 자기평가는 정직하게 수행되어야 하고 정확하게 행해지지 않으면 안 된다. 자신이 무시되었다거나 '운이 나빴다'고 믿는 식의 설명은 자기평가에 적절하지 않다. 변명이나 비난은 정확한 자기평가를 수행하는 데 도움이 되지 않는다.

자기평가를 수행하기 위해 자신에게 다음 질문을 해 보라. 그리고 여러분의 대답을 종이나 컴퓨터에 기록하라.

1. 나의 강점은 무엇인가?_ 일을 잘했을 때 다른 사람들로부터 어떤 칭찬을 받는가? 나는 어떤 면에 유능한가?
2. 나의 약점은 무엇인가?_ 어떤 활동을 수행할 때 특히 자신이 없는가? 내가 저지른 실수에 대해 변명을 하거나 자주 다른 사람을 비난하는가? 시작한 것을 잘 끝내는 편인가? 너무 자주 '예' 라고 말하는가?

집단 활동에 있어서 내 능력에 맞는 일을 하고 있는가?

3. 나는 나 자신을 어떻게 보는가?_나는 의존적인가? 다른 사람들 앞에
   서 말을 잘하는가? 유머감각은 어떤가? 나는 나 자신의 어떤 면을
   가장 좋아하고 어떤 면을 가장 싫어하는가? 나 자신에 대해 한 가지
   를 변화시킬 수 있다면 어떤 것을 변화시키겠는가?

4. 나는 무엇을 좋아하고 싫어하는가?_어떤 종류의 활동을 즐기는가? 일
   할 때 한 자리에 앉아 있는 것을 좋아하는가 혹은 이곳저곳으로 돌
   아다니기를 좋아하는가? 고등학교나 대학에 다닐 때 가장 좋아한
   과목은 무엇인가?

5. 나는 목표를 설정하고 이를 달성하기 위해 일하는가?_나는 성공적으로
   과제를 달성하는 것을 자랑하는가?

자기평가를 하는 것만으로는 충분하지 않다. 평가 후에 기록된 정보
를 평가해야 한다. 이후에 결론을 내리고 미래를 위한 계획을 발달시
키는 것이 유익하다. 여러분이 자기평가를 할 때 기록한 응답들을 검
토해 보라. 이 응답 중에 마음에 드는 특정 부분이 있는가? 여러분이
여러분의 강점과 약점에 대한 결론을 내리고, 목표를 설정할 때 여러
분의 강점과 약점을 고려한다면 미래는 더욱더 생산적이 될 것이다.

자기평가 결과가 완전히 마음에 들지 않아도, 여러분은 자신에 대해
가치 있는 새로운 정보를 얻은 것이다. 우리가 누구이고 다른 사람들
이 우리를 어떻게 보는지를 인식하기가 어렵기 때문에 대부분의 사람
들은 자신에 대해 거의 잘 모른다. 우리의 실패에 대해 변명하고 누군
가에게 주변 상황을 비난하는 것이 훨씬 더 쉽다. 여러분의 자기평가
에서 나타난 부정적 정보에 대해 깊이 생각하지 말라. 여러분의 긍정
적 측면을 강조하는 목표를 세우고, 향상시킬 필요가 있는 분야를 향

상시키는 방법에 대해 탐구하도록 하라. 무엇보다도 먼저, 세상에 하나뿐인 있는 그대로의 자신을 받아들여라.

> *"성공은 개인적으로 최고점에 도달하는 것이다."*
>
> _Elaine Harris

자아개념을 향상시키기 위한 10가지 비결

여러분의 자아개념을 향상시키고자 한다면 다음의 비결을 시도해 보라.

1. 여러분 자신을 성공한 사람으로 보라 _ 모든 개인은 사회에 나름대로의 특별한 기여를 한다. 자신을 성공한 사람으로 보는 사람들은 그 결과로 다른 사람들과 상호작용할 때 더 자신감 있게 행동할 것이다. 여러분 자신을 성공한 것으로 보는 것은 여러분의 행동에 영향을 미친다. 대부분의 경우에 여러분의 마음속에서 그러한 방식으로 자신을 보기 때문에 여러분은 성공한 사람으로서 행동할 것이다. 성공한 사람의 복장을 갖춤으로써, 여러분은 다른 사람에게 작은 것에까지 관심을 쏟는 사람으로 비춰질 것이다. 단정하지 못하거나 극히 눈에 띄는 외관을 보여 주는 사람은 다른 사람에게 자신이 신뢰성이 부족하거나 다른 사람과 잘 조화할 수 없다는 메시지를 보내는 것이다.

2. 긍정적인 사람과 시간을 보내라 _ 긍정적인 사람은 그들이 함께 시간을 보내는 사람에게 격려를 하는 경향이 있다. 긍정적인 사람과 지내다 보면 긍정적인 말을 더 많이 들을 것이고 좀 더 긍정적인 방법으로 생각하게 될 것이다. 긍정적인 사람은 무엇이 일어날 수 없는

가를 보는 것이 아니라 무엇이 일어날 수 있는가를 본다. 인생의 밝은 면을 보는 사람은 우리 스스로가 성공가능성을 잘 보지 못할 때 조차도 우리가 성공할 수 있음을 알려 줄 것이다.

3. 제대로 먹어라_ 바쁜 생활의 문제 중 하나는 건강에 도움이 되는 음식을 못 먹게 되는 유혹이다. 우리는 책임을 다하는 문제 때문에 건강을 무시하게 되기 쉽다. 만일 시간이나 장소의 제약으로 자주 패스트푸드점에서 먹게 된다면 가능한 한 가장 건강한 음식을 선택하라. 커피, 탄산음료, 막대사탕 등 너무 많은 카페인은 감정의 기복을 심하게 한다. 매일 6~8잔의 물을 마시도록 하라. 물은 여러분의 신체를 정화해 줄 것이고 너무 많은 카페인으로부터 자주 발생하는 감정의 기복을 피하도록 도와준다. 만일 쉬는 시간에 간식을 먹고 싶은 유혹이 너무 크거든 미리 집에서 영양분 있는 스낵을 가지고 와라. 당근, 샐러리, 건포도, 과일, 무지방 과자 등은 다음 식사 때까지 배고픔을 잊도록 하는 데 도움을 줄 수 있다.

4. 과제를 작은 단계로 분류하라_ 때때로 어떤 과제는 너무 거대하고 압도적으로 보이기 때문에 몰입하기가 어렵다. 일을 시작하는 좋은 방법은 과제를 몇 개의 작은 단계로 분류하는 것이다. 만일 일사분기의 보고서를 써야 한다면 겉장을 쓰는 것부터 시작하라. 그러고 나서 전체 윤곽을 만들라. 보고서의 완성을 우선사항으로 하라. 그러나 그것을 여러 단계로 분류하는 것을 한 번에 완성하라. 이것은 좀 더 일을 조직화하는 데 도움을 줄 것이다. 최고의 효율로 일하고 일을 실행할 수 있도록 컴퓨터, 정보시스템, 글쓰기 작업, 메시지 시스템 등 모두를 확실하게 조직화하라.

5. 충분한 수면을 취하라_ 대부분의 성인들은 하루 평균 8시간의 수면이 필요하다. 여러분에게 적절한 수면량은 얼마인지 파악하라. 만

일 피곤한 채로 깨어나거나, 자명종 시계 없이는 일어나지 못하거나, 낮에 시간이 갈수록 몸이 축축 늘어진다면 아마도 여러분은 더 많은 수면이 필요한 상태일 것이다. 일주일 동안 매일 밤 30분 일찍 침대에 들어가도록 하라. 만일 그래도 피곤하다면 평상시의 취침시간보다 45분 일찍 침대로 가도록 하라. 다양한 양의 수면시간을 실험해 봄으로써 여러분의 몸이 어느 정도의 수면을 필요로 하는지 알아낼 수 있다. 생활이 바쁘면 일정한 수면 스케줄을 유지하기가 어렵다. 그러나 일정한 수면을 취하는 경우의 이점을 보면 그럴 만한 가치가 있다. 잘 휴식한 사람은 피곤한 사람보다 인내심이 많고, 더 잘 집중하고, 더 생산적이다. 잘 쉬었다는 감정은 여러분의 자아가 고양되도록 돕는다.

6. 자신의 성공을 보상하라 _ 여러분이 자랑스럽게 여기는 것을 성취했을 때 여러분 자신에게 보상하라. 우리들 대부분은 종종 우리가 일을 잘 해 냈다는 것을 안다. 그러나 자신을 칭찬하는 것은 자주 잊어버린다. 축하하기 위해 여러분 자신(그리고 친구를)을 점심에 초대하고, 여러분이 즐기는 것을 하는 데 시간을 할애하고, 어떤 것을 잘했다는 만족감으로 미소 지어 보라. 어떤 사람들은 그들의 성취를 기록하는 것이 좋은 방법이라는 것을 발견하기도 한다. 이 기록은 특별한 파일이나 리스트가 될 수 있다. 할 수 있는 것 대신에 할 수 없는 것에 초점을 두는 사람들이 너무나 많다. 우리 스스로의 성공을 인정하고 보상함으로써 우리가 무엇에 유능한지를 알 수 있고 성취감을 얻을 수 있다.

7. 자신에게 긍정적으로 말하라 _ 모든 사람들은 자주 자신에게 말한다. 불행하게도 우리가 우리 자신에게 말하는 것이 항상 긍정적인 것은 아니다. 크게 말하든지 조용하게 말하든지 간에 부정적인 것을 말

함으로써 우리는 스스로의 부정적인 생각과 아이디어를 강화시키게 된다. 우리는 또한 두려운 문제가 발생하는 것을 상상하기도 한다. 이것은 우리의 능력을 의심하게 하고 부정적인 문제에 너무 많은 관심을 집중하게 한다. 여러분 자신에게 긍정적으로 말하도록 하라. 차 안에서나 집에서 크게 말하라. 그리고 다른 사람이 주위에 있을 때는 조용하게 말하라. 여러분이 직면한 도전을 다룰 수 있다고 자신에게 말하라. 여러분 자신의 격려자가 되라. 여러분 자신에게 "당신은 할 수 있다!"라고 말할 때 여러분은 큰 일을 성취할 수 있다.

8. **누군가에게 도움이 되는 일을 하라** _ 누군가를 위해 도움될 일을 하는 것은 우리 자신을 위한 것이기도 하다. 누군가를 도움으로써 우리는 누군가의 필요에 관심을 집중시킬 수 있다. 이타적인 행동이 자아를 고양시킨다는 사실은 오랫동안 인정되어 왔다. 신입사원이 요령을 배울 수 있도록 도와주라. 누군가를 위해서 문을 열어 주라. 아픈 친구에게 저녁식사를 대접하라. 휴가를 간 이웃의 개를 산책시켜라. 고객을 위해 작지만 추가적인 서비스를 하라. 여러분이 누군가를 위해서 하는 모든 것이 여러분에게 내적인 보상을 줄 것이다. 여러분은 행해진 그 어떤 것에 대해 기분 좋은 느낌을 갖게 될 것이다. 그 행동에 대한 보답을 받는지 안 받는지는 중요하지 않다. 여러분이 그것을 했다는 것, 이것이 중요한 것이다.

9. **운동하라** _ 점점 더 많은 기업이 직원들의 건강이 중요하다는 것을 알고 있다. 회사가 적절한 건강 프로그램을 가지고 있지 않더라도 여러분은 자신의 건강을 꾸준하게 향상시켜 갈 수 있다. 운동을 하면 에너지 증가, 질병과 고통의 감소, 가치 있는 명상시간 확보 등의 긍정적 결과들을 얻을 수 있다. 건강한 직원은 중요한 업무를 놓치는 일이 드물고 좀 더 긍정적인 태도를 가지고 도전에 맞서는 경

향이 있다. 건강 카운셀러들은 새로운 건강 식이요법을 시작하기 전에 항상 의사의 자문을 얻으라고 권한다. 생활이 바빠 운동하는 시간을 내기가 어려울지도 모른다. 그러나 단 몇 분의 스트레칭도 유익할 수 있다. 직장인들에게 적절한 운동시간은 주로 아침이다. 하루가 막 시작될 때는 운동을 방해하는 일들이 잘 일어나지 않는다. 운동을 여러분의 일상생활 중 하나로 만들기 위해서는, 운전하는 대신 걸어라. 엘리베이터 대신 계단을 이용하라. 책상에서 스트레칭 운동을 하라. 일과 후에 친구나 연인과 함께 산책을 하라. 운동은 여러분이 육체적으로, 감정적으로 더 좋은 느낌을 갖도록 도와줄 것이다.

10. **새로운 것을 배워라**_새로운 것을 배우기에 너무 늦은 시기라는 것은 결코 없다. 평생학습의 사고를 갖는 것이 성인들 사이의 새로운 경향이다. 평생학습이란 우리가 모든 대답을 알고 있다거나 새로운 아이디어를 인식하기에 너무 나이 들었다는 생각을 결코 하지 않는 것을 의미한다. 기술에 있어서의 변화와 더불어 우리는 전보다 더 많은 추가적 훈련의 필요성을 느끼고 있다. 새로운 것을 배우는 것은 새로운 지식을 얻는 것에 더하여 새로운 사람을 만나고, 새로운 아이디어를 탐구하고, 새로운 기술을 연습할 기회를 준다. 주변에서 학습기회를 발견하기 위하여 전문서적을 읽고, 새로운 소프트웨어 프로그램을 배우고, 평생교육대학에 등록하고, 고급학위를 추구하고, 테이프로 되어 있는 책을 듣고, 여러분이 어떻게 하는가 항상 알고 싶었던 것을 배우는 데 시간을 투자하라. 여러분의 학습이 여러분의 직무에 직접 적용되지 않는다 할지라도 여러분은 지식의 기초를 넓히고 있는 것이며 이것은 매일의 업무에 새로운 자신감을 줄 것이다.

자발적 동기화

고객서비스는 종종 감사를 받지 못하는 직업이다. 불행하게도 고객들은 주로 문제가 있을 때나 화가 났을 때 우리에게 온다. 뛰어난 고객서비스를 달성하기 위해서는 상황을 제대로 보는 능력과 자신을 동기화시키는 능력을 가져야 한다. 여러 해 동안 동기화에 대해 연구한 행동과학 연구자들의 기본적 결론 중 일부는 몇 가지 핵심 공통 사항들을 가지고 있다. 가장 명백한 것은 우리 모두는 어떤 것을 하도록 스스로를 유도하는 동기화 기제를 가지고 있다는 것이다. 즉, 우리는 개인적으로 우리 자신을 동기화시킬 능력을 갖고 있다는 것이다. 이것은 때때로 우리가 얻고자 하는 유일한 동기가 되기도 하다.

그러면 사람들은 어떻게 자기 자신을 동기화시키는가? 다음 7단계가 좋은 출발점이 될 것이다.

1. 여러분이 매일 볼 수 있도록 직장에 여러분을 동기화시키는 인용문들을 붙여 놓아라. 긍정적인 메시지로 둘러싸여 있을 때는 가장 도전적인 고객들조차 여러분의 기분을 꺾기가 어려울 것이다.

2. 자아개념을 향상시키기 위한 비결을 따라 하라. 강한 자아개념을 발달시킴으로써 여러분은 내적으로나 외적으로 여러분 자신에 대해 긍정적으로 느낄 수 있을 것이다.

3. 목표를 설정하고 이를 달성하도록 노력하라. 목표에 계속 중점을 둠으로써 여러분은 목표를 더 많이 달성할 수 있고 성취한 것에 더 크게 만족할 수 있을 것이다.

4. 동기를 부여하는 책을 읽거나 이것이 테이프에 녹음되어 있는 것을 들어라. 운전을 할 때나 걸을 때나 일할 때 등 이런 일을 할 수

있는 기회를 찾아라. 테이프를 다 들은 후에도, 여러분에게 동기
화 메시지가 계속 남아 있을 것이다.

5. 기력이 떨어지는 날이 있다면, 마치 에너지가 충만한 것처럼 걷고
말하고 행동하라. 머지않아 여러분은 여러분이 피곤하다는 것을
잊을 것이고 기분도 좋아질 것이다.

6. 여러분의 유머감각을 발달시키고 다른 사람들에게 이것을 보여
주어라. 기분 좋은 웃음은 여러분과 여러분 주위의 사람들을 유쾌
하게 만들고 동기화시키는 데 도움을 줄 것이다.

7. 재미있게 놀아라! 동기화된 사람들은 목표를 달성하고, 자신에
대해 기분 좋게 느끼고, 인생을 즐긴다.

스스로를 동기화시키는 이 7단계를 따름으로써 여러분은 동기화된
사람이 되는 긍정적인 여행을 시작할 것이다. 다른 사람을 동기화시키
는 사람으로서의 역할을 하라. 그러면 다음에는 그들이 여러분을 동기
화시켜 줄 것이다.

"좋은 친구는 여러분의 건강에도 좋다."

_Irwin Sarason

팀워크

최근의 *USA Today*는 직원들이 업무를 혼자 맡아 하는 것보다 팀을 이루어 같이 하는 것을 더 좋아한다는 내용의 기사를 실었다. **팀워크**(teamwork)는 전체의 효율성을 향상시키기 위하여 함께 일하는 것을 의미한다. 많은 직원들에게 팀워크의 아이디어는 매력적인데, 이는 모든 책임을 한 개인에게 지울 때는 경험할 수 없는 업무에 대한 통합적인 접근을 직원들이 경험할 수 있기 때문이다. Dale Carnegie & Associates를 위해 시행된 조사에 따르면, 직원들이 팀워크를 더 선호하는 이유는 다음과 같다.

- 더 낮은 스트레스 ─72%
- 업무의 질 향상 ─67%
- 태도 개선 ─67%
- 수익성 증가 ─67%
- 생산성 증가 ─66%

팀워크가 모든 상황에서 효과를 보여 주는 것은 아니다. 그러나 팀워크가 적절하게 이루어지는 상황에서는, 직원들의 사기가 증가하고 좀 더 긍정적이고 동기화된 업무 경험을 할 수 있다.

감사 표시와 타인 동기화

때때로 어떤 사람을 가장 동기화시키는 행동은 그에게 감사함을 표시하는 것이다. 고맙다고 말하는 것은 전혀 비용이 들지 않지만 측정할 수 없는 큰 보상을 가져올 수 있다. 일부 기업들은 고마움을 표현하는 것이 가져올 이점을 인식하지 못하는 반면, 직원들이 함께 일하고 싶어 하는 많은 경영자와 기업들은 그 엄청난 힘을 알고 있다.

사람들은 그들의 노력이 제대로 인정받고 있는 것을 볼 필요가 있다. 직원들이 일을 잘했다는 것 그리고 업무를 완성하기 위해 그들이 많이 노력했다는 사실을 널리 공지하게 되면, 그것은 업무를 계속 잘할 수 있도록 격려하고 동기화하는 힘이 된다. 많은 기업들은 직원에게 금전적인 보상을 할 재정적인 자원이 충분하지 않아서 고민할지도 모른다. 그러나 직원들은 경영자가 자신에게 감사를 표하는 데 얼마나 많은 돈을 들였는가에는 관심이 없다. 그보다는 '고맙다' 는 말이 의미하는 것, 즉 '자신의 노력과 능력이 인정받았다' 는 것을 고맙게 여긴다.

큰 돈을 들이지 않고 직원들에게 감사의 마음을 표현하는 데에는 다음과 같은 방법들이 있다.

- 점심식사 시간을 15분 연장한다.
- 어떤 개인이나 집단의 특별한 노력을 칭찬하기 위해 전 부서에 도너츠를 돌린다.
- 개인적으로 감사의 편지를 보낸다.
- 특별 이벤트에 참가할 수 있는 티켓을 준다.
- 부서나 기업 뉴스레터에 해당 직원의 기여 사실을 알린다.

- 어떤 직원 기념일을 지정하고 전 직원이 캐주얼 차림으로 출근하게 한다.
- 특정 직원에게 퇴근시간 교통난을 피할 수 있도록 조기퇴근을 허용한다.

대부분의 직원들은 그러한 감사의 표현을 고맙게 여긴다. 고맙다는 표현 이면에 있는 동기화의 의도를 직원들이나 부서가 알게 된다는 것이다. 직원들은 자신들을 팀의 일원으로 데리고 있는 것을 경영진이 기뻐하고 있다는 것을 알고, 자신들의 업무와 업무 기여에 대해 훨씬 더 자랑스럽게 생각하게 될 것이다.

핵심용어

동기화	사기	욕구
욕망 자기개념	자기평가	팀워크

OX 퀴즈

1. 대부분의 사람들을 동기화시키는 요소는 똑같다.
2. 유머는 매일의 근무현장에서 필요한 동기화 요소가 아니다.
3. 우리의 개인적 필요는 욕구에 해당한다.
4. 욕망과 욕구는 거의 관계가 없다.
5. 사기가 높은 것은 장기 결근과 높은 이직을 초래한다.
6. 강한 자기개념을 가진 사람들은 지지를 얻기 위해 다른 사람에게 의지해야 한다.
7. 운이 나쁜 것은 목표달성을 못한 것에 대한 효과적인 변명이 된다.
8. 사람들은 자신의 자기개념을 향상시킬 수 있는 능력을 갖고 있다.
9. 동기화시키는 책을 읽는 것은 사람들의 자기개념을 향상시키는 데 도움을 줄 수 있다.
10. 자신의 진가를 인정받는다는 감정이 직업만족도를 높이는 것은 아니다.

1. 직원들을 동기화시키는 데 유머가 어떻게 도움을 줄 수 있는가?

2. 욕구와 욕망의 차이는 무엇인가?

3. 여러분 자신의 욕구와 욕망들을 열거해 보라. 어떤 욕구와 욕망이 여러분을 가장 동기화시킨다고 생각하는가?

4. 동기화 요소 중 성인들 사이에 가장 공통적으로 나타나는 요소는 어떤 것인가?

5. 여러분 개인에게는 어떤 동기화 요인이 가장 중요한가?

6. 어떤 요인들이 직원의 사기를 저하시키는가?

7. 여러분은 왜 그렇게 많은 사람들이 빈약한 자아를 가지고 있다고 생각하는가?

8. 여러분 자신의 자기평가를 실시하라.

9. 건강한 식생활이 개인의 자아를 어떻게 향상시킬 수 있는가?

10. 자발적 동기화를 위해 할 수 있는 일은 무엇인가?

서비스 기술 구축

인간관계

다른 사람과 효과적으로 상호작용하고 타인을 동기화시키는 능력은 고객서비스 담당자가 발달시켜야 할 중요한 기술이다. 인간관계 기술을 향상시키려고 노력함으로써 고객서비스 담당자는 스스로 긍정적인 내적, 외적 고객경험을 준비할 수 있다.

다음 인간관계 시나리오에 대한 적절한 해결책을 토론하고 결정하라.

- 여러분의 회사는 모든 직원들이 고객요구에 반응할 때 회사 규정을 고수하도록 하고 있다. 몇 달 전에 여러분은 그 규정을 적용하지 않고 한 고객의 신용거래를 확대시켜 주었는데 오늘까지 그 사건을 잊어버리고 있었다. 그런데 다른 고객이 신용거래 확대를 요구하기 위해 전화를 걸었다. 여러분이 회사 규정을 인용하면서 고객의 요청을 거절했을 때, 그 고객은 여러분이 다른 고객에 대해서는 해당 규정을 적용하지 않았던 것을 알고 있다고 말했다. 고

객과 회사 모두가 행복하려면 이 상황에서 여러분이 어떻게 해야 하겠는가?

- 최근에 여러분 부서 직원들의 사기가 저하되고 있음을 여러분은 알고 있다. 직원들은 회사에 지각하고, 근무시간 중에 개인적인 전화를 많이 걸며, 전에는 문제가 되지 않던 것들에 대해 불평하고 있다. 여러분은 실질적인 권한을 가지고 있지 않다. 동료들의 사기를 고양시키고 여러분의 부서를 좋은 일터로 만드는 데 여러분이 어떤 도움을 줄 수 있겠는가?

- 지난주에 여러분은 한 고객의 문의사항에 대답해 준 적이 있다. 고객은 그 대답에 만족하지 않고 계속 화가 나 있었다. 오늘 여러분은 그때 한 대답이 잘못된 것이었다는 것을 알게 되었다. 사실 옳은 대답은 고객이 주장하던 것이었다. 여러분은 어떻게 전문가로서의 품위를 유지하면서, 고객을 만나 올바른 대답을 전달할 수 있는가?

고객서비스와 윤리

당신은 최근에 한 지방대학의 회계부서에 일자리를 얻었다. 당신은 자신이 어떤 문제를 해결할 때 상대와 공감할 수 있는 능력이 뛰어나기 때문에 고용되었을 것이라고 믿고 있다. 오늘은 출근 첫날인데 한 동료가 와서 '당신 때문에 내가 위기상황에 빠질 일은 없을 거예요' 라는 쓴 메모를 붙여놓고 갔다. 당신은 어떻게 반응할 것인가?

<table>
<tr><td>고객서비스 실무 도전 **8**</td><td>기업의 뉴스레터 준비</td></tr>
</table>

도전목표

1. 고객서비스에 대한 학생들의 이해를 개별화하기

2. 고객서비스에 대한 이해를 적극적으로 설명하는 기회를 제공하기

3. 완성된 뉴스레터를 다른 사람에게 성공적으로 제시하기

직접 해 봅시다

여러분이 선택한 회사를 위한 뉴스레터를 준비하라. 이 뉴스레터는 창의적이어야 하고 직원들의 고객서비스를 어떻게 향상시킬 것인가에 관한 제안들로 채워야 한다. 뉴스레터는 최소 2쪽에서 최대 4쪽 분량이어야 한다. 여러분이 실제 회사로부터 뉴스레터를 받아 그 뉴스레터의 스타일, 내용, 편집기술 등을 관찰하면서 검토하라. 여러분이 읽고 싶은 뉴스레터를 만들도록 하라.

프레젠테이션

편지 형태로 여러분의 회사 뉴스레터를 만들라. 뉴스레터는 타이핑되어 있어야 한다(원한다면 그림을 넣을 수 있다). 또한 직원들이 읽고 싶은 생각이 들게 창의적으로 만들어야 한다. 뉴스레터에는 다음 사항들을 포함한다.

1. 뉴스레터임을 인식시킬 수 있는 로고(여러분 자신의 디자인이나 다른 사람의 것)
2. 뉴스레터 이름
3. 고객서비스에 관한 적어도 하나의 기사
4. 뉴스레터의 편집자로 제시된 여러분의 이름

행복한 창조!

힌트

뉴스레터 만드는 법을 알기 위하여 뉴스레터 마법사를 가진 컴퓨터 프로그램이나 워드프로세서 프로그램을 이용하도록 하라. 이것은 프로그램을 알게 되고, 전문가적인 서류를 쉽게 만드는 좋은 방법이다.

1. X	2. X	3. O	4. O	5. X
6. X	7. X	8. O	9. O	10. X

고객서비스와 리더십

여러분이 누군가에게 줄 수 있는 가장 가치 있는 선물은
그에게 좋은 본보기가 되는 것이다.

이 장의 학습목표

- ☐ 리더십의 정의를 이해한다.
- ☐ 탁월한 리더십의 특성을 파악한다.
- ☐ 자신의 리더십 능력에 대한 자기평가를 수행할 수 있다.
- ☐ 효과적인 목표 설정을 실제로 해 본다.
- ☐ 공식 리더십과 비공식 리더십의 차이를 파악한다.
- ☐ 업무보조도구를 만들 수 있다.
- ☐ 직장에서의 위치와 상관없는 리더십을 이해한다.

리더십의 정의

고객서비스 산업분야에서는 리더십이 아주 많이 필요하다. **리더십**(leadership)은 타인에 대한 영향력이다. 대부분의 뛰어난 기업들은 뛰어난 리더십을 가지고 있는 것으로 알려져 있다. 뛰어난 리더십은 고객에게 상품과 서비스를 제공하는 모든 기업에 요구되는 것이다. 리더십은 어떤 직책을 가지고 있다고 해서 자동으로 생기는 것이 아니다. 기업은 효과적인 리더십 기술을 개발하고 실행해야 한다. 리더십 기술을 개발하려면 먼저 자기 자신의 능력을 향상시키고 자신의 철학을 조직 내의 다른 사람들과 나누기 위해 노력해야 한다.

핵심 관리자가 긍정적이고 확실한 고객서비스 철학을 가지고 있지 않다면 최상의 고객서비스를 제공할 수 없다. 규칙과 규정은 정답이 아니다. 규정은 일에 일관성을 주지만 긍정적인 방법으로 다른 사람에게 영향을 줄 수는 없다. 그리고 부적절하게 제시되면 고객의 눈에 거슬리거나 비우호적으로 보일 수 있다. 리더들은 무엇을 이룰 것인가에 대한 비전을 가지고 있고 주위의 다른 사람들과 이 비전을 공유한다. 뛰어난 리더들은 코치이자 카운슬러, 긍정적인 본보기로서의 역할을 한다. 그들은 그들이 리드하는 사람들이 수행하는 업무를 실제로 수행할 수 있는 기술을 가지고 있다.

리더들은 상호의존적인 환경을 촉진해야 한다. 상호의존적인 환경이란 직원들에게 조직의 성공이 어느 한 개인에게만 책임이 있는 것이 아니라는 점을 계속 상기시키는 것이다. 성공은 전체에 기여하는 모든 참여자들의 통합된 노력의 결과이다. 상호의존성이란 어느 한 개인이 모든 책임을 져서는 안 되는 것, 다른 사람과 같이 이득을 거둬들이지만 자신의 공로를 따로 떼어내지는 않는 것을 의미한다. 이 철학은 누구나 본능적으로 갖추고 있는 것이 아니다. 이것은 조직의 리더에 의해서 창조되고 지속되어야 한다. 상호의존성 철학을 갖추지 못한 경우 '그건 제가 할 일이 아닌데요' 라는 생각을 퍼뜨릴 수 있다. 이런 정신이 자리 잡도록 허용하는 리더는 그 조직을 화합시킬 수 없을 것이다.

리더는 구성원들에게 실질적인 재량권을 부여한다. 그들은 직원들에게 고객을 돕는 일정 범위 내에서 스스로 의사결정을 하도록 허용한다. 뛰어난 리더는 직원들에게 고객과 기업 모두에 이익이 되는 의사결정을 하도록 훈련시킨다. 직원들은 자신의 능력에 자신감을 갖고 실수에 대한 두려움 없이 고객과 함께 열정과 지식을 나눌 수 있다. 뛰어난 리더는 상호의존성, 미래에 대한 비전, 재량권 부여 등을 제시함으로써 뛰어난 고객서비스 문화를 창조할 수 있다.

고객서비스 담당자는 고객들을 대할 때 리더의 역할을 해야 한다. 그들은 고객과의 상호작용을 통해서 정보, 인성, 가치, 열정 등을 고객과 함께 공유한다. 직원들이 상사의 리더십을 필요로 하는 것만큼 고객은 직원의 리더십을 필요로 한다. 고객들을 다음 단계로 리드하는 입장에 있는 사람이 고객을 존중하는 마음으로 대한다면 고객들은 상품과 서비스, 청구금액 계산방법, 특정 상황의 공유, 특별한 욕구 등에 대해 훨씬 더 편안해할 것이다. 고객서비스 담당자는 고객에게 엄청난 영향을

> "리더의 첫 번째 책임은 현실을 파악하는 것이고,
> 마지막 책임은 구성원들에게 고맙다고 말하는 것이다.
> 이 두 책임 사이에서, 리더는 하인이며 채무자가 되어야 한다.
> 리더는 이를 통해 발전할 수 있다."
>
> _Max Depree

미친다. 조직의 모든 사람들은 리더로서의 그들의 역할을 가능한 한 효과적으로 수행할 수 있도록 리더십 기술을 발달시켜야 한다.

나 자신을 알자

리더십은 우리의 마음속에서 시작된다. 우리가 먼저 리더로서의 우리 자신을 파악해야 다른 사람들이 리더로서의 우리 능력을 파악하기 시작할 것이다. 리더십을 갖기 위해서는 먼저 자신에 대해 정확하게 아는 것이 필요하다. 사람들은 자신의 강점과 약점을 알아야 한다. 고객서비스 제공자는 그 후에 비로소 자신의 약점을 극복할 수 있고 강점을 더 다듬을 수 있다. 자기평가는 그리 어렵지 않다. 강점과 약점을 써 봄으로써 고객서비스 제공자는 어디서부터 시작할 것인가를 결정할 수 있다.

리더로서의 여러분 자신을 파악하기 위해서 스스로에게 다음 질문들을 해 보라.

- 나는 얼마나 효과적으로 다른 사람과 관계를 맺고 있는가?
- 나는 시간관리를 잘하는가?
- 나의 가치는 어느 정도인가?
- 나는 필요한 만큼의 지식을 가지고 있는가?
- 나는 내가 알고 있는 정보를 다른 사람과 공유하는가?
- 나의 고객들을 나보다 우선순위에 놓는가?
- 나는 기꺼이 위험을 감수하는가?
- 나는 나 자신을 위해 측정가능한 목표를 설정하는가?
- 나는 소속 부서나 회사의 목표를 위해 기꺼이 일하는가?

- 나는 동료나 상사와 심리게임을 하는가?
- 나는 기분을 우울하게 만드는 부정적인 생각을 허용하는가?
- 나는 다른 사람의 성취를 인정하는가?
- 나는 다른 사람이 호감을 느낄 타입인가?
- 나는 맡은 것보다 기꺼이 더 많이 일하는가?

위 항목들은 고객서비스 담당자들로 하여금 그들의 리더십 기술에 대한 자기인식을 발달시키도록 하는 유일한 질문이 아니라 단지 좋은 출발점일 뿐이다.

어떤 사람도 다른 누군가를 변화시킬 수 없다. 누군가를 변화시키려고 노력하는 사람도 있지만 결국 변화는 그 당사자의 내부에서 시작되어야 한다. 한 관리자는 자기 부서의 벽에 다음과 같은 격언을 걸어 놓았다. "나 자신의 성공은 내 책임이다. 더 이상의 변명은 필요없다."

이 격언은 직원들 각자가 자신을 변화시킬 책임이 있다는 것에 대한 관리자의 생각을 표현한 것이다. 오늘날 기업환경은 매우 경쟁적이다. 누군가를 알고 있기 때문에 성공하는 사람들은 거의 없다. 성공은 개인의 증명된 능력과 실행의지에 달려 있다. 변명은 사람들을 뒤쳐지게 할 뿐이다. 특히 고객은 고객서비스 담당자의 변명을 듣고 싶어하지 않는다. 고객은 자신만의 문제로도 골치가 아플 지경인 것이다. 고객은 문제를 잘 해결할 수 있는 열정적이고 잘 훈련된 고객서비스 담당자와 상호작용하기를 원한다.

뛰어난 리더는 자신감을 가지고 있다. 만일 다른 사람들이 그들을 비난한다면 그들은 비난을 기꺼이 검토해 보고 그 비난이 타당한 것인지를 판단한다. 만일 비난이 타당한 것이라면 그들은 기꺼이 변화를 택하고 이를 통해 더 강해진다. 사람들은 자신감 있는 사람들과 같이 있기를 원한다. 자신감 있는 사람들은 다른 사람들에게 인정받으려 하지 않고 그들 내부에서 승인을 찾는다.

공식 리더와 비공식 리더

조직 내에는 몇 가지 유형의 리더들이 존재한다. 리더를 규정하는 가장 흔한 방법은 공식 리더와 비공식 리더로 구분하는 것이다. **공식 리더**(formal leader)는 공식적 지위의 권한과 힘을 가진 리더이다. 공식 리더는 다른 사람들을 리드하도록 조직에서 선발된다. 그들은 역할을 잘 해낼 수 있도록 특별한 훈련을 받는다. 공식 리더는 책임이 크다. 조직이 공식 리더를 선발했고 이들에게 구체적인 책임을 주었기 때문에 이들은 상사에게 책임을 져야 한다.

　비공식 리더(informal leader)는 공식적인 권한을 가지지는 않는다. 그러나 다른 사람들에게 영향을 줄 수 있는 능력이 있다. 비공식 리더는 경영자 측에 의해서 선발되지 않는다. 비공식 리더와 상호작용하는 사람들은 비공식적으로 그를 리더로 지명한다. 비공식 리더십은 가상적인 역할이다. 어떤 개인이 비공식적으로 리더의 역할을 해 왔거나 부서나 조직 또는 기업 내의 다른 사람들이 그를 리더로 생각하고 그렇게 대해 온 것이다. 비공식 리더는 공식 리더를 도울 수도 있고 해칠 수도 있다. 조직이나 관리자의 목표를 지지하지 않는 비공식 리더는 공식 리더의 노력을 보이지 않게 손상시킨다. 예를 들면, 그들은 다른 직원들을 비협조적으로 만드는 데 영향력을 행사한다. 반면에 공식 리더와 이 리더의 목표를 지지하는 비공식 리더

▶ 공식 리더
공식적 지위의 권한과 힘을 가지고 있는 리더

▶ 비공식 리더
공식적 권한은 없으나 다른 사람에게 영향을 미칠 수 있는 힘이 있는 리더

는 다른 직원들이 함께 일하도록 동기화하는 역할을 수행한다.

공식, 비공식 리더들은 고객서비스 프로그램의 성공에 기여할 수 있다. 공식 리더는 뛰어난 고객서비스를 장려하는 문화를 산출할 수 있다. 그들은 직원들이 적절한 의사결정을 하고, 필요한 것을 실제 수행할 수 있도록 재량권을 부여할 수 있다. 비공식 리더는 고객친화적 문화를 창조하도록 도움을 줄 수 있다. 이와 함께 더 높은 수준의 전문가적 자질을 갖도록 동료들을 동기화시킬 수 있고 사기를 향상시킬 수 있으며, 공식 리더가 어려움을 갖는 부분에서 동료들과 관계를 가질 수 있다.

규모가 큰 어떤 전기회사 직원들이 경영자 측에서 새롭게 요구하는 새로운 철학을 경험하고 있었다. 이 분야에서는 오랫동안 그 기업이 유일한 공공서비스 제공자였으므로 이 조직의 리더는 고객들이 그들과 거래할 수밖에 없다고 항상 공언해 왔다. 이러한 경영자의 철학은 일군의 직원들이 단정치 못한 옷을 입고 마지못해 일하러 오거나, 그들의 진가를 인정받지 못하는 것에 대해 불평하고, 기본적으로 고객을 대단히 성가신 존재로 생각하는 문제를 초래하였다. 상황이 바뀌어 새로운 경쟁상대가 나타나게 되었을 때, 이 기업의 경영자 측은 고객서비스에 대한 그들의 철학을 바꾸게 되었다. 기업의 여러 측면에 대해 별 생각이 없던 관리자가 갑자기 직원들에게 고객서비스의 중요성을 강조하게 되었다. 직원들은 자신들의 행동을 변화시키는 데 관심이 없었다. 그들은 변화에 저항했고 은퇴가 분명해지고 있는 것처럼 상상하게 되었다. 기업의 공식 리더의 말은 철저히 묵살되고 있는 것처럼 보였다.

회사 경영자와 공식 리더들은 절망하지 않고 직원들 사이에서 비공식 리더라고 여겨지는 사람에게 관심을 갖기 시작했다. 거기에는 태도가 긍정적이고 새로운 경쟁상황에 매우 적극적이며 다른 직원들에게 크게 영향력을 미치는 몇 명의 직원들이 있었다. 회사는 이 직원들을

최신 고객서비스 훈련에 초대했고 그 지역 대학의 경영학 과정에 등록하도록 권유하였다. 그리고 이 직원들에게 그들의 동료들을 설득해 달라고 요청했다(직접적인 설득이 아니라 그들의 행동을 통해서). 이런 방법이 즉각적인 효과를 가져오지는 않았으나 일정 기간이 지나자 효과가 나타났다. 직원들은 전문가처럼 옷을 입고 전문가적 태도를 가지고 일하러 나오게 되었다. 기업의 관리자들은 비공식 리더들의 영향이 없었다면 직원들의 태도와 행동에 있어 그렇게 빠른 변화를 얻어 낼 수 없었을 것이라고 굳게 믿게 되었다.

코치와 카운슬러

리더들은 직원들을 리드할 때 코치와 카운슬러로서의 역할을 모두 해야 한다. 그들은 직원들을 훈련시키고 잘못을 지적하여 격려할 수 있어야 한다. 또한 직원들이 어떤 도전에 직면했을 때 이를 도울 수 있어야 한다. 우리는 어릴 때부터 여러 리더들을 만난다. 어릴 때 만나는 가장 초기의 리더는 부모, 선생님, 코치 등이다. 여기서부터 미래의 리더십에 대한 기대가 형성된다.

직원들은 뛰어난 리더를 필요로 한다. 그들은 시종일관 격려를 해 주고 성공하도록 도움을 줄 누군가가 필요하다. 좋은 리더는 높은 기대를 가지고 직원들이 일을 잘하기를 기대한다. 뛰어난 리더는 직원들이 자신을 알아주기를 원한다는 것을 안다. 그들은 직원들을 관찰하고 그들이 성공적일 때와 어려움에 처했을 때를 알아차린다. 리더들은 직원들이 쉽게 성공했을 때보다 실패를 경험했을 때 더 많은 것을 얻게 된다는 것을 알고 있다.

코치로서의 리더는 위임의 가치를 알고 있다. 여기서의 위임은 책임의 할당, 권한 부여, 임무 생성 등을 포함한다. 직원들에게 과제를 위임한다는 것은 직원들이 무엇을 해야 하는지 그리고 그것을 하기 위해 어떤 훈련을 해야 하는지를 알게 되는 것을 의미한다. 직원들은 그 일을 행하는 데 필요한 힘을 가지게 되고 결국은 그것을 해내게 될 것이다. 만일 그들이 일을 해내지 못한다면 그들은 지적을 받게 되고 설명을 하도록 요구받을 것이다. 많은 사람들이 타인과 맞서는 것이 어렵다는 것을 알고 있기 때문에 책임은 위임과 리더십 문제에서 가장 힘든 측면에 속한다. 지적은 부정적일 필요는 없다. 이것은 단순히 추가적인 정보를 얻고 직원들에게 기대하는 것이 무엇인가를 상기시켜 주는 기회이다.

훌륭한 리더는 직원과 기업에 무슨 일이 일어나고 있는가를 빨리 알아차린다. 그들은 일이 잘 되어 가는지 잘 되어 가지 않는지 알고 있다. 그들은 칭찬이나 인정이라는 방법으로 빠른 보상을 제공한다. 훌륭한 리더들은 그들이 뿌린 씨를 항상 거둬들인다. 만일 리더들이 직원을 잘 대한다면 직원들도 리더에게 잘할 것이다.

카운슬러로서의 리더들은 좋은 청취자이다. 그들은 사람들이 서로 상황과 생각을 나누도록 만든다. 그들은 타인을 방해하지 않는다. 새로운 방법에 개방적이 된다는 것은 새로운 아이디어를 환영하고 창의성을 높이는 것이다. 뛰어난 리더들은 정보를 제공한 사람의 특권을 존중하고 지식이 그 제공자에 속한 것임을 분명히 한다. 리더들은 지도와 상담을 적절하게 결합함으로써 다른 사람들이 뛰어난 업적을 얻도록 돕는 것이다.

뛰어난 리더의 특성

뛰어난 리더를 묘사하는 특성은 다양하다. 뛰어난 리더가 되기 위해서 어떤 것들을 취해야 할 것인가에 대해 사람들마다 생각이 다를 것이나, 어떤 경우에도 중요한 몇 가지의 특성이 있다.

뛰어난 리더들은,

1. 타인을 배려하고 존중한다.
2. 전파하고자 하는 것을 앞장서서 실행한다.
3. 일하고 있는 분야에서 전문성을 가진다.
4. 일관성이 있다.
5. 전문가답게 행동한다.
6. 직원들 자신에게 부여된 재량권을 허용한다.
7. 적극적인 지지를 표현한다.
8. 융통성을 보여 준다.
9. 다른 사람들을 위해 시간을 낸다.
10. 품위가 있다.

뛰어난 리더들은 다른 사람들의 업적을 칭찬하기를 두려워하지 않는다. 많은 판매원과 고객서비스 담당자들은 칭찬을 들으면 자신감이 생기고 자신이 유능하다는 느낌을 갖게 된다고 말한다. 단지 평균적인 능력을 가지고 있는 근로자들도 관리자가 그들의 업적을 칭찬하고, 격려하는 방법으로 건설적인 피드백을 주는 집중적 프로그램을 시작한 후에 업무의 질이 향상되었다는 것을 보여 주는 연구들이 있다.

*Selling Power*라는 잡지의 작가인 Joseph Klock은 직원들을 칭찬하기 위해 쓸 수 있는 다음 지침들을 제안했다.

- 기회가 있을 때마다 공공연하게 칭찬하라.
- 여러분이 좋아하지 않는 것을 말하기 전에 좋아하는 것을 먼저 말하라.
- 피드백을 자주 제공하라.

모든 공식 리더가 뛰어난 리더는 아닐 것이다. 위에 제시된 뛰어난 리더의 특징들은 뛰어난 리더가 되기 위해 발달시키고 다듬어야 할 기술들이다. 각기 다른 시기에 여러 사람들과 상호작용하면서, 리더들은 어떤 특성들이 다른 특성보다 더 쉽게 나타낼 수 있다는 것을 발견한다. 이는 인간과 상황이 다양하기 때문이다. 뛰어난 리더는 항상 가능한 한 효과적이 되려고 노력한다.

> *"항상 그런 것처럼,*
> *우리가 가진 유일한 한계는 비전의 한계이다."*
>
> _James Broughton

리더십과 목표설정

리더십은 이루어야 할 목표와 그것을 해야만 하는 사람 사이의 균형을 발견하는 것이다. 이 균형은 잘 규정된 목표를 설정하면 실현될 수 있다. **목표**(goal)는 달성하고자 하는 결과를 명료화시킨 것이다. 목표는 글로 쓰여야 한다. 기록되지 않은 목표는 쉽사리 잊혀지고 거의 달성되지 않는 결심으로 끝나 버린다. **목표설정**(goal setting)이란 일단 목표를 세우고 그 중요성을 평가해 가는 과정이다. 목표를 효과적으로 정하기 위해서는, 무엇을 달성해야 하는가를 확인해 보아야 한다. 목표는 크고 작은 도전에 대해 설정되어야 한다. 목표를 효과적으로 기록하기 위해서 다음 세 단계를 따르라.

> ▶ **목표**
> 달성하기 위해 노력하는 결과가 무엇인가를 확인하는 것
>
> ▶ **목표설정**
> 목표를 수립하고 이것들의 중요성을 평가하는 과정

1. 달성하고자 하는 궁극적인 목표를 기록하라_목표는 가능한 한 구체적이어야 한다.
2. 목표를 달성할 수 있는 방법들을 확인하라_목표가 효과적으로 달성되기 위해서 무엇이 이루어져야 하는가?
3. 목표를 달성할 날짜 또는 시간을 포함하라_마감시간은 목표가 달성되기까지의 시간계획표를 제공한다.

단지 목표를 설정하는 것만으로는 충분하지 않다. 목표를 달성할 수 있도록 끊임없이 노력해야 한다. 목표를 카드에 기록하고 계속 상기할 수 있도록 걸어 두는 것이 도움이 되기도 한다. 목표설정은 자극제의 역할을 한다. 목표가 거의 달성되어 가고 있다는 것을 상기시키는 것은 부서나 개인으로 하여금 조금 더 노력하도록 장려하는 추진력이 될

수 있다.

목표설정을 할 때 마음속에 결말을 그리고 시작하는 것이 도움이 된다. 필요한 최종결과를 인식함으로써 사람들은 목표가 달성되었을 때 무엇이 나타날 것인가를 알 수 있다. 또한 목표달성을 위해 행동을 집중할 수 있으므로 더 생산적이 될 수 있다. 목표는 우리의 직장생활과 일상생활 모두에 중요하다. 전문가는 기업이 조직을 위해 설정한 목표에 친숙해져야만 한다. 전문가는 또한 자신의 개인적 목표들도 설정해야 한다. 개인적 목표는 개인적 성장, 재정적 목표, 경력 개발을 장려하는 것이어야 한다.

때때로 개인적 목표는 다른 사람을 감화시킨다. 어떤 전문대학 학생이 강의에 우선순위를 두는 데 어려움을 겪고 있었다. 그는 일하는 것을 즐겼고 공부를 방해하는 수많은 취미를 가지고 있었다. 학생으로서의 진로에 충실하고 원하는 학점을 따기 위해서, 그는 한 학기 목표를 설정하기 시작했다. 그의 목표는 아주 작은 것에서 시작했다. 첫 번째 학기의 목표는 전업학생이 되기 위해 모든 수업에 등록하는 것이었다. 그는 성공적으로 그 목표를 달성했다. 그러나 그의 학점은 매우 좋지 않았다. 다음 학기 그의 목표는 모든 수업에 등록을 하고 모든 수업에서 C학점 이상을 받는 것이었다. 그는 다시 그 목표를 달성했다. 그는 전에 성공하지 못했던 분야에서 자신이 성공하고 있다는 것을 확인하기 시작했다. 이때부터 그는 각 학기마다 목표를 설정했다. 목표설정에 대한 한 수업에서의 토론 중에, 그는 그의 학기별 목표설정 방법을 친구들에게 이야기했다. 다른 동급생들은 그의 성취에 감화를 받았다.

그들은 그의 보상 시스템에도 감화되었다. 그는 목표를 달성했을 때마다 오랫동안 갈망했던 활동을 즐겼다. 그는 목표를 처음 설정했을 때부터 목표를 달성하면 스스로에게 보상하기로 결정했었다. 목표를 달성했기 때문에 처음의 목표로부터 이득을 얻었을 뿐만 아니라 열기구를 타러 갔고 공인된 스쿠버다이버가 되었고 등산을 갔으며, 이외에도 많은 것을 했다. 그의 보상 시스템은 이런 보상에 대해 지불할 수 있는 적절한 재정적 목표를 가질 것을 요구했다. 그러나 이것은 그가 달성하도록 동기화된 또 다른 목표였다. 학기의 마지막에 몇몇 다른 학생들이 그의 보상인 행글라이딩이 매우 좋다고 칭찬하면서 이에 합류하였다. 그들은 자신의 학기 목표를 달성하였다. 현재 이 학생은 성공적인 부동산 대리인이며, 계속 그의 목표를 달성하고 있다.

고객서비스 문화 창조

고객서비스에 있어서 리더십은 관리직에 있는 사람들이 창조하는 문화를 통해서 설명될 수 있다. 전에 말했듯이 **문화**(culture)는 일군의 사람들이 공유하는 가치, 신념, 규범들로 구성된다. 고객서비스 환경은 고객서비스 지향적인 문화를 가져야 한다. 만일 고객서비스를 장려하지 않는 문화를 가지고 있다면 뛰어난 고객서비스는 이루어지지 않을 것이다.

　조직의 리더십이 고취시킬 수 있는 문화의 일부는 직원들의 태도이다. 리더들은 위급할 때와 일이 원하는 만큼 잘 안 될 때조차도 긍정적인 태도를 고취시킬 수 있다. 이것은 직원들이 실제로 그들의 리더들을 주시하고 있을 때이다. 만일 리더들이 앞으로 일어날 일에 대해 두려움을 표현하고 업무가 자신의 통제 범위 밖에 있다고 말한다면, 리더 주위의 다른 사람들도 똑같이 그렇게 생각하기 시작할 것이다. 고객서비스는 긍정적인 태도 이상의 것이다. 그러나 태도는 고객서비스의 일부이면서 동시에 전 고객서비스 과정을 통합하는 부분이기도 하다.

만일 고객을 존중해야 하는 문화라면 대부분의 경우 직원들은 고객을 존중할 것이다. 리더의 역할을 맡은 사람들도 이 문화의 원칙에 따라 살아야 한다. 어떤 조직의 리더들은 그들이 존중을 받아야 할 유일한 사람인 것처럼 행동하는 경우가 많다. 이런 태도와 행동이 조직문화에서 허용된다면 이 조직 내에는 참된 상호존중이 거의 존재하지 않을 것이다.

만일 리더십이 모험을 장려하는 적절한 환경을 제공한다면, 효율성과 창의성이 향상될 것이다. 긍정적인 고객서비스 문화는 직원들에 대한 존중과 관심을 보여 줘야 하고 문제해결 과정에 협조적이어야 하며, 가능할 때는 언제나 긍정적으로 결과를 인정해 주어야 한다.

업무보조도구의 활용

리더들의 공통된 책임 중 하나는 직원이나 동료들을 훈련시키는 것이다. 잘 훈련된 노동력은 고객에게 뛰어난 고객서비스를 제공할 준비가 된 인력을 말한다. 불행하게도 훈련이 끝난 후에 일정 시간이 경과하면 사람들은 일부 지식을 잊어버리게 된다. 모든 사람이 훈련기간 중의 상세한 사항들을 계속 기억할 수 있다고 생각하는 것은 비현실적이다. 특히 그 지식을 자주 사용할 기회가 없을 경우에는 더욱 그렇다.

▶ **업무보조도구**
업무 훈련을 보강하는 리더십 도구

업무보조도구는 이런 문제를 해결하는 데 도움을 줄 수 있다. **업무보조도구**(job aids)는 훈련을 강화시키는 리더십 도구이다. 업무보조도구는 다양한 형태를 취할 수 있다. 예를 들면, 팩스에 붙어 있는 간결한 작동방법 설명서에서부터 모든 고객서비스 담당자의 책상에 붙어 있는 제품 사용방법 리스트에 이르기까지 다양하다. 업무보조도구의 중요한 이점은 사람들이 처음부터 정확하게 일을 하도록 돕는 것이다. 업무보조도구는 시각적 정보와 기록된 정보의 결합이다. 그것들은 항상 간결해야 하고 핵심적인 내용을 포함해야 한다. 불행히도 고객들은 사용설명서 같은 것에 혐오감을 가지고 있다. 이것은 업무보조도구의 가치를 매우 중요하게 만든다. 소비자는 결코 교육받으려고 하지 않으며 설명서를 읽지도 않는다. 업무보조도구는 작은 훈련 프로그램으로서의 역할을 수행할 수 있다.

업무보조도구는 직원과 고객 모두에게 유용하다. "어떻게 하나요?"라는 질문이 있을 수 있는 모든 상황에서 업무보조도구가 필요하다. 기술이 고객의 일상 생활에서 중요한 일부가 됨에 따라 업무보조도구는 고객이 기술을 적극적으로 이용하도록 도움을 줄 수도 있다. 업무보조도구는 사용자들이 위험한 장비를 작동할 때 주의를 기울이도록 하며 작업환경에서의 안전성을 향상시킬 수 있다.

많은 은행들이 24시간 자동계좌 정보라인을 고객서비스 목록에 추가했다. 고객이 이 전화선의 작동방법을 안다면 상당한 양의 정보를 제공받을 수 있다. 그러나 고객이 작동절차를 이해하지 못한다면, 단지 좌절감만을 얻게 될 것이다. 고객이 이 기술을 사용하도록 하기 위해 많은 은행들이 고객에게 정보라인 전화번호와 여러 은행계좌 정보 조회를 위한 전화번호를 적은 카드를 고객에게 보냈다. 이 카드는 필요할 때 쉽게 참고하기 위해 전화기 가까운 곳에 붙일 수도 있고 고객의 지갑에 넣고 다닐 수도 있게 만들어져 있다.

업무보조도구는 고객이 자신을 위한 고객서비스의 공동생산자가 될 수 있도록 도울 수 있다. 공동생산은 외부 및 내부고객들이 그들 자신을 위한 서비스 제공에 참여하는 것이다. 업무보조도구는 고객에게 그들이 쉽게 어떤 것을 할 수 있다는 것을 알려 준다. 어떤 큰 여행사가 새로운 전화 시스템을 설치하는 데 막대한 비용을 지출했다. 그들은 그 시스템을 사용할 수 있도록 직원들을 훈련시키는 데 추가적인 비용을 지불했다.

훈련이 끝난 지 한 달 후에 시스템의 어떤 특성이 가장 많이 사용되고 있는지를 파악하기 위한 조사가 이루어졌다. 불행히도 결과는 비관적인 것이었다. 새로운 특성이 거의 사용되지 않고 있었다. 실제로, 자신의 음성 녹음메시지를 기록해 두는 직원들조차 거의 없었다. 경영자는 담당자를 호출하여 직원들에게 가서 시스템이 왜 사용되지 않고 있는지를 파악하라는 지시를 내렸다. 조사결과, 직원들은 새로운 전화 시스템의 모든 성능에 대해 흥분했지만 구체적 사용 절차들을 기억하지 못한다는 문제점이 발견되었다. 직원들은 온종일 고객들과 일하기 때문에 사용설명서를 공부할 시간이 없다. 이러한 문제를 알게 된 경영자 측은 이 시스템의 주요 기능과 절차를 설명하는 업무보조도구를 만들어 모든 전화기 위에 붙여 놓았다. 시스템 이용률이 거의 100% 가까이 향상되었다. 시스템을 어떻게 사용하는지 직원들이 쉽게 참고할 수 있게 되자 그들이 시스템을 사용하기 시작한 것이다.

업무보조도구는 다음 모든 사항들을 생각해 내는 데 도움을 준다.

- 컴퓨터 명령어와 소프트웨어 사용
- 전화 걸 때 바람직한 인사법
- 복사기, 팩스, 모뎀, 기타 특정 장비 등의 작동방법
- 문제해결과정의 단계
- 전화 시스템 사용방법

- 안전 경고문

- 보험관련 클레임 정리요령

- 이외에 직원과 고객훈련 또는 그들이 해야 할 일

업무보조도구를 만드는 데는 창의성이 필요하다. 리더들은 업무보조도구를 추가함으로써 무언가를 향상시킬 기회가 있는가를 주변에서 찾아야 한다.

무직책 리더십

불행히도 고객서비스에 있어서 경영자 측과 직원은 때때로 적대적인 관계를 갖게 된다. 리더가 될 것으로 기대되는 사람이 사실은 그렇게 되지 못한다. 고객서비스 분야에서 뛰어난 고객서비스를 제공하는 방법을 훈련받도록 직원들을 파견하는 사람은 많은 경우 고위 관리자이다. 그런데 관리자들 자신이 기술이 부족하면 직원들의 의욕을 꺾을

그룹 과제

팀원들과 모여서 업무보조도구에 대해 논의해 보라. 이는 업무 훈련을 보강하는 리더십 도구라는 걸 기억하라. 여러분의 회사나 부서 내에서 업무보조도구가 사용될 수 있는 방안을 생각해 보라. 업무보조도구는 일을 정확하게 하도록 돕고, 작은 훈련 프로그램의 역할을 할 수 있다.

조직 내에서 직원의 지속적인 훈련을 도울 수 있는 창의적인 업무보조도구를 창조해 보라. 여러분의 업무보조도구 안에 정보를 설명할 수 있는 모든 방법들을 충분히 생각해 보라. 업무보조도구들을 가능한 한 간단명료하게 만들도록 하라. 그리고 약간의 수정 작업을 거쳐라. 업무보조도구가 창의적으로 제작되고 그것이 목표를 달성할 수 있다고 판단될 때, 이것을 관리자에게 보여라. 여러분과 여러분의 팀은 회사 전체에 이익을 줄 효과적인 업무보조도구를 고안한 것일 수도 있다! 이건 행복한 창조다!

수 있다. 이런 경우에 비공식 리더가 리더 역할을 맡는 것이 필요하다. 이것은 동료들의 존경을 받는 비공식 리더인 직원이 고객서비스를 장려하는 환경을 창조하는 데 도움을 줄 수 있다는 것을 의미하며, 이 환경은 관리자에 의해서는 창조될 수 없다는 것을 의미한다. 이것을 무직책 리더십이라고 부를 수 있다.

무직책 리더십은 직원들에게 어느 정도의 단호함을 요구한다. 비공식 리더나 동기화된 직원들은 그들의 리더십 기술을 비공식적인 방법으로 다른 사람들과 나눌 기회를 찾을 수 있다. 직원들이 긍정적인 방법으로 상호작용할 때, 업무환경은 더욱 통합적이 된다. 만일 어떤 직원이 그들의 직장에서 좀 더 단호한 영향력을 가지기를 원한다면, 리더십을 보여 주기 위해 다음과 같은 것들을 시작할 수 있다.

1. 상황을 잘 다루는 사람을 칭찬하라.
2. 상사에게 업무 효율성 향상에 도움을 주는 방법을 제안하라.
3. 동료들에게 미소로 인사하라.
4. 다른 사람이 내게 해 주기를 원하는 대로 다른 사람에게 해 주라.
5. 자신만의 리더십과 격려 표현방식을 사용하라.

상사도 고객이다

여러분이 매일 부딪히게 될 가장 도전적인 고객 중 하나는 여러분의 상사이다. 내부고객과의 관계는 외부고객에게 성공적으로 봉사하는 데 중요한 열쇠이다. 상사와의 관계는 여러분의 직장생활을 기쁨과 보상으로 가득 차게 할 수도 있고, 두려움으로 가득 차게 만들 수도 있다.

성공적인 고객서비스 담당자는 고객의 욕구를 이해하고 충족시켜 주기 위한 시도를 적극적으로 하고 있다. 왜 이 고객 속에 상사는 포함시키지 않는가?

상사의 기대를 충족시키고 그 기대를 능가하기 위해 다음 사항들을 시행하라.

- **팀 플레이어(team player)가 되라** _ 상사가 팀의 코치가 되게 함으로써, 그에게 조직이나 부서의 목표를 달성하도록 이끌 기회를 주는 것이다.

- **상사가 무엇을 중요하게 생각하는가를 파악하라** _ 상사의 우선순위를 파악함으로써 그들이 무엇을 달성하고자 노력하는가를 알 수 있다. 그래야만 여러분은 특정 분야에 도움이 될 수 있다.

- **불평하는 사람이 되지 말고 협동하는 사람이 되라** _ 불평이 많은 사람 주위에 있기를 좋아하는 사람은 아무도 없다. 만일 여러분이 어떤 프로젝트 통합방법에 동의하지 않는다면 여러분의 생각을 이야기하고, 그 제안이 실행되지 않는다면 대범하게 받아들여라. 다른 사람에게 자신의 상사를 비난하거나 모욕하거나 조롱하지 말라. 이는 여러분의 나쁜 습관을 반영하는 것이고 다른 사람들이 그것을 알아챌 것이다. 문젯거리가 되는 것보다 해결책이 되는 것이 훨씬 더 긍정적인 것이다.

- **합리적인 기대를 하라** _ 여러분의 상사는 그의 권한이나 능력 범위 내의 것들만 할 수 있다. 대부분의 직장에서 여러 사람들이 한 상사에게 보고한다. 그러므로 무언가를 변화시키거나 과제를 할당할 때 상사가 고려해야 하는 사람이 여러분 하나만은 아니라는 점을 명심해야 한다.

- **매일 훌륭한 태도를 가지고 일하러 가라. 그리고 기꺼이 전문가가 돼라** _ 각

개인은 자신의 수행에 대한 책임을 져야 한다. 태도는 전문가적 생활을 성공적으로 수행하는 데 중요한 역할을 한다. 또한 새로운 기술과 시스템을 기꺼이 맞이하는 것이 처음에는 힘들지만 나중에는 항상 고객과 업무, 상사를 위한 새로운 열정에 불을 붙일 것이다.

뛰어난 리더십을 통해서 경영자 측과 직원들은 내부, 외부고객 모두에게 좀 더 효과적으로 봉사할 수 있고, 뛰어난 고객서비스라는 목표를 달성하고 있다는 것을 보여 줄 수 있다.

핵심용어

공식 리더	리더십	목표설정
문화	비공식 리더	업무보조도구

OX 퀴즈

1. 사람들이 인정하는 가장 탁월한 회사는 탁월한 리더십으로도 알려져 있다.
2. 리더는 독립적인 환경을 촉진해야 한다.
3. 효과적인 리더가 되기 위해서 개인은 자신의 강점과 약점을 알아야 한다.
4. 공식 리더는 권한도 힘도 가지고 있지 않다.
5. 비공식 리더는 공식적 또는 비공식적인 실제의 힘을 가지고 있지 않다.
6. 탁월한 리더는 다른 사람의 성과를 칭찬하는 것을 두려워하지 않는다.
7. 주로 달성되는 목표들은 문서로 쓰이지 않은 목표들이다.
8. 사람들이 공유하는 가치, 신념, 규범들이 그들의 문화이다.
9. 업무보조도구는 작은 훈련 프로그램이다.
10. 상황에 잘 대처하는 사람을 축하해 주는 것은, 일종의 무직책 리더십을 보여 주는 것이다.

1. 좋은 리더의 다섯 가지 자질을 파악하라.

2. 무직책 리더십을 보여 주기 위해 행해질 수 있는 네 가지를 열거하고 설명해 보라.

3. 뛰어난 고객서비스를 제공한다고 알려진 많은 기업들은 왜 뛰어난 리더십으로도 유명한가?

4. 상호의존적 환경을 설명하라. 그것은 왜 중요한가?

5. 기업은 비공식 리더들을 얼마나 심각하게 주시해야 하는가?

6. 뛰어난 리더의 특성을 열거하라.

7. 리더십을 보여야 할 사람들 중 형편없는 리더가 왜 그렇게 많은 것인가?

8. 달성하기 위한 구체적 목표를 설정하는 사람을 본 적이 있는가? 여러분은 자신의 목표를 설정하는가?

9. 업무보조도구란 무엇인가? 여러분의 내부 또는 외부고객을 도와줄 업무보조도구를 만들어 보라.

10. 무직책 리더십은 무엇을 의미하는가?

서비스 기술 구축

리더십

대부분의 사람들은 뛰어난 리더들이 주위의 사람들과 나누는 긍정적인 영향을 받을 필요가 있다. 뛰어난 리더는 상호작용 기술을 다듬어 왔기 때문에 다른 사람들의 긍정적인 본보기가 된다. 긍정적인 리더십을 나타내는 사람을 관찰하면 우리는 우리들 자신에게 부족한, 발달시켜야 할 자질을 발견할 수 있다.

여러분 생각에 뛰어난 리더라고 생각되는 한 사람을 선정해 보라. 이 사람이 다른 사람과 상호작용할 때 보여 주는 자질을 열거하라. 전문성, 인성 등과 같은 자질을 포함하라.

이제 리더로서의 여러분 자신의 자질을 조사하고 열거하라. 여러분이 공식 리더의 역할을 하고 있지 않더라도 리더십 능력을 소유하고 있을 수 있다. 여러분 자신의 리더십 능력을 열거한 후에 이것을 여러분이 관찰한 뛰어난 리더의 것과 비교해 보라. 여러분이 좀 더 숙련된 리더가 될 수 있도록 현재 능력을 향상시킬 목표를 개발하라.

고객서비스와 윤리

당신은 외진 시골지역의 한 은행지점에서 근무하는 부매니저다. 당신은 예금을 하러 같은 은행의 다른 지점에 갔다. 당신은 그 지점에 아는 사람이 아무도 없어 그냥 차례를 기다리고 있다가 지점 매니저와 한 여직원 간의 스캔들에 대해 창구 직원들끼리 속닥이는 말을 듣게 되었다. 당신은 줄 서 있는 사람 중 다섯 번째 차례였고 그 앞에 서 있던 다른 고객들도 그 말을 다 들었을 것이다. 당신은 어떻게 하겠는가?

<table>
<tr><td>고객서비스 실무 도전 9</td><td>이력서 작성</td></tr>
</table>

새로이 뜨는 전문 직업을 얻으려면 잠재적인 고용주에게 자신을 판촉하는 데 도움을 줄 마케팅 포인트를 만들어야 한다. 이 마케팅 포인트가 이력서이다. 이력서는 여러분의 교육, 직업 경험, 그리고 여러분이 새로운 직업에 있어 가장 우수한 후보자라는 것을, 잠재적인 고용주에게 간결하고 강력하게 설명할 내역서다. 이력서는 여러분의 과거 직업에 관한 것이 아니라, 여러분에 관한 것이다. 효과적인 이력서는 여러분의 긍정적인 속성과 경험을 강조하기 위해 창조적으로 쓰여야 한다. 완벽하지 않았던 과거의 업무 기록조차도 긍정적인 방법으로 묘사할 수 있다.

만일 여러분이 자신의 이력서를 만든 적이 없다면, 이 작업은 어렵고 도저히 할 수 없는 일처럼 보일지도 모른다. 그러나 잘 살펴보면 여러분을 도와줄 자원이 많다. 여러분이 사는 지역의 서점이나 도서관에는 이력서 기술에 관한 책이 있을 것이고, 인터넷 검색을 통해 도움이 될 정보와 사례를 얻을 수 있다. 비용을 지불하고 이력서를 만드는 서비스도 이용가능하다. 이렇게 하는 것이 훌륭한 이력서를 만드는 쉬운 방법처럼 보이지만, 특정 직업에 맞추어 이력서를 쉽게 그리고 저렴하게 작성하기는 그리 쉽지 않다.

여러분이 이력서를 만들기 시작할 때 고려해야 할 몇 가지 사항들은 다음과
같다.

- 여러분의 이름을 써라. 별명을 사용하는 것은 피하라. 만일 여러분의 이름이 남녀를 구별하기 어렵다면, 여러분의 성별에 관한 의문을 없애기 위해 Mr. 혹은 Ms.를 사용하라.
- 주소, 전호번호를 써라. 그리고 여러분의 프라이버시를 지켜 줄 번호들을 사용하라(요컨대, 여러분이 새 직장을 구한다면 현재 직장의 전화번호는 쓰지 않는 것이 좋다). 만일 여러분이 팩스를 가지고 있다면 그 번호도 써라. 그리고 전자우편 주소는 반드시 써라. 전자우편 주소는 여러분이 최근의 테크놀로지를 사용하고 있다는 것을 보여 줄 것이고, 잠재적인 고용주에게 여러분과 접촉할 아주 빠른 방법을 제공하는 것이다. 만일 여러분이 전자우편 주소를 썼다면, 중요한 정보를 놓치지 않도록 반드시 매일 전자우편을 체크하라.
- 어떤 종류의 직업을 추구하고 있는지를 기술하는 직업 목표를 만들고 기입하라. 여러분이 직접 이력서를 만들 경우, 다른 종류의 직업에 지원할 때 직업목표를 이에 맞춰 쉽게 수정할 수 있다. 여러분의 직업목표는 하나 또는 두 문장이어야 한다.
- 경력을 현재에서 가까운 것부터 시간 순서로 기술하라. 다시 말해 가장 최근의 경력이 첫 번째에 기재되도록 하라.
- 경력을 기술할 때 직책, 고용 장소, 회사의 위치(주소를 아주 구체적으로 기술), 고용 날짜 등을 써라.
- 각 직책에 있어 여러분의 책임이 무엇이었는지를 써라. 만일 한 회사에서 몇 개의 직책을 가졌었다면, 그것을 모두 구분해서 열거하라.
- 어디서 성공했든지 상관없이, 과거 직책에서의 성공을 모두 열거하라. 만일 여러분이 판매를 증가시키는 데 도움을 주었거나 새로운 거래방식을 통해 회사 돈을 절약했다면, 이것을 기술하라.
- 만일 과거의 직책이 여러분이 실제로 한 일을 묘사하지 못한다면, 추가적으로 과거에 한 업무들을 묘사하라.
- 만일 급여를 받은 직업경력에 공백이 있다면, 이 시간 간격을 커버할 긍정적인 서술을 하라. 만일 그 공백 기간 동안 여러분이 학생, 전업 부모, 자원봉사자, 혹은 비급여 직책 등에 머물렀었다면 긍정적인 방법으로 여러분을 나타내도록 기술할 수 있다.
- 외국어에 유창하거나, 전문적인 컴퓨터 기술을 가지고 있거나, 어떤 직책에 필요한 자격을 갖추는 데 도움이 될 관련 활동을 했거나 혹은 관심이 있다면, 이런 정보들을 포

함시켜라. 이것은 과거 경력 부분이나 추가정보 부분에 적어라.

- 교육 배경정보를 기술하라. 이것 또한 현재에서 가까운 것부터 기술해야 한다.
- 마지막으로, 분리된 페이지에 추천인들을 열거하라. 열거하기 전에, 그들에게 여러분을 위해 기꺼이 추천자가 될 의향이 있는지를 항상 물어봐야 한다. 그들이 여러분을 위해 추천자로 봉사할 의향이 있다면, 그들의 주소, 전화번호, 전자우편 주소 등을 여러분이 사용해도 되는지 확인하라.
- 대부분의 추천인 란에는 3~4명의 추천인을 포함한다. 추천인들을 주의깊게 선택하라. 가족이 편파적인 추천인이라고 항상 생각되는 것은 아니다.
- 미래에 사용하거나 수정할 수 있도록, 항상 컴퓨터나 외장 하드에 이력서를 저장하라.

도전목표

1. 전문가적 이력서를 만드는 데 필요한 정보들을 수집하라.
2. 이력서를 잘 조직하고 디자인하라.
3. 여러분이 일하고 싶은 분야에 적절한 전문적 이력서를 만들라.

해야 할 일

스스로의 힘으로 이력서를 만들라. 여러분을 잠재적인 고용주에게 판촉하는 마케팅 포인트인 이력서를 만들 때, 과거에 나열했던 주제들을 모두 고려하라.

프레젠테이션

완성된 이력서를 관리자나 선생님께 보여 드려라. 이력서는 완벽해야 한다. 여러 번 교정을 보고 다른 사람에게 검토를 부탁하라. 전문적인 이력서는 항상 타이핑되어 있어야 하고, 읽기 쉬우며, 글꼴이 너무 다양하거나 글씨가 너무 크거나 작으면 안 된다. 오타가 있거나 문법이 틀리면 안 된다. 모든 부분에 있어 일관성이 있어야 한다. 이것은 시간 순서(예: 현재에서 가까운 것부터 기술)나 제목 스타일이 이력서 전체에 걸쳐 똑같아야 한다는 것을 의미한다.

만일 이것이 여러분이 만든 첫 번째 이력서라면, 축하한다! 첫 번째 이력서는 항상 가장 쓰기 어려운 것이다. 이력서를 여러 개 복사해 두고, 다음에 업데이트 할 수 있도록 컴퓨터에 저장해 두라.

힌 트

MS Word는 아주 훌륭한 이력서 작성 마법사이다. 여기에는 몇 개의 이력서 견본이 있는데 여러분의 정보를 채워 넣으면 아주 빠르게 전문적인 이력서를 작성할 수 있다.

OX 퀴즈 정답

1. O	2. X	3. O	4. X	5. X
6. O	7. X	8. O	9. O	10. O

고객유지와 고객만족

정말로 만족한 고객은 언젠가는 돌아온다!!

이 장의 학습목표

- □ 고객유지의 정의를 안다.
- □ 기존고객의 가치를 이해한다.
- □ 고객동요(혹은 동요율)의 정의를 이해한다.
- □ 고객동요율, 고객이탈률, 고객생애가치를 계산할 수 있다.
- □ 고객유지율을 향상시킬 필요가 있는지를 말할 수 있다.
- □ 고객유지 프로그램의 수립 단계를 설명할 수 있다.
- □ 자신의 업무를 평가할 아이디어 리스트를 창조할 수 있다.

고객유지란 무엇인가

고객유지(customer retention)란 거래에 적극적으로 참여한 현재의 고객을 계속 만족시키고 고객으로 유지하려고 노력하는 것이다. 고객유지의 중요성은 오랫동안 잘 알려져 왔다. 그러나 관리자들이 이 사실을 알고 있음에도 불구하고 고객유지를 위한 적극적인 방법을 활용한 기업은 거의 없다. 대부분의 기업은 새로운 고객을 끌어들이는 데만 관심을 두고, 기존고객을 유지하는 데는 큰 관심을 두지 않는다. 수많은 기업들은 최초 판매를 하기 위해 판매원들을 내보내고 고객유지는 고객서비스 부서만의 일로 남겨 둔다. 오늘날의 경향은 우리와 이미 거래를 했던 기존고객들의 중요성을 인식하고 이런 고객들이 우리와 계속 거래하도록 고무하는 환경을 만드는 것이다.

고객과 일하는 대부분의 사람들은 기존고객을 유지하는 것보다 새로운 고객을 끌어들이는 것이 훨씬 더 비용이 많이 든다는 것을 알고 있다. 그럼에도 불구하고 대부분의 기업들은 기존고객과의 관계를 유지하기 위한 계획을 별로 가지고 있지 않다. 또는 계획이 존재하지 않는다고 말해도 좋을 정도로 비공식적이다. 대부분의 고객서비스 담당자와 판매원들은 그들이 고객을 잘 대할 필요가 있다는 것을 알고 있다. 그러나 고객유지를 위해 좀 더 심사숙고하지는 않는다. 일부 기업들은 기업사정이 좋지 않을 때나 추가적인 수입이 필요할 때만 기존고객을 계속 추적한다. 이것은 바람직하지 않은 고객유지 프로그램의 전형이다. 훌륭한 고객유지 플랜은 기존고객의 필요를 계속 충족시키고 고객의 새로운 욕구를 찾아내는 환경을 만드는 것이다. 고객들은 경험을 통해서 자신이 기업에 가치 있는 고객이라는 것을 알게 되고 따라서 계속 그 기업과 거래할 욕망을 갖게 된다. 진정한 고객유지는 고객이 중요하다는 것을 고객에게 일관성 있게 알리는 것이다. 고객유지의 결과는 고객이 해당 기업에 매우 만족해서 다른 대안을 찾으려고 하지 않는 것이다. 고객들은 자신이 돈을 잘 소비했고 투자한 것에 대해 긍정적인 보답을 얻었다고 생각한다. 고객은 또한 자신에게 관심을 보여준 이런 기업들에게 더 강한 애호도를 가지게 된다.

> "여러분의 고객에 대해 판매자가 아니라 파트너가 되라.
> 판매자와 파트너의 차이는 중요하다.
> 판매자는 단순히 고객의 돈을 받고 상품을 제공한다.
> 그러나 파트너는 고객의 돈을 받고,
> 상품처럼 보이는 '해결책'을 제공한다."
>
> _Scott Adams

기존고객의 가치

기존고객은 엄청난 가치를 가지고 있다. 그들은 우리 기업과의 거래방식과 우리의 규정을 알고 있다. 그들은 우리의 상품과 서비스에 친숙하다. 그들은 판매를 권유하지 않아도 우리 제품을 구매한다. 그들은 우리 제품의 품질이 저하되면 참지 않을 것이다. 그러나 새로운 상품과 서비스 제공에는 매우 쉽게 주의를 기울일 것이다.

우리의 기존 내부고객은 특히 중요하다. 우리는 내부고객과 좋은 관계를 유지하기 위해 노력해야 한다. 내부고객은 자주 당연한 것으로 여겨진다. 내부고객이란 우리와 함께 일하는 사람들이기 때문에 새로운 내부고객을 발견하기가 어렵고 때때로 불가능하다. 내부고객은 우리들과 거래를 중단할 수 없으나 함께 일하기 어렵게 될 수는 있다. 내부고객을 통합하는 것은 기업의 성공에 긍정적 효과를 가져올 수 있다.

기존고객들은 회사가 더 많은 것을 제공하기를 바라고 있다. 우리가 그들을 위해 더 많은 것을 할수록 그들은 우리와 더 쉽게 거래한다. 모든 고객들, 결코 불평을 하지 않는 협조적인 고객마저도 자신들의 진가를 인정받고 싶어 한다. 불행히도 우리는 우리들에게 정말 중요한 이런 고객들을 간과하기 쉽다. 여러 해 동안 어느 백화점과 거래를 해 왔고 그 상점에 대한 애호도도 높은 어떤 고객은 그 백화점이 첫 거래를 하는 새로운 고객에게만 특별할인 혜택을 주는 것을 보고 분노할지도 모른다.

장기고객들은 그들이 첫 거래를 했을 때 특별선물을 받았을 수도 있고 안 받았을 수도 있다. 그러나 시간이 지나면 처음에 제공받았던 것을 잊어버리게 된다. 장기고객들은 그들의 최근 거래에 대한 기업의 감사표현을 원한다. 백화점이 무엇을 할 수 있는가? 할인쿠폰이나 고객에 대한 감사편지 제공, 대금 납입일 연기, 특별 행사에의 초대 등이 긍정적인 인센티브가 될 수 있다. 오늘날 업계의 경쟁이 심해지면서, 우리 고객들과의 거래를 가로채려는 경쟁기업들이 항상 존재한다.

고객유지는 기술에 의존하는 것이 아니다. 기술은 고객유지 과정에 도움을 줄 수 있다. 그러나 고객유지는 고객에게 마음을 쓰고 고객의 진가를 인정한다는 것을 보여 주고 우대하는 것 그 자체이다. 이렇게까지 말하는 사람이 있다. "고객과 데이트하지 마라. 그들과 결혼하라." 이것은 무엇을 말하려고 하는 것인가? 만일 우리가 우리의 고객과 결혼한다면 우리는 약속을 하는 것이다. 우리는 그들에게 우리와 계속적인 관계를 맺고 있다는 것을 알리는 것이다. 우리는 데이트할 때처럼 상대에게 좋은 측면만을 보여 주려는 것이 아니고 약점을 드러내지 않으려는 것도 아니다. 고객과 결혼함으로써 우리는 현재와 미래에 고객의 성공과 행복에 관심을 가지고 있다는 것을 보여 주려는 것이다.

사람들은 무엇을 하는 기업이든 기업과 돈에 관한 문제로 관계를 맺을 때, 그들의 돈을 기업에 위임할 이유들을 평가한다. 그들은 자신이 쓴 돈에 대해 지금 충분한 대가를 얻고 있는지를 알고 싶어 한다. 만일 그렇지 않다면 그들은 자신의 돈을 다른 곳에 할당하기로 결정할 수도 있다.

고객유지의 필요성이 가장 큰 분야는 비영리 기업이다. 개인들로부터 기부금이나 시간을 얻고자 하는 기업들은 적절한 고객유지 프로그램을 가져야 한다. 고객들은 그들의 시간과 돈을 어디에 어떻게 투자할 것인가에 대해 매우 신중해지고 있다. 만일 그들이 가치 있는 이유를 발견하지 못하거나 자신의 투자로부터 어떤 것을 얻고 있지 못할 때 그들은 자신의 지출 방향을 바꿀 것이다. 주기적으로 감사함을 표현하지 않고 고객들이 가 버릴 때까지 고객의 존재를 생각하지 않는 기업이나 단체, 종교 조직으로 다시 돌아가길 원하는 고객은 거의 없다.

고객의 동요를 이해하기

기업의 마케팅 프로그램은 크거나 작거나 간에 신규고객을 끌어들이는 데 계속 초점을 두는 반면 기존고객의 필요와 욕구는 자주 무시한다. 이런 방법이 이득을 얻는 데 실패하는 이유는 기존고객을 만족시키고 유지할 때의 엄청난 가치를 잃게 되기 때문이다. 기존고객유지의 가치를 측정하는 방법은 1년간의 고객동요율, 고객이탈률, 고객생애가치 등을 측정하는 것이다. **고객동요율**(churn rate)은 1년 동안 떠나는 고객의 수를 신규고객의 수로 나눈 것이다.

▶ **고객동요율**
1년 동안 떠나는 고객 수를 신규고객 수로 나눈 것

> **고객동요율 = 이탈고객 수/신규고객 수**

이것은 만일 210명이 서비스 사용을 중단하고 350명이 신규로 구매했다면 1년 동안 60%의 고객이 동요했다는 의미이다.

고객이탈률(defection rate)은 기존고객 중 1년 동안에 떠나 버린 고객의 비율이다.

▶ **고객이탈률**
기존 고객 중 1년 동안 떠나 버린 고객의 비율

> **고객이탈률 = 떠난 고객/기존 고객**

만일 1,000명의 고객을 가지고 한 해를 시작했는데 그중 650명의 고객으로 그 해를 마감했다면 고객이탈률은 35%이다.

고객생애가치(customer lifetime value)는 평균적인 고객생애기간 동안 한 고객이 산출하는 수익의 순수 현재가치이다.

▶ **고객생애가치**
고객생애기간 동안 한 고객이 산출하는 평균적인 수익의 순수 현재가치

고객생애가치 = 1년의 수익/고객생애기간(년)

만일 여러분의 평균적인 고객이 1년간 2,000달러의 수익을 여러분 회사에 남겨 준다고 하자. 한 고객이 여러분 회사의 고객으로 남아 있는 기간(고객생애기간)이 평균 8.7년이라면, 한 고객당 고객생애가치는 17,400달러이다. 고객 한 사람을 잃는 비용이 얼마인지를 안다면 고객유지 투자에 관한 의사결정을 할 수 있다(Bernard R. Cohen, *Teletimes* 잡지). 고객동요율, 고객이탈률, 고객생애가치 등을 알아보는 방법을 통해서, 고객이탈률을 조금 감소시키는 것이 긍정적인 큰 수익을 가져올 수 있음을 이해할 수 있다.

고객유지 프로그램의 필요성 체크

만일 여러분이 다음 질문들 모두에 대해서 긍정적으로 대답할 수 없다면, 지금 당장 회사 내에 고객유지 프로그램을 개발해야 한다.

1. 고객만족을 측정하고 있는가?
2. 고객만족에 어느 정도의 우선순위를 두고 있는가?
3. 품질표준을 측정하고 그 결과를 경영자나 관리자와 이야기하는가?
4. 고객서비스 담당자들을 훈련시키고 또 재훈련시키는가?
5. 직원들의 이직 수준은 어느 정도인가?
6. 기존고객을 유지하기 위해 얼마를 소비하는가?
7. 신규고객을 얻는 데 들이는 비용은 얼마인가?
8. 고객이탈률은 얼마인가?

9. 고객을 다시 돌아오게 하기 위해 무엇을 하는가?

10. 고객에게 약속한 것을 이행하는가?

고객유지 프로그램의 개발

고객유지 프로그램을 개발할 때, 관리가 가능하고 조직의 목표를 지지하는 프로그램을 만드는 것이 중요하다. 고객유지를 위한 가장 기본적인 방법들은 다음과 같다. 확인전화 걸기, 고객 방문하기, 특별행사에 고객 초대하기, 고객 이름 부르기, 팩스 보내기, 쿠폰 제공하기, 소식지 보내기, 그 외의 어떤 작은 일도 기꺼이 하기.

고객유지는 솔선수범을 요구한다. 이것은 고객서비스 담당자가 고객의 요구에 항상 촉각을 세우고 새로운 기회를 제안할 준비가 되어 있어야 하는 것을 의미한다. 이것은 또한 고객서비스 담당자가 고객과의 관계를 깊게 하고 고객과의 관계가 거래상의 관계 이상이라는 메시지를 전달해야 하는 것을 의미한다.

한 회사가 '신나는 금요일'이라 불리는 고객유지 프로그램을 시작했다. 매월 어떤 주의 금요일이 '신나는 금요일'로 지정되었다. '신나는 금요일'에 모든 직원들은 자기에게 할당된 고객에게 전화하기 위해서 그들이 하던 일을 멈춘다. 전화하는 데 할당된 시간은 10분이었다. 목표는 적어도 1년에 한 번 전화로 모든 고객을 만나는 것이다. 고객과의 대화는 그들이 어떻게 지내고 있는지, 어떤 특별한 요구가 있는지 질문하고, 그들의 거래에 매우 고마워하고 있다는 것을 고객들에게 알리는 기회이다. '신나는 금요일'에 직원들은 캐주얼한 옷을 입는 것이 허용되며 아침식사를 제공받고 참가상을 받을 자격이 주어진다. 회사 대표로부터 우편담당 직원에 이르기까지 모든 사람이 '신나는 금요일'에는 고객에게 전화하는 데 참여한다. '신나는 금요일'의 또 다른 이점은 과거에 고객과 상호작용할 기회가 전혀 없었던 직원들도 고객과 관계를 가졌었던 것처럼 느끼기 시작한 것이다. 모든 사람들이 참가하게 함으로써 모든 개인과 부서가 고객유지의 책임을 공유하게 되었다.

고객유지 프로그램을 만들 때는 다음 사항들을 기억하라.

1. 여러분의 고객이 누구이고 그들이 가지고 있는 특별한 요구는 무엇인지 조사하라_만일 여러분의 고객이 누구인지를 이해한다면 고객유지 프로그램은 고객과 고객의 거래요구에 효과적으로 응할 수 있도록 매력적으로 만들어질 수 있을 것이다.

2. 프로그램을 통해 모든 사람이 인식할 수 있는 구체적 목표를 정하라_고객유지 프로그램을 만들어 무엇을 달성하고자 하는지 결정하라. 목표는 구체적이어야 한다. 판매증가, 의사소통 향상, 고객애호도 향상 등이 그 예가 될 수 있다.

3. 관리가능한 고객유지 프로그램을 만들어라_고객유지 프로그램은 현실적으로 관리가 가능해야 한다. 작게 시작해서 성공하면 확대하고 나중에는 거래의 일부로 만들 필요가 있다.

4. 고객의 흥미를 자극하는 문화를 만들어라_고객의 계속적인 거래를 격려하기 위해 필요한 업무환경을 제공할 수 있어야 한다. 또한 경영자의 철학이 경영활동에 활발하게 표현될 수 있어야 한다.

5. 평가를 위한 시간계획표를 만들어라_고객유지 프로그램을 개발할 때 언제 평가를 수행할지 그 시간을 지정해야 한다. 평가가 이루어져야 개선이 이루어지고 성공에 도달할 수 있다.

고객만족 측정

고객에게 최상의 고객서비스를 제공하려면 주기적으로 고객만족을 측정해야 한다. 제1장에서 논의했던 것처럼 고객만족은 고객과의 상호작용에 대한 고객의 전반적 만족감이다. 고객의 만족감을 측정하고자 할 때 고객의 기대와 고객의 인식을 고려해야 한다. 만족을 측정하기 위해서 많은 고객에게 빈번한 질문을 해야 한다. 만족을 파악하기 위해 고객에게 질문하는 가장 흔한 방법은 어느 규모 이상의 표본조사를 하는 것이다. 고객만족 측정도구를 만들 때, 유용한 다른 정보를 함께 얻을 수 있는 관련 질문을 하는 것도 중요하다.

고객만족을 측정하는 도구를 만들 때 다음 사항들을 질문하라.

- 누가 우리의 고객인가?
- 그들은 우리와의 거래를 어떻게 시작하였는가?
- 그들은 어디에 사는가?
- 그들은 어디에서 우리와 거래하는가(만일 여러 장소라면)?
- 그들은 언제 우리와 거래하는가?
- 그들은 우리와의 거래 경험에서 어떤 점을 좋아하는가?
- 우리는 어떻게 더 잘할 수 있는가?

업무와의 연결

고객유지의 개념을 잘 모르는 동료들과 이 개념을 공유하라. 그리고 여러분이나 여러분의 회사가 고객을 유지하기 위해 할 수 있는 세 가지 방법을 생각해 보라. 고객유지 기술은 복잡할 필요가 없다. 이제 여러분의 생각을 여러분의 관리자에게 이야기하고, 그가 어떻게 생각하는가를 보라.

고객만족을 효과적으로 측정하기 위하여 우리는 고객의 관점에서 고객의 상황을 이해해야 한다. 측정도구는 핵심적인 요소를 포함하고 있어야 하며 고객이 완성하는 데 2분을 넘지 않아야 한다. 우편으로 대답을 받아야 한다면 반송봉투에 '요금별납' 표시가 있어야 한다. 대부분의 고객들은 우리의 업무 때문에 대단히 화가 나 있을 경우를 제외하고는 자신의 반응을 우편으로 보내는 데 요금을 지불하려고 하지 않는다.

한 할인점에서 고객이 그 상점을 좋아하는지 아닌지를 파악하기 위해서 조사를 실시하였다. 조사는 인테리어 조명, 상품 발견의 수월성, 가격, 그리고 고객에게 더 좋은 서비스를 제공하는 데 도움을 줄 많은 다른 질문들을 포함한 것이었다. 그러나 그들은 주차장에 대해서 혹은 고객이 상점 안에 들어올 때 얼마나 안전하게 느끼는지에 대해서는 아무것도 묻지 않았다. 조사에 응답한 한 고객은 상점의 내부에 관한 질문 모두에 매우 긍정적인 응답을 하였다. 그는 조사 참여의 대가를 받다가, 왜 주차장에 대한 질문은 없는지를 물었다. 조사 담당자는 주차장은 지금 상점에 중요하지 않다고 응답했다. 그러나 이 고객에게는 그렇지 않았다. 이 고객은 상점 내부의 모든 것에 대해서는 만족하지만 주차장의 부적절한 조명 때문에 어두워진 후에는 상점에 들어가기가 꺼려진다고 말했다. 그는 또한 장애인 주차장의 부족, 주차공간을 구분하는 선의 희미함, 자동차에 흠집을 낼 수 있을 정도로 주차장 여기저기 흩어져 있는 쇼핑카트 등에 관심이 있었다. 이것이 시사하는 바는, 많은 고객조사가 고객의 느낌에 대한 정확한 그림을 보여주고 있지 못하다는 것이다. 상점 내부의 많은 것들이 고객의 기대를 충족시키고 있어도 고객들은 주차장 상황 때문에 안으로 들어가지 않으려고 할 것이기 때문이다.

고객만족 관련 정보 얻기

고객만족에 대한 정보를 얻을 수 있는 원천들은 다양하다. 다음에 열거한 것들은 가능한 원천들의 예이다.

1. 비공식적 조사 _ 비공식적 조사는 고객이 무엇을 좋아하고 싫어하는지에 대한 통찰력을 제공할 수 있다. 비공식적 조사는 통계적으로 현상을 측정하는 것이 아니다. 그러나 기업이 고객을 잘 파악하도록 도움을 줄 수 있다.

2. 고객의견카드 _ 고객의견카드의 사용은 고객만족을 파악하는 가장 인기 있는 방법 중 하나다. 이것은 만들기도 쉽고 기업 본사로부터 자주 가져다 쓸 수 있다. 이것은 자세한 정보를 제공하지는 않으나 고객으로부터 즉각적인 피드백을 얻을 수 있다. 고객은 고객으로서의 경험을 하고 있는 동안에 이 카드를 작성할 수 있다.

3. 고객의 말 _ 고객이 그때그때 말로 하는 정보의 경우, 수집하기는 쉬우나 종종 무시된다. 고객에게 그들의 경험에 대해 직접 질문함으로써 정보를 얻을 수 있다. 고객의 말에서 정확한 정보를 수집하기 위하여, 그 코멘트들을 잊지 않게 고객일지에 상세히 기록하도록 직원들을 독려해야 한다.

4. 매출변동자료(판매 시점) _ 대부분 직장에서의 컴퓨터 사용으로 매출변동자료를 수집하는 것은 쉽다. 고객들이 얼마나 많이 구매했는지, 얼마나 자주 구매하는지와 다른 관련된 자료들을 파악하기 위해서 자판을 두드림으로써 정보를 얻을 수 있다. 정보들이 정확하게 입력된다면, 매출변동자료는 고객을 이해하는 매우 정확한 자료가 될 수 있다. 매출변동자료가 감정이나 의견을 담을 수는 없

지만 실제로 무엇이 일어나고 있는가에 관한 정보를 준다.

5. 판매량 _ 매출변동자료처럼 판매량도 고객의 감정을 직접 보여 주지는 않는다. 그러나 고객이 현재 하고 있는 행동을 보여 준다. 만일 고객이 주문을 증가시키거나 감소시킨다면 이것이 판매량에 반영될 것이다. 판매량은 고객만족의 좋은 지표이다. 그러나 다른 정보들과 함께 사용되어야 한다.

6. 기업이 수행하는 고객조사 _ 많은 기업은 고객조사를 실시한다. 기업이 실시하는 조사는 비공식적 조사보다 좀 더 자세하고, 자료는 항상 통계적으로 측정 가능하다. 기업이 실시하는 조사는 상품과 서비스에 대한 질문을 모두 포함한다. 많은 정보를 수집할 수 있으나 고객에 따라 응답률이 낮을 수 있다.

7. 내부고객 간 토론자료 _ 내부고객은 고객이 무엇을 좋아하고 좋아하지 않는지, 무엇에 관심이 있는지에 대한 정보를 가지고 있다. 만일 내부고객이 고객에게 들은 것을 말할 기회를 갖지 못한다면 이것은 가치 있는 정보를 공유할 기회를 잃는 것이다. 내부고객은 고객을 위해 잘 작동되지 않고 있는 것이 무엇인지, 시스템의 장애물이 어디에 있는지 항상 알고 있다.

8. 표적집단조사 _ 표적집단은 기업이 고객에게 제공하고 있는 것들에 대해 논의하기 위해서 초빙된 현재 또는 미래의 고객집단이다. 표적집단은 종종 구성하기가 어렵다. 그러나 고객을 이해하는 새로운 방법을 창출해 낼 수 있다. 진행자는 표적집단에게 질문을 하고 이에 대한 참가자들의 반응을 기록할 수 있다.

9. 무료 전화 _ 무료전화 서비스는 고객이 질문할 것이 있거나 문제를 가지고 있을 때 기업이나 해당 부서와 쉽게 연결될 수 있도록 해 준다. 고객의 질문에 응답하거나 고객의 관심에 반응하는 훈련을

잘 받은 직원이 무료전화에 빠르게 응답하도록 해야 한다. 이 고객들은 자신의 말을 기록해서 전달할 시간이 없을 것이다. 그러나 회사에서는 고객의 코멘트를 다른 고객정보와 함께 상세히 기록하여 필요할 때 참고하도록 해야 한다.

10. 고객이해지능 정보 _ **고객이해지능**(customer intelligence)이란 현재 고객과 잠재 고객, 이탈 고객에 대한 정보를 모으고 사실적 자료를 구축하여 고객에 대한 이해를 발달시키는 정도이다. 고객이해지능 정보의 활용은 고객과의 독특한 관계에 대한 총체적인 이해를 얻기 위해서, 기업으로 하여금 이미 수집된 정보를 구축하고 새로운 정보를 추가하도록 한다. 이미 정보가 수집되어 재발견될 필요가 없을 때는 문제확인과 문제해결을 좀 더 빠르고 여유 있게 시작할 수 있다.

업무 효과 측정의 이익

기업이나 부서의 업무 효과를 측정하면 몇 가지 이익을 얻을 수 있다. 우선 업무 효과를 측정함으로써 약점을 발견하고 이를 수정할 수 있다. 또 새로운 고객요구를 인식하고 이를 만족시키기 위한 새로운 프로그램을 만들고 시행할 수 있다. 고객들은 우리가 질문하지 않으면 자신의 생각이나 문제점을 이야기하지 않기 때문에 고객의 창의적 생각이 알려지지 않을 수 있다. *Harvard Business Review*에 따르면 고객유지율을 5% 증가시키면 수익률이 25~125% 증가한다고 한다.

업무 효과를 측정하는 또 다른 이점 중 하나는 우리가 잘 하고 있는 것을 발견할 수 있다는 것이다. 고객들이 우리가 제공하고 있는 것에 만족하지만 그 만족감을 이야기할 기회를 얻지 못한다면 만족이 불만족으로 변하게 될 수도 있다.

업무 효과를 파악하기 위한 비결

업무 효과를 현실적으로 파악하고자 할 때는 질문지를 잘 만드는 것이 중요하다. 응답이 다양한 고객층의 생각을 반영할 수 있도록 질문도 다양한 고객에게 해야 한다. 만일 고객응답이 어떻게 나와도 고칠 수 없는 문제가 존재한다면, 이 내용은 고객에게 질문하지 말아야 한다.

고객들에게 왜 이런 질문들을 물어보는가를 설명해 주라. 그리고 고객이 응답을 하기 전에 미리 감사함을 표현하라. 응답을 하기 위해 귀중한 시간을 내준 데 대해 특히 감사하라. 많은 고객들의 응답을 통해서 기업은 서비스 향상을 시도할 수 있고, 현재 고객의 요구를 충족시키는 서비스는 계속 시행할 것임을 설명하라.

조사결과가 현실과 다른 이유

고객만족을 측정하는 가장 흔한 방법은 고객조사와 의견카드이다. 이것들이 가장 흔한 측정방법이지만 반드시 고객만족의 실제 모습을 반영하는 것은 아니다. 솔선수범해서 고객조사나 의견카드에 응답하는 주요 고객은 불만족한 고객이나 그들의 의견제시로 무엇인가를 얻기 바라는 고객들이다. 만족한 고객은 그들의 만족을 표현하기 위해 따로 시간을 내지 않고 따라서 고객만족 측정의 결과 속에 포함되지 않는 경우가 많다.

고객조사와 의견카드를 신뢰할 수 없는 정보원으로 만드는 또 다른 이유는 질문하는 방법에 있다. 물어보는 방법과 구체적 질문 모두에 문제가 있을 수 있다. 실제로 문제가 있을 때도 결과는 매우 긍정적인 것으로 나타날 수 있다. 왜냐하면 부정적인 응답을 얻을 수 있는 주제를 피하도록 질문을 할 수 있기 때문이다. 만일 고객과의 상호작용 분야에 대해서 직원들은 개선의 필요성을 잘 알고 있는데 상급 관리자는 이 정보로부터 차단되어 있거나 이것을 잘 모르고 있다면 직원들은 이것을 고객에게 질문하려고 하지 않을 가능성이 크다. 조사 담당자들은 그 문제가 결코 드러나지 않게 질문을 구성할 것이다.

고객조사는 타당한 정보를 형성하는 데 충분한 질문을 할 수 없을지도 모른다. 예를 들어, 정규 근무시간 이후 고객이 이용할 수 있는 새로운 서비스에 대한 고객들의 관심을 파악하기 위해 고객조사를 실시했다고 하자. 조사는 고객이 새로운 서비스를 보고 싶어 하는지를 물었다. 조사결과는 압도적으로 긍정적이었다. 그래서 서비스가 제공되었

그룹 과제

팀원들과 모여서 여러분의 고객이 누구인가를 논의하라. 무엇이 그들을 독특하게 만드는가? 그들이 공통적으로 가지고 있는 건 무엇인가? 그들 간의 차이점은 무엇인가? 그들은 왜 여러분 회사와 계속 거래하는가? 여러분의 고객이 누구인가에 대해 팀원들이 다른 생각을 가지고 있을 수도 있다. 이런 차이는 팀원들이 생각하는 거래의 영역이 다르기 때문일 수도 있다.

이제 여러분의 고객이 누구인가를 확인하고 이들에 대한 짧은 조사를 기획하라(10문항 이하).

조사는 고객의 만족수준을 질문해야 한다. 여러분이 고객의 만족수준을 명확하게 파악하기 위해 필요한 질문 항목들을 논의하라. 거래의 특정 영역에 초점을 맞추기를 원할 수도 있다. 질문지를 완성한 후 1~2주에 걸쳐 고객을 조사하라. 조사가 끝났을 때 결과를 분석하라.

아주 과학적인 연구는 아닐지라도, 고객조사를 통해 유용한 정보를 얻을 수 있다. 고객에게 더 잘 서비스하고 고객을 유지하는 데 도움을 주는 정보는 어떤 것이든 좋은 정보이다!

다. 그러나 불행히도 그 서비스를 이용한 고객은 거의 없었다. 조사결과 서비스가 필요하다는 응답이 압도적이었는데 실제로 그 서비스를 이용한 고객은 거의 없다는 사실에 기업은 당황했다. 두 번째 조사가 똑같은 고객들에 대해서 실시되었다. 처음의 조사에 한 문항만이 추가되었다. "여러분은 적극적으로 이 서비스를 이용하시겠습니까?" 응답 결과 '예' 라고 응답한 고객은 거의 없었다. 추가적인 분석에서, 고객들은 그 서비스가 아주 좋은 아이디어인 것처럼 들린다고 생각하나 대부분은 실제로 이것을 이용할 의사가 없다는 것이 발견되었다. 한 질문의 누락이 조사의 타당성에 큰 영향을 미쳤다.

스스로의 성과를 평가하기

때때로 고객만족을 측정하는 가장 효과적인 방법은 여러분 자신의 성과를 평가하는 것이다. 고객으로부터 가장 많은 문의를 받는 분야와 부서를 조사해 보면 우리는 고객에게 물어보지 않고도 우리의 강점과 약점을 확인할 수 있다. 여러분 스스로의 성과를 평가하기 위하여 자신에게 이런 질문들을 해 보라.

- 고객들은 내가 그들의 질문에 대답하기 위해 존재한다는 것을 알고 있는가?
- 우리 기업이 고객에게 제공하는 시스템에 대해서 잘 알고 있는가?
- 고객들에게 열정과 관심을 보여 주었는가?
- 고객을 돕기 위해서 나는 어떤 기술을 더 발달시킬 수 있었는가?
- 고객의 이름을 기억하고 고객과의 관계를 발전시키기 위한 일을 하고 있는가?

■ 최고의 고객서비스를 위해 노력하는 동시에 고객과 부서를 돕기 위해 다른 무엇을 할 수 있었는가?

고객만족 측정의 효과

고객만족을 측정함으로써 고객과의 관계가 더 깊어진다. 우리는 고객의 만족수준, 고객의 기대와 인식 등을 고려하게 된다. 우리는 스스로 자문하게 되고 아이디어와 관심을 나누는 것을 장려하는 환경을 만들게 된다. 또한 우리 기업이 고객의 생각에 관심이 있고 그들을 만족시키려고 적극적으로 노력한다는 메시지를 고객에게 전달할 수 있게 된다. 고객으로부터의 피드백을 추구한다는 것은 그 자체로 고객유지에 긍정적인 결과를 초래한다.

핵심용어

고객동요율	고객생애가치	고객유지
고객이탈률	고객이해지능	

OX 퀴즈

1. 고객유지는 신규고객을 유인하는 것만큼 중요하지 않다.
2. 고객들은 자신들에게 관심을 보여 주는 기업에 강한 애호도를 발전시킨다.
3. 기존고객은 무조건 서비스 감소를 받아들일 것이다.
4. 고객생애가치는 기존 고객 중 1년 동안 떠나는 고객의 비율이다.
5. 고객유지는 고객과 한 번 이상의 거래를 하는 것을 포함한다.
6. 고객유지 프로그램을 수립할 때, 여러분의 고객이 누구인가 그리고 그들이 어떤 특별한 요구를 가지고 있는가를 조사하는 것이 중요하다.

7. 현재의 고객만족을 측정할 때, 앞으로 시행할 광고 캠페인이 중요 고려요소이다.

8. 비공식 조사는 통계적으로 측정될 수 있고 따라서 극히 믿을 만한 정보원이다.

9. 표적집단은 현재나 미래의 거래 상품 등을 논의할 때, 함께 의논해야 할 무작위 고객 집단 혹은 잠재 고객들이다.

10. 고객으로부터 피드백을 구하는 것은 결코 긍정적인 고객유지로 귀결되지 않을 것이다.

1. 기업의 고객서비스의 질에 관한 통찰력을 주는 다섯 가지 정보원들을 열거하라.

2. 기존고객 유지를 정의하라.

3. 여러분과 회사가 기존고객 유지를 위해 할 수 있는 한 가지는 무엇인가?

4. 기존고객 유지가 왜 그렇게 중요한가?

5. 여러분은 고객동요율을 어떻게 측정하는가 그리고 그것이 왜 중요한 수치인가?

6. 고객유지 프로그램을 만들 때 고려해야 할 지침은 무엇인가?

7. 고객만족을 측정하기 위한 여러분 자신의 도구를 만들라. 10개 문항 이내가 되도록 하라.

8. 고객이 말로 하는 코멘트는 가장 얻기가 쉽다. 그러나 그것은 고객만족의 정확한 측정방법이라고 할 수 없다. 왜 그런가?

9. 기업이나 개인이 스스로의 성과를 평가하는 데 도움이 되는 질문은 어떤 것인가?

10. 왜 모든 고객서비스 담당자가 고객서비스에 대한 자신만의 철학을 가지고 있어야 하는가?

서비스 기술 구축

고객유지

기존고객의 가치는 많은 기업들이 생각하는 것보다 훨씬 크다. 그러나 불행히도 많은 기업이 신규고객에 대부분의 노력을 쏟는다. 따라서 기존고객의 욕구를 효과적으로 충족시켜 주지 못한다.

고객유지는 적극적으로 거래에 참여하는 기존고객을 계속 만족시키고 유지하고자 노력하는 것이다. 기존고객 유지 노력은 비용을 많이 들일 필요가 없으며 첨단기술에 의존하는 것도 아니다. 가장 좋은 고객유지 프로그램은 작게 시작하고, 고객에게 서비스하기 위해 기업이 항상 가까이에 있음을 고객에게 상기시키면서 의사소통을 장려하는 것이다.

개인적으로 혹은 작은 그룹을 지어, 여러분의 기존고객을 유지하기 위한 10가지 창의적 요소들을 나열해 보라. 여러분의 아이디어는 여러분과 거래하는 구체적인 고객과 그들의 독특한 욕구 및 환경을 반영해야 한다.

1.

2.

3.

4.

5.

6.

7.

8.

9.

10.

여러분과 거래하는 기존고객을 유지하기 위한 창의적 요소들을 기록한 후 실행하기 쉬운 순서에 따라 번호를 매겨라. 여러분이 기록한 고객유지 아이디어를 탐구함으로써 여러분은 고객유지 프로그램의 기초를 확립한 것이다. 여러분의 아이디어를 조직 안의 다른 사람들과 나누고 고객유지 과정을 시작하라.

고객서비스와 윤리

당신의 동료인 비키는 오늘 힘든 하루를 보내고 있다. 그래서인지 아주 무례하다 싶을 정도로 한 고객에게 매몰차게 대하고 있다. 당신은 당신이 보고 느낀 상황에 대해 비키나 슈퍼바이저에게 이야기해야 할까 아니면 아무 말도 하지 말아야 할까?

 고객서비스 철학

고객서비스에 대한 해석들은 아주 다양하다. 그러나 많은 기업인과 고객들이 고객서비스의 중요성에 대해 이야기하고 있다는 사실에도 불구하고, 자신들을 위해서 또는 누군가를 위해서 고객서비스가 무엇이라고 생각하는지 명확하게 정의한 사람들은 많지 않다. 고객서비스 담당자는 그들이 고객서비스에 대해 획득한 지식과 전문 분야에서의 현실을 결합해야 한다. 고객서비스에 대한 정의는 여러분 자신의 고객서비스 철학이 된다. 철학은 개개인의 아이디어와 신념의 결합이다. 고객서비스에 있어서 잘 개발된 그리고 현실적인 철학은 기업 성공의 열쇠일 뿐만 아니라 채용과 승진 대상자들인 개개인을 잘 파악하는 열쇠이다.

도전목표

1. 학생들에게 고객서비스에 대한 그들만의 철학을 발달시킬 기회를 줄 것
2. 고객서비스에 대한 학생들의 최신 지식과 그들의 경험, 기업 현실을 통합할 것
3. 아이디어를 성공적으로 그리고 간결하게 언어로 바꿀 것

직접 해 봅시다

고객서비스에 대해 여러분이 획득한 지식을 생각해 보라. 이 지식을 (고객과 제공자 모두의 입장에서) 고객서비스 상황에서의 실제 경험들과 결합하라. 가능한 한 간결하게 고객서비스에 대한 여러분의 철학을 써 보라. 여러분의 철학은 (1) 여러분은 고객서비스를 어떻게 규정하는가, (2) 여러분은 고객서비스에 대해 어떻게 생각하는가를 포함해야 한다. 여러분의 입장을 지지하는 타당한 예와 그 외 다른 정보를 포함하라.

프레젠테이션

고객서비스에 대한 여러분의 철학을 필기해서 준비하라. 고객서비스에 대한 여러분의 철학은 완전히 여러분 자신의 것이라는 것을 기억하라. 책에서 논의되었

던 구체적 정의와 아이디어들을 포함시켜도 좋다. 그러나 여러분이 왜 그런 철학
을 갖게 되었는가에 대한 설명을 포함시켜야 한다. 간결하게 하라.

OX 퀴즈 정답

1. X	2. O	3. X	4. X	5. O
6. O	7. X	8. X	9. O	10. X

변화하는 시장에서의 고객서비스

우리의 최종 목표는 고객을 만족시켜서 돈을 버는 것이다.

_Sir John Egan

이 장의 학습목표

☐ 21세기의 고객들이 정보를 탐색하거나 구매하는 방법을 안다.

☐ 전화판매를 설명할 수 있다.

☐ 서비스 제공자에 대한 고객의 기대와 인식을 이해한다.

☐ 인터넷을 통한 고객의 새로운 거래방식을 이해한다.

☐ 고객들이 원하는 가장 빠르게 발전하는 기술들을 이해한다.

☐ 고객서비스에 있어 전통적 방식과 기술적 방식의 균형을 파악한다.

☐ 콜센터가 무엇인가와 콜센터 관리의 새로운 경향을 이해한다.

오늘날의 시장 변화

오늘날 시장은 빠르게 변화하고 있다. 먼 미래에 가능한 것처럼 보였던 기회들이 현재 우리에게 가능하다. 고객들은 때때로 기업의 능력을 초과하는 관심과 열정을 가지고 이런 새로운 기회를 맞이하고 있다. 더불어 고객들은 기업이 아직 준비하지 못하고 있는 서비스를 기대하고 있을 수 있다. 기업은 예정보다 앞서 이런 서비스를 제공하거나, 서비스를 제공하지 않고 경쟁에서 밀리거나 둘 중 하나를 택해야 한다. 점점 더 많은 소비자들이 제품이나 제품사용방법에 대한 정보를 얻기 위해 가장 먼저 구글이나 다른 검색엔진을 찾고 있다.

소셜 미디어는 소비자들이 아이디어나 정보, 의견 그리고 개인적 메시지들을 공유하기 위해 사용하는 전자 커뮤니케이션 방식이다. 고객 서비스도 소셜 미디어를 통해 제공될 수 있다. 소셜 미디어는 기업들로 하여금 그들이 예전에 해오던 고객서비스 방식을 재검토하게 만들고 있다. 가령 어떤 기업은 예전 방식의 광고를 포기하고 그 대신 훨씬 적은 비용으로 소셜 서비스를 활용한다. 실제로 페이스북이나 트위터를 이용하는 것 자체는 초기에는 비용이 들지 않는다. 그러나 사용자가 증가하고 보다 빠른 반응과 다양한 기능, 그리고 전문 사이트로서의 모양새에 대한 기대가 형성되면 비용이 들게 될 것이다. 소셜 미디어를 소비자와의 소통도구로 이용하는 경향이 증가하고 있다는 것은 경기가 안 좋아지고 있고 기술이 변화하고 있다는 사실을 반영하는 것이다. 기업이 왜 이런 방식을 추구하는지와 상관없이 소셜 미디어는 고객서비스를 위한 늘 새로운 도구로 자리잡을 것이다.

소셜 미디어는 한편으로 소비자들에게 문제해결을 위한 상호협력의 기회를 제공한다. 소비자들은 더 이상 그저 개인적으로 불평하고 일을 끝내지 않는다. 그들은 문제해결을 위한 파워를 갖고 있다. 인터넷에서 아무도 쳐다보지 않는 정보도 기업에게는 부정적인 요소가 된다. 가령 페이스북의 게시글에 아무도 '좋아요'를 누르지 않는다면 그 게시글은 아예 거기 없었던 것만 못한 처지가 된다. 소비자들은 이 사이트에서 또 다른 무엇인가가 더 잊혀지고 무시당하고 있는 것이 아닐까 하고 의심하기 시작할 것이다. 고객과 상호작용하기 위해 소셜 미디어를 사용할 때는 다음 사항을 명심해야 한다.

- 고객의 의견에 대해 감사를 표현하라. 성공이나 새로운 기회, 신규가입을 축하해주라.
- 정보를 공유하되 물건을 팔기 위해 부담을 주지는 말라.
- 행사 마감시간 등에 대한 일정을 제때 업데이트해서 알려주어라.
- 해당 기업이 제공하지 않는 것이라도 소비자에게 유용한 것이라면 링크를 제공하라. 가령 유튜브나 기업 또는 제품이 언급된 신문기사, 기타 중요한 정보 등.
- 책이나 제품, 특정 토픽, 새로운 정보, 흥미로운 기업관련 정보 등 시장 트렌드 정보를 공유하라.

대단히 성공적인 배달 시스템을 가지고 있는 한 피자 체인 레스토랑은 최근에 고객의 주문과 고객평가, 그리고 고객불평을 다루는 웹사이트를 만들었다. 이는 웹사이트의 필요성이나 수익성 또는 현재에도 성공적인 배달업무의 개선을 경영자 측에서 확신해서가 아니라 단지 고객들이 이런 사이트를 요청했기 때문이다. 고객들은 그들의 바쁜 생활 중 필요한 거래를 처리하기 위해서 컴퓨터를 다용도로 사용하는 색다름을 좋아한다. 새로운 모험의 수익성에 대해서는 아직 판단할 계제가 아니다. 점점 더 많은 기업들이 이런 종류의 결정 — 수익성이 검증되지는 않았지만 현재 수준에서 첨단인 기술을 활용하여 발빠른 서비스를 소개하거나 아니면 이것을 아직 활용하지 않고 시대에 뒤떨어지거나 — 에 직면하고 있다. 앞에 언급한 피자 레스토랑은 초기에 약속한 것 때문에 시간이 갈수록 더 많은 온라인 메뉴, 이메일 쿠폰 프로그램을 개발했고 피자를 먹으면서 소비자들이 경험한 특별한 추억을 공유할 블로그 등을 추가했다.

오늘날의 소비자는 생활의 질을 고양시키기 위해 새로운 기술들을 이용하는데 많은 관심을 보이고 있다. 기업은 특정 고객들이 요구하는 기술적 기회를 파악하고 소비자들이 그 기술을 쉽게 이용할 수 있는 방안을 고안해내야 할 과제를 안고 있다. 기업은 어떤 기술이 소비자를 기쁘게 할 수 있을지 판단해야 한다. 또한 현재의 기술수준을 유지하고 업데이트하기 위해 어느 정도의 인력이 필요한지를 분석해야 한다.

> *"사람들이 살아가고 일하는 방식에 있어서,*
> *앞으로도 큰 차이를 만들어 낼 기술이 계속 필요할 것이다."*
>
> _Sergey Brin

21세기 고객을 이해하자

21세기 고객은 다른 무엇보다도 정보를 탐색하거나 구매를 할 때 더욱 똑똑해질 것이다. 그들은 고객서비스 담당자에게서 다음과 같은 것들을 기대한다.

1. 가용성_고객의 스케줄에 맞추어 서비스할 준비를 하고 있을 것
2. 접근가능성_고객이 필요할 때 담당자와 바로 접촉할 수 있을 것
3. 책임감_고객의 질문에 대해 빠르고 정확하게 답변할 수 있을 것

Charlene Taylor, Rural Telecommunications 잡지, 1996년 11월/12월

고객은 고객에게 친숙하고 고객의 선택이 정당함을 인정하는 갈등 없는 경험을 원할 것이다. 고객은 그들이 매우 가치 있는 존재라는 점을 확인하고 싶어 하며 고객이 진정으로 필요로 할 때 고객서비스를 이용할 수 있기를 원한다. 오늘날의 고객은 매우 바쁘며 앞으로도 계속 그럴 것이다. 고객은 주 중에 9시에서 5시 사이의 근무시간에 집에서 소프트웨어를 설치하는 문제나 잔디 깎는 기계와 관련된 문제를 물어 보지 않을 것이다. 고객은 한밤중에 그런 일을 하게 되기 쉬울 것이며 한밤중에 문의를 하더라도 제때 정확한 답을 제공하는 서비스를 원한다. 그들은 또한 거래하는 기업의 책임감 수준이 높기를 기대할 것이다. 그들의 선호를 발견하기 위해 고객조사만으로는 충분치 않다. 고객은 그들의 제안을 제시할 수 있는 기회를 갖기를 기대한다.

최근 몇 개의 대도시 지역에서 '고객이 100% 만족할 수 있는' 구매 와 언제나 '접근가능한' 서비스를 약속한 '새로운 밀레니엄형 자동차 구매'로 명명된 마케팅 전략이 행해지고 있다. 최근에 한 고객이 오일 교환에 대한 예약을 하려고 회사에 전화를 했는데 전화를 받은 직원은 "오일 교환 기술자가 점심식사를 해야 하니까 정오에는 차를 가져오지 말라"고 말했다. 고객이 점심시간 중에 꼭 오일을 교환해야 할 형편이 라고 말하자 직원은 다시 고객에게 "그렇다면 점심을 아주 늦은 시간 에 드시라"고 권했다. 고객은 자신이 다른 오일 교환 전문가에게 차를 가지고 갈 수 있고 그 전문가는 결코 점심시간에 쉬지 않으며 가격은

더 싸고 차의 유리창을 닦고 진공청소를 한 후 돌려준다는 이야기를 했다. 그러나 그는 어쨌든 늦은 시간에 오일 교환 예약을 하고 전화를 끊었다. 그 고객은 전화를 끊고 잠시 동안 생각한 후에 오일 교환을 하러 다른 회사로 가는 것이 낫겠다고 결정했다. 그녀가 예약을 취소하기 위해서 다시 전화했을 때, 전화에서는 계속 자동응답 메시지만 흘러나왔다. 메시지를 몇 번 들으며 계속 기다리다가, 고객은 그 회사가 실제로 고객이 접근하기 어렵게 멀리 떨어져 있는 것에 대해 실망하고 화가 나서 전화를 끊었다.

이것은 서비스에 대해 말만 하고 고객의 진정한 필요에 대해서는 확실하게 조치를 하지 않는 기업의 사례이다. 고객들은 이런 종류의 대접을 더 이상 참지 않는다. 그들은 다른 곳으로 가 버릴 것이다. 회사는 고객을 잃고 있다는 것을 깨닫는 순간, 한정된 고객 수와 너무 심한 경쟁 상황 또는 불경기에 그 책임을 돌린다. 그러나 사실 기업은 향상된 서비스에 대한 고객들의 기대나 계속 변화하는 고객들의 요구를 충족시키지 못한 데 일차적인 책임을 돌려야 할 것이다.

> *"기술은 사회의 형태를 구체화하고,*
> *사회는 필요한 기술의 형태를 구체화한다."*
>
> _Robert W. White

새로운 기술을 받아들이기

기술은 경이적인 속도로 진보하고 있다. 고객은 새로운 기술적 옵션을 가진 시도가 그들에게 유익할 것이라는 희망을 가지고 이것을 열망한다. 고객이 새로운 기술에 좀 더 민감하게 반응하는 이유는, 이것들이 사용자에게 매우 친숙하게 만들어져 있을 것이라는 기대 때문이다. 시스템을 이해하고 이것과 함께 일하기가 더 쉬워지면 사람들은 그것을 사용하게 될 것이다. 이러한 경향이 증가하는 경우의 이점은 사람들이 기대하는 표준이 올라가고 업무수행 속도도 증가하기 때문이다. 고객이 추구하고 사용하는, 가장 빠르게 진보하는 기술 중에는 고객서비스 콜센터, 인터넷상의 고객서비스, 전자우편 등이 있다.

새로운 기술이 업무현장에 소개될 때 사람들이 이것을 맞이하는 감정은 여러 가지이다(열광에서 두려움까지). 새로운 기술은 배워야 할 새로운 것과 타파해야 할 오래된 습관을 의미한다. 열린 마음으로 새로운 기술을 맞을 수 있는 준비를 하려면 다음 단계들을 밟아야 한다.

- 참모를 기용하라 _ 처음부터 콜센터 스태프를 기용하라.
- 슈퍼바이저와 팀 리더들을 먼저 훈련시켜라.
- 새로운 기술의 옹호자로 '변신 챔피언' 집단을 발달시켜라.
- 비전을 표현하라 _ 여러분의 열정을 여러 사람에게 전달하고 열정을 가지면 업무가 얼마나 쉽게 이루어질 수 있는지 알려 주라.
- 새로운 기술의 성공적인 사용을 칭찬하라.
- 불평하고 싶은 유혹을 물리쳐라.
- 작은 성공을 칭찬하라 _ 관련된 모든 사람들을 고무시키는 작은 성과를 칭찬하라.
- '선반증후군'을 피하라 _ 이것은 새로운 기술을 선반 위에 올려 놓은 채로 사용하지 않고 그냥 사장시키고자 하는 유혹이다.

Dr. Jon Anton, *Customer Service Manager's letter*, 1998년 5월 10일

콜센터

고객서비스 분야에서의 가장 극적인 성장 중 하나는 콜센터를 통해서 제공되는 서비스이다. 콜센터는 고객서비스를 수행하는 데 특별한 이점을 갖고 있다. 직원 수만 충분하다면 콜센터는 어디에나 자리잡을 수 있고 하나의 콜센터가 여러 기업의 콜을 동시에 처리할 수 있다. 고객은 편리함이 증가된 대신 일대일 서비스의 기회가 적어진 것을 감수하고 있다. 콜센터는 고객을 대면적으로 만날 때의 서비스 비용보다 서비스 비용을 크게 감소시켰다.

근래 콜센터 트렌드 중 하나는 미국인보다 훨씬 싼 임금으로 사람을 고용할 수 있는 외국으로 콜센터를 내보내는 것이다. 많은 회사들이 이런 비용상의 이점을 활용하고 있다. 비용 측면에서만 본다면 일단 이러한 트렌드는 성공적이다. 그러나 고객만족도는 이런 경우 낮아질 가능성이 높다. 기업은 고객 이탈을 고려하면서 비용절감 문제를 생각해야 한다. 외국에 콜센터를 설치하는 경우 미국 소비자들과 효과적으로 상호작용하게 만들려면 효율적인 훈련 프로그램이 필요하다. 종업원들에게 미국인 이름처럼 들리는 이름과 서명을 갖게 할 수도 있다. 이런 방식에서 성공할 수 있다면 소비자들은 자신이 바로 옆 골목에 있는 고객서비스 담당자와 이야기하고 있는 게 아니라는 사실을 전혀 눈치 채지 못할 것이다.

콜센터는 이제 전화판매의 영역까지 포함한다. 전에 텔레마케팅으로 불렸던 **전화판매**(teleselling)는 전화를 통해서 상품과 서비스, 정보 등을 판매하는 것이다. 전화판매에는 두 가지 유형의 전화가 있다. **인바운드 전화**(inbound calls)는 카탈로그 주문, 청구서 문제, 기술적 지원, 상품 사용, 기타 정보 등을 요청하거나 문의하기 위해 고객이 거는 전화이다. **아웃바운드 전화**(outbound calls)는 상품이나 서비스의 판매, 시장조사의 수행, 고객의 문의에 대한 응답 등을 하고자 콜센터에서 고객에게 거는 전화이다. 많은 콜센터는 인바운드와 아웃바운드 전화 모두를 처리하고 있다.

대부분의 고객서비스 콜센터는 대기 중인 다음 서비스 제공자에게 전화가 자동으로 돌려질 수 있도록 특별한 연결 특성을 가진 정교한 전화 시스템 — **자동 전화 배분**(automatic call distribution) — 을 가지고 있다. 이것은 고객들로 하여금 회사의 인터넷 사이트에 링크되는 **'저에게 전화하세요' 웹 브라우저**('call me' Web browser)에 연결된다. 이 인터넷 사이트 내용은 콜센터 직원들에게 다시 전달된다. 그 내용을 읽은 콜센터 직원은 고객의 요청에 대답하기 위하여 고객에게 다시 전화를 건다.

자동 콜번호 확인(automatic number identification)은 콜수신자가 전화 건 사람과 그 번호를 바로 알 수 있게 해 준다. 직원이 고객에게 더 나은 서비스를 제공하도록 하기 위해 고객의 기타 정보나 접촉 경력 정보를 직원의 컴퓨터 화면으로 볼 수도 있다.

콜센터 업무 현장은 가능한 한 빠르고 전문적으로 고객에게 서비스하는 데 초점을 둔, 모든 것이 신속하게 처리되는 환경이다. 모든 사람이 콜센터 업무에 적합한 것은 아니다. 최상의 전화 기술, 스트레스 관리 능력, 훌륭한 컴퓨터 기술 혹은 새로운 컴퓨터 시스템 학습 능력, 컴퓨터 앞에서 오래 버티는 능력, 열정, 긍정적인 태도, 동기화, 훌륭한 문제해결 기술, 전문가적 기질, 전화를 끝까지 처리하는 능력 등을 가진 사람이 콜센터 업무의 훌륭한 후보자가 될 것이다. 전화 기술의 중요성 때문에 많은 후보자들을 채용할 때, 이들의 전화 기술을 파악하기 위해서 전화 인터뷰를 하기도 할 것이다.

인터넷상에서의 고객서비스

인터넷은 모든 전문가들의 예상을 뛰어넘어 성장을 거듭하고 있다. 특히 고객서비스 영역에서 인터넷의 중요성은 매우 크다. 많은 고객서비스가 인터넷을 통해 제공될 수 있기 때문에 기업은 그들의 웹사이트가 회사의 고객서비스를 고양시키는지 아닌지를 잘 파악하여야 한다. 웹사이트는 제품과 기업에 대한 정보, 신제품 정보, 주문 사양, FAQ, 사

업무와의 연결

어떤 비용들을 인터넷을 통해 지불할 수 있는지 조사해 보라. 여러분이 거래하는 회사와 은행 모두 찾아보라. 어떤 대금지불 방법이 수수료가 가장 적은지 혹은 아예 없는지, 기존 방법과 통합하기가 가장 쉬운지 등을 알아보라. 이런 대금지불 방법이 여러분에게 적절한지 아닌지를 결정하기 위해, 장단점 평가표를 만들어 보라. 만일 온라인 대금지불 방법을 이미 사용하고 있다면, 계속 그렇게 하라. 여러분은 이미 생활의 질을 높이는 테크놀로지를 사용하고 있는 것이다.

용자 매뉴얼, 부품 재주문, 기술적 업데이트 정보, 그리고 그 외에 수많은 것들을 제공할 수 있다. 이 외에도 고객은 다음과 같은 웹기반 서비스를 좋아한다.

■ 온라인 납부 _ 수많은 기업과 은행들이 소비자들에게 온라인으로 대금을 청구하고 온라인으로 대금을 납부할 수 있게 하는 서비스를 제공한다. 이 서비스를 위해 초기에는 약간의 설정이 필요하지만 지루한 대금청구 및 납부 과정을 신속하게 처리할 수 있다. 판매자들에게는 종이비용과 인쇄비용, 그리고 우편비용을 절약하게 해 준다. 소비자는 대금납부에 걸리는 시간을 절약할 수 있고 수표를 쓰고 그것을 우편으로 부치는 데 드는 비용을 절약할 수 있다. 온라인 납부방식은 대금이 제때에 납부될 가능성도 증가시킨다. 무엇보다도 온라인 납부의 가장 큰 이익은 고객의 만족도가 증가하는 것이다. 이 옵션을 아직 시행하고 있지 않은 회사는 시대에 뒤떨어졌거나 기술적으로 문제가 있는 회사로 인식될 수도 있다.

■ 상품과 서비스의 구매와 판매 _ 온라인 쇼핑은 전에 없는 절정을 구가하고 있다. 인터넷 쇼핑이 시작된 초기에 고객들은 인터넷 쇼핑이 우편비용이 엄청나게 많이 든다거나 주문한 제품을 재고나 이월제품에서 골라 판다는 등 좋지 않은 이야기들을 듣곤 했다. 또한 많은 소비자들은 인터넷에서 신용카드 정보를 제공하기 꺼렸다. 이제는 더 이상 이런 헛소문들이 돌지 않는다. 오늘날의 소비자들은 즐겁게 인터넷에서 가격비교 사이트나 스타일 사양을 검색하고 지역 내 오프라인 매장에서 쇼핑하는 데 들여야 했을 시간을 절약한다. 많은 유통업자들의 매출량은 온라인에서의 매출량에 상당 부분 의존한

다. 이베이(eBay) 같은 회사는 정상적인 온라인 유통업체를 갖지 않고도 소비자들이 자신의 물건을 사고 팔 수 있게 만들었다. 특별 지불 계좌 설정이나 가상 신용카드의 보급은 신용정보 노출을 꺼리던 소비자들의 우려를 불식시켰다. 그렇지만 사기는 아직 인터넷 사용자 모두의 관심사이다. 소비자들은 인터넷을 사용할 때 주의를 기울여야 하며 사이트 내에서의 안전이 보장되지 않는 한 개인 정보를 제공하지 말아야 한다.

■ 온라인 교육 _ 기업은 온라인을 통해 훈련 프로그램이나 기계 조작 강의, 그리고 기타 필요한 교육을 수행할 수 있다. 고객들은 필요하면 언제나 이 교육 안에 접속할 수 있고 정보를 완전하게 습득할 때까지 반복해서 접속할 수 있다. 온라인 교육 형태로 FAQ에 대한 답을 제시할 수도 있다.

■ 웹비나(온라인 협력 또는 온라인 훈련) _ 회사 측은 훈련이나 정보공유를 위한 새로운 방법을 사용할 수 있다. 인터넷을 통해 특별한 훈련 프로그램을 특정 고객 집단에게 전달할 수 있다. 어떤 사람에게는 훈련장까지 오지 않고도 훈련 프로그램을 시행할 수 있어 회사 측으로서는 비용을 절약할 수 있다.

▶ 웹비나(Webinar)
온라인 협력 또는 훈련

■ 기술적 지원 _ 기술적으로 발전된 시장에서 부딪히게 되는 어려운 현실 중 하나는 기술적 지원에 대한 요구가 증가한다는 것이다. 기술 지원은 때때로 앞에서 언급한 여러 방법들을 조합한 형태로 제공되기도 한다. 어쨌거나 모든 유형의 기업은 고객에게 인터넷에서 제품 사용에 대해 배울 수 있는 기회와 인터넷을 통해 질문하고 대답을 들을 수 있는 기회를 제공해야 한다.

■ 전자우편 _ 전자우편(e-mail)에 대한 것은 제6장을 참조하라.

콜센터는 고객들에게 상당한 정보와 도움을 제공할 수 있다. 웹사이트는 콜센터가 하고 있는 일을 보충할 수 있다. 이제 매우 많은 소비자들이 인터넷에 접속할 수 있고 이를 활발하게 사용하기 때문에, 기업으로부터 정보나 도움을 얻기 위해 080 수신자 부담 전화를 찾기 전에 먼저 웹 탐색을 하려고 할 것이다. 인터넷을 통해 정보를 제공하면 기업은 웹사이트를 통해서 답변을 얻을 수 있는 질문을 가진 고객들의 시간소모를 줄여 줄 것이다. 이런 점에서 전화 콜센터와 인터넷은 서로 보완할 수 있다.

대부분의 인터넷 사이트는 하나 이상의 고객서비스를 제공하는 전자우편 링크를 가지고 있다. 이는 고객에게 개인적 질문을 할 기회를 주는 반면 서비스 실패를 초래할 수도 있다. 전자우편을 통해 의사소통하는 고객은 그들의 질문에 대한 반응을 적극적으로 추구하는 고객이다. 웹사이트가 대부분 특정 개인과 관계없는 약간 포괄적인 내용으로 구성되는 데 반해 전자우편 질문은 그렇지 않다. 몇몇 연구들은 고객이 음성 메일 메시지보다도 빠른 전자우편 반응을 기대한다는 것을 제시하고 있다. 일부 회사들은 직원들이 감당할 수 있는 것보다 훨씬 더 많은 전자우편 질문에 반응해야 하는 문제 때문에 고민하고 있다. 또한 만일 고객이 인터넷 검색을 하다가 여러분 회사를 발견했다면, 비슷한 상품이나 서비스를 제공하는 다른 유사한 회사를 발견할 가능성도 매우 높다.

온라인 주식거래 서비스 제공자를 찾고 있는 어떤 고객이 이런 서비스를 제공하는 회사들을 파악하기 위해 검색을 시작했다. 이 검색으로 몇몇 회사를 찾아냈다. 두 회사가 고객이 찾고 있는 다양한 서비스를 모두 가지고 있는 것으로 나타났다. 고객은 두 회사 모두에 똑같은 질문들을 전자우편으로 보냈다. 한 회사는 반응하는 데 너무 많은 시간

팀원들과 함께 회사가 고객에게 서비스하기 위해 테크놀로지를 어떻게 사용하는가 알아보라. 사용하고 있는 테크놀로지들을 모두 열거하라. 그리고 다음 질문에 답하라.

1. 모든 직원들이 모든 테크놀로지에 대해 잘 훈련되어 있는가?
2. 고객들은 이런 테크놀로지를 어떻게 사용하는지 이해하고 있는가?
3. 더 나은 고객서비스를 위해 어떤 추가적인 테크놀로지를 도입할 수 있을까?

발견한 것을 잘 정리해서 여러분의 관리자에게 보여라. 여러분은 관리자가 전혀 생각해 본 적이 없던 것 혹은 여러분 회사의 업무 중에 이미 있던 것 등을 관리자와 공유하게 될 것이다.

이 걸린 것을 사과하면서 세 시간 이내에 답변했다. 다른 회사는 왜 그렇게 시간이 많이 걸렸는지에 대한 아무런 설명 없이 대략 나흘 만에 응답을 했는데, 질문에 대한 답변도 애매했다. 신참 투자자는 누구와 거래할 것이라고 생각하는가?

서비스 경험의 향상과 고객애호도 구축

기업의 고객서비스 제공을 기다리는 새로운 기회들 때문에, 기업들이 해야 할 모든 것은 오로지 새로운 서비스를 제공하는 일인 것처럼 보인다. 21세기가 진행됨에 따라 고객들은 점점 더 많은 것을 추구한다. 고객애호도는 서비스 제공자가 성공했는가 실패했는가를 결정짓는 하나의 기준이 될 것이다. 서비스 제공자의 수가 대단히 많고 제공되는 서비스도 다양하기 때문에, 고객은 고객에게 서비스하는 여러 가지 다양한 방법들을 접하게 된다. 모든 서비스 상호작용은 고객을 더 잘 이해할 기회이고 이들과의 관계를 구축할 기회이다. 만일 적절하게 관리한다면, 고객이 우리를 자신들을 위한 유일한 기업으로 생각하고 이에 따라 계속 우리 기업을 선택하는 애호적 관계가 설정될 것이다.

소셜 미디어 아웃바운드 전화   온라인 납부   웹비나

음성패킷망   인바운드 전화   자동 전화 배분

자동 콜번호 확인   '저에게 전화하세요' 웹브라우저   전화판매

OX 퀴즈

1. 고객들은 사실 상호작용을 위해 새로운 테크놀로지를 사용하는 것에 관심이 없다.

2. 고객들은 잔디 깎는 기계의 문제점을 해결하는 동안, 잔디 깎는 일에서 해방되어 행복하다.

3. 직원이 새로운 기술을 사용하면 칭찬하라. 그러면 직원이 자신감을 갖는 데 도움을 준다.

4. 고객에게 가능한 한 최상의 서비스를 제공하기 위해 외국에 콜센터를 위치시키는 것은 항상 별 문제가 없었다.

5. 인바운드 전화는 고객서비스 제공과 함께 시작되었다.

6. 자동 전화 배분은 전화가 음성 메일에 자동적으로 할당되는 것이다.

7. 온라인 대금지불은 사실상 고객들에게 어떤 식으로든 원하지 않는 갈등을 유발한다.

8. 고객은 인터넷을 통해 거래하는 기업들을 신뢰하여, 사기에 대해 걱정하지 않는다.

9. 인터넷 전화는 무선 인터넷과 동일하다.

10. 고객애호도는 서비스 제공자의 성공 또는 실패를 규정하는 영역 중 하나가 될 것이다.

연습과제

1. 변화하고 있는 고객서비스 제공 방법(사항)을 몇 가지 제시하라.

2. 21세기를 살아가는 고객들이 고객서비스 담당자에게 기대하는 세 가지는 무엇인가?

3. 다른 사람들로 하여금 열린 마음을 가지고 새로운 기술을 맞이하도록 준비시키는 단계들을 검토해 보고, 새로운 기술의 소개에 대한 여러분 자신의 반응을 이야기해 보라.

4. 인바운드와 아웃바운드 전화의 차이를 설명해 보라.

5. 작년에 080 전화를 얼마나 많이 했는지, 그리고 그 경험으로부터 어떤 기대를 갖게
   되었는지 이야기해 보라.

6. 모의 전화 인터뷰를 시행하고 녹음하라. 테이프를 들어 보고 자신이 콜센터의 훌륭한
   후보자가 될 수 있는지 자기평가를 해 보라.

7. 인터넷 검색을 해 보고, 가능하다면 비슷한 상품이나 서비스를 제공하는 두 회사에
   전자우편으로 질문을 보내라.

8. 문제 7번의 답장을 비교하고 여러분의 경험을 다른 사람과 공유하라.

9. 웹사이트로 고객서비스를 보완하여 이득을 얻을 수 있는 기업의 예를 제시하라.

10. 고객애호도를 구축하는 데 가장 중요한 요소는 무엇이라고 생각하는가?

서비스 기술 구축

기술 훈련

기술은 오늘날 우리 생활의 중요한 부분이다. 불행히도 대부분의 사람들은 그들
이 이미 가지고 있는 기술을 극대화할 기회를 이용하지 않는다. 여러분이 얼마나
여러 번 새 텔레비전, 비디오, 컴퓨터, 프린터, 소프트웨어 패키지, 카메라 등을 사
고 사용설명서를 읽지 않은 채로 사용하기 시작했는가를 생각해 보라. 우리가 사
용설명서를 참고하는 유일한 때는 기계가 작동하지 않거나 망가졌을 때이다.

   여러분이 이미 가지고 있거나 이용가능한 상품이나 서비스를 확인해 보라. 사
용설명서를 읽고 여러분이 사용법을 모르는 기능들을 어떻게 사용하는지 배워라.
이 정보로부터 이득을 얻을 수 있는 누군가와 정보를 나눠라. 사용설명서를 읽었
을 때 새로운 기술을 배우는 것이 얼마나 쉬운가를 알고 여러분은 놀랄 것이다.

고객서비스와 윤리

당신은 최근 페이스북에 가입해 새로운 친구나 오랜 친구들과 함께 즐거운 시간
을 보내고 있다. 당신 회사는 업무시간에 페이스북에 접속하는 걸 금하고 있지만
실제로 접속차단시스템이 있는 것은 아니고 당신이 알기로는 접속여부를 감시하
는 사람도 없다. 그런데 옆에 앉은 당신의 두 동료는 업무시간에 수없이 개인적 용

무로 통화를 한다. 당신은 그렇지는 않다. 당신이 업무시간에 페이스북에 접속하는 게 회사에 어떤 해를 끼칠까? 접속해봤자 최소한의 시간만 쓰는 데 말이다. 더구나 당신은 전화 때문에 시간을 낭비하지도 않는데!

<table>
<tr><td>고객서비스 실무 도전 **11**</td><td>새로운 사건들 파악하기</td></tr>
</table>

전문서적을 읽는 것은 새로운 산업 경향에 대한 이해를 증가시키는 탁월한 방법이다. 고객서비스 분야에서도 마찬가지이다. 이 주제에 대해서 수많은 자료들이 쓰였으며 이들 자료는 신문, 기업 계간지, 고객서비스에 초점을 둔 출판물들, 인터넷 등에서 발견할 수 있다. 이런 자료들을 읽는 것은 여러분의 지식을 증가시킬 수 있는 좋은 출발점이 된다. 이 자료들에 포함된 정보를 어떻게 해석하는가를 알려면 추가적인 기술이 필요하다. '새로운 사건' 양식을 완성하는 것은, 자료에 쓰인 사실들을 어떻게 생각해야 하는가를 배우는 과정이 될 수 있고, 그 이벤트에 대한 자신의 생각과 의견을 생각해 보게 만든다.

도전목표

1. 고객 서비스 주제들을 다룬 최근 원고들의 출처를 파악하기
2. 최근의 고객서비스 정보를 읽고 분석하기
3. 훌륭한 문법과 전문가적 글쓰기 양식을 이용해 '새로운 사건' 보고 양식을 완성하기

해야 할 일

고객서비스의 최근 경향과 관련된 자료들을 파악하기 위해, 최근의 기업 출판물과 인터넷을 조사하라. 여러분의 흥미를 끄는 세 개의 자료를 선택하고 각각에 대해 '새로운 사건' 양식을 완성하라. 자료들을 읽고 '새로운 사건' 양식에 나열된 질문들에 답하라. 자료에 있는 정보를 여러분이 고객서비스를 배우면서 알게 된 것들과 연관지어 보라.

프레젠테이션

기존의 '새로운 사건' 양식(고객서비스와 새로운 사건)을 없애라. 컴퓨터에 이 양식의 복사본을 만들거나 자신만의 양식을 만들 필요가 있다. 양식을 상세하게 완성하라. 여러분이 각 부분에 답할 때 철저하지만 간결하게 하도록 하라. 완성된 문장과 전문가적 글쓰기 양식을 사용하라. 기업에 관련된 최근의 자료들을 읽고 이해하는 능력은 가치 있는 기술이고 여러분을 전문가로 성장하게 하는 데 기여할 것이다.

OX 퀴즈 정답

1. X	2. X	3. O	4. X	5. X
6. X	7. X	8. X	9. X	10. O

도전 11

고객서비스와 새로운 사건

이름_____________________ 날짜_____________________

자료의 제목 ____

이 자료를 어디서 발견했는가? (출판물의 이름, 가능하다면 웹 주소를 포함하여)

____

이 자료는 무엇에 관한 것인가? (여러분의 언어로 자료의 개요를 서술하라)

____

____

____

____

____

여러분은 자료에 대해 무슨 생각을 했는가? (여러분의 의견을 포함하라)

____

____

____

____

자료에 대해 가지고 있는 추가적인 생각을 기술하라.

____

____

____

____

최상의 고객서비스

약속으로 친구를 얻을 수 있다.
그러나 우정을 유지시켜 주는 것은 약속을 지키는 것이다.

_ Owen Feltham

이 장의 학습목표

☐ 교재의 목표를 요약한다.

☐ 성공적인 고객서비스 프로그램을 만드는 기본적 요소들을 이해한다.

☐ 최상의 고객서비스가 약속하는 것을 파악한다.

목표는 최상의 고객서비스

오늘날 기업이 성공하려면 최상의 고객서비스를 수행해야 한다. 만일 최상이 목표라면 이보다 덜한 어떤 것도 허용될 수 없다. 많은 기업들은 최상의 고객서비스 제공이 중요함을 이야기한다. 그러나 실제로 이것을 시작하기 위한 일은 거의 하지 않는다. 제1장에서 말한 것처럼 고객과 거래하는 가장 효과적이고 가장 비용이 적게 드는 방법 중 하나는 최상의 고객서비스를 준비하는 것이다. 이것은 기업이 고객에게 고객서비스를 제공하기를 원하느냐 아니냐의 문제가 아니다. 모든 기업은 원하지 않는다 할지라도 고객에게 고객서비스를 제공해야 한다. 이것은 의무이다.

고객서비스는 신나는 업무이다. 기업이 모든 고객을 대체하기 어려운 가치 있는 자산으로 여긴다면 고객들을 좀 더 소중히 여기게 될 것이다. 매일 고객과 상호작용하는 사람들 중 대부분은 그들 업무 중 최고로 중요한 것은 고객을 위한 긍정적인 해결책을 창출하는 것이라고 말할 것이다. 행복한 고객은 우리와 계속 거래하기 위해, 그리고 전에 가졌던 관계를 새롭게 하기 위해 다시 올 것이다.

실제로 어떤 일이 일어나고 있는가

셀 수 없이 많은 회사들이 매일 뛰어난 고객서비스를 제공하고 있다. 때때로 이들은 고객 업무를 매우 쉽게 수행할 수 있게 만들기 때문에 눈에 잘 드러나지 않는다. 너무나 많은 경우에 있어서, 고객들은 이들의 서비스를 당연하게 여긴다. 다음은 고객서비스의 긍정적인 성과를 보여주는 몇몇 뛰어난 회사들의 사례이다.

1. JKJ 공제조합

JKJ 공제조합인 LLC는 텍사스 포트워스에 있는 직원 복지/컨설팅 회사이다. 이들은 여러 주에서 직원 복지에 관한 풀 서비스(full-service) 중개 컨설팅을 제공한다. JKJ는 완전하고 높은 질의 고객서비스를 제공하려고 노력한다.

JKJ는 서비스란 비즈니스에 있어서의 차별성을 규정짓는 것이라고 생각한다. 그들은 고객에게 서비스 하는데 있어서 전통적인 방식을 추구한다. 그들은 고객에게 이메일을 보내지 않고 전화를 한다. 개인적인 접촉은 고객의 필요를 충족시키는데 있어 매우 중요하다. 이런 개인적인 접촉을 통해 JKJ는 고객의 성공과 관심에 귀 기울이고, 고객의 문제와 새로운 비즈니스 기회를 앞서서 파악한다.

고객들은 실제로 비용을 기준으로 직원 복지를 재평가하고 있다. 그들은 직원을 위해 제공할 수 있는 금액과 회사 예산과의 균형을 맞추려고 하기 때문에 보험/상조회사들은 특별한 기회를 발굴할 수 있다. JKJ는 정면으로 이런 새로운 기회에 도전하고 있다. 그들은 고객의 독특한 특성에 맞추어 혜택을 제공할 수 있도록, 고객의 비즈니스에 대해 공부한다. 그들은 통합 옴니버스 예산조화법(COBRA; Consolidated Omnibus Budget Reconciliation Act), 가족요양휴직법(FMLA; Family Medical Leave Act), 그리고 각 기업에서 성공적일 수 있도록 고객의 능력을 확장시키는 고객 프로그램 등과 같은 전문화된 평생교육 옵션을 제공한다. JKJ는 고객과의 파트너십을 고객과 JKJ의 비즈니스 모두를 위한 큰 혜택을 제공하는 유익한 마케팅 도구로 보고 있다.

JKJ는 신생기업이지만 다양한 기회를 통해서 우수한 고객서비스를 제공하고자 확실하게 노력하고 있으며, 다가오는 미래에 주목할 만한 회사가 될 것이다.

2. 퀄리티 항공기 부품 회사(QAA)

퀄리티 항공기 부품 회사(QAA)는 주로 미국에 있는 고객들, 그리고 30개 국 이상의 다른 국가 고객들에게 항공기 엔진 부품을 점검하고 수리하고 교환하는 1급, 2급의 FAA 승인 서비스를 제공하는 정비소이다. QAA는 고객의 요청을 하루 만에 처리하는 항공회사로 알려져 있다. 아침에 QAA에 들어온 부품들은 언제 요청되었든지 간에 추가요금 없이, 같은 날에 수리 또는 점검되고 고객에게 바로 배달된다.

QAA는 고객만족과 유지에 아주 성공적인 접근방법을 가지고 있다. 이 회사는 고객의 문제를 해결하지 않고는 사무실을 떠나지 않는 정책을 고수한다. 이것은 직원들을 만날 수 없어서 적시에 문제를 해결하지 못해 좌절을 겪는 고객이 대부분인 상황에서, 매우 긍정적인 결과를 가져온다.

QAA는 고객과 면대면 상호작용을 거의 하지 않는다. 따라서 신입직원들이 고객의 전화와 주문을 받을 때 좀 더 전문적이고 지식과 정보를 잘 갖춘 탁월한 시간관리자가 될 수 있도록 많은 투자를 요구해야 한다. 이들은 어떤 종류의 자동화전화시스템도 사용하지 않으며, 고객을 재빨리 도울 수 있도록 적절한 인원을 배치하고 훈련을 시킨다.

QAA는 그들의 고객이 부속품을 필요로 하거나 수리를 원할 때는, 항공기가 상공을 운행 중일 때가 아니라 지상에 머물러 있을 때라는 사실을 잘 알고 있다. 이런 인식들이 타사와 비교한 고객반응시간을 향상시켰다. QAA는 최고가는 아니나 비교적 높은 가격을 받는 서비스 공급자이다. 그렇지만 고객은 이 회사와의 거래에서 수많은 혜택을 받는다. QAA는 그들이 하는 모든 것에 있어 전문성을 보여준다.

면대면 거래를 하지 않는 기업에 있어서, 포장상태는 그 회사에 대한 많은 것을 표현한다. QAA는 이것을 마음속에 새기고, 매우 까다롭고 세부적인 운송요건을 설립했다. 모든 부품들은 기업의 일반적 표준이 아닌 특별한 재료로 포장되어 운송된다. 포장 테이프에는 회사의 로고를 프린트하고 운송 라벨조차도 주문제작하여 기업의 이미지를 계속 확대시킨다. QAA는 매일 60상자 이상을 운송하는데 5년간 단 3건의 UPS로부터의 불만을 받았다. 이렇게 극히 낮은 불만 비율로 인해 UPS는 간행물인 *Compass* 2007년 겨울호의 커버스토리 중 첫 주제로 이 회사를 칭송하였다. 높은 품질의 포장과 운송 표준은 QAA 고객들에게 이 회사에 대한 긍정적인 인상을 주었으며, 이로 인해 QAA는 경이로운 고객서비스 이미지를 구축하게 되었다.

QAA가 매년 사용하는 결정적인 독특한 고객서비스 전략은 그들의 최우선 고객 100명에게 감사를 표하는 것이다. 이들이 감사를 표하고자 하는 고객들이 특정한 사무실이나 상점에서만 근무하는 것은 아니기 때문에 QAA는 이들과 나눌 독특한 선물을 물색했다. 땅콩을 굽는 한 지역회사가 이에 대한 완벽한 답을 제공했다. QAA는 그들의 최우량 고객들에게 50~100파운드의 구운 땅콩 포대 자루를 배달했다. 고객들은 이 자루를 그들의 상점에 걸어두고, 모든 지역의 직원들을 초대해서 땅콩들을 한움큼씩 집어가게 함으로써 감사 선물을 즐겼다. 이런 독특한 전통은 우수 고객들이 매우 기대하는 보상으로 자리잡았고, 그들의 비즈니스를 성공적으로 유지하는 오랜 방식이 되어왔다. QAA는 고객서비스에서의 큰 성공사례이고, 이에 대해 더 많은 것을 배우도록 영감을 주는 회사이다.

3. 오클라호마 통신회사

오클라호마에는 약 1만 5,000명의 고객에게 지역 서비스에서부터 광역 인터넷과 Ethernet 전송에 이르기까지 고급 커뮤니케이션 서비스

일체를 제공하는 독립적인 통신회사가 있다. 통신회사는 규제를 받는 공익사업으로 오클라호마 기업협회의 감독을 받으며, 높은 수준의 고객서비스와 고객과의 커뮤니케이션을 유지해야 한다. 경쟁자들과의 보조를 맞추려는 계속적인 시도와 고객들의 계속 변화하는 우선순위 때문에 이 회사는 최근에 새로 단장한 웹사이트를 소개했다. 이중 하나는 고객들에게 온라인 체크카드, savings 카드, 신용카드 중에서 지불방식까지 선택하게 하는 온라인 요금 지불 방식이다. 이것은 고객들에게 우편료를 절약하게 하고 사무실에 몸소 가야할 필요를 없애준다. 궁극적으로 회사는 고객들이 웹을 이용하여 서비스를 스스로 활용할 수 있도록 계획한다. 시민의 참여가 통신회사의 질을 결정한다. 이 회사는 규칙적으로 지역의 축제와 기념행사를 후원한다. 그들은 지역의 적극적인 파트너이고 고객들은 이를 매우 긍정적으로 생각한다. 지역에서의 고객서비스 실현은 이들을 경쟁자들과 차별화시킨다. 고객들은 전화에서 들리는 목소리가 친구이고 이웃인 것을 알고 기뻐하며, 지역 전화 회사와 거래를 함으로써 그들이 지역사회의 비즈니스를 지원한다는 것을 기꺼워한다.

4. 커뮤니티 칼리지

미국 내 커뮤니티 칼리지는 고등교육 영역에 있어 중요하고 독특한 역할을 수행한다. 12,000명 이상의 학생들에게 서비스를 제공하는 중서부의 지역 커뮤니티 대학은 학생 수가 점점 증가하면서 활력소가 되고 있다. 일부 학교들이 학생교육에만 집중하고 있는 동안, 다른 유사한 다양한 기관들도 학생교육을 위해 경쟁하고 있고 학생들은 교육 외에 그들이 추구하고 싶어 하는 다른 기회들을 찾고 있다. 대부분의 커뮤니티 대학들은 일종의 개방 정책을 가지고 있는데, 이는 어떤 학생이라도 학교에 등록할 자격이 있다는 것을 의미한다. 이런 학생들을 계속 끌어들인 후에, 학생들이 졸업할 때까지 혹은 이들이 설정한 목표를 달성할 때까지 수많은 요인들이 함께 작용한다.

대부분의 대학들은 학생들을 유지하는 것을 목표 삼아 일하는 방식으로 경영 목표를 이동하고 있다. 학생들이 그들의 교육적 목표를 달성하기 위해 노력할 때, 여러 사항에 관심을 갖는다. 언제나 존재하는 관심 중 하나는 학비, 수업료, 책값 등을 감당할 수 있을까이다. 과거에는 새 학기가 시작하기 전에 학생이 등록금을 지불할 수 없었다면 아마도 학교를 다닐수 없었을 것이다. 한 학기 동안 학교를 떠나야만 했던 학생은 명백하게, 학교로 돌아오지 않을 위험이 크다. 이를 위해, 대안적인 지불방법들이 고안되었다. 학생들은 이제 선불, 월지불, 혹은 미리 준비된 다른 방식으로 등록금을 지불할 수 있다. 재정적인 지원도 학교 비용지불의 중요한 요소가 점점 더 되어가고 있다. 서류작성의 완성에 도움을 줄 재정보조 조언자가 있거나, 마감기일까지 미팅을 갖거나, 그리고 재정보조에 대한 도움을 신청할 컴퓨터를 갖는 것 등에 의해서, 학생들은 그들의 교육비를 지불할 돈을 얻을 수 있다.

재정보조 자금의 시기와 학기 시작이 일치하지 않을 수도 있고 수표지불은 처리에 시간이 걸리기 때문에, 대부분의 학교들은 직불카드 시스템을 갖추고 있다. 이런 형태의 시스템에서 모든 학생들은 재정보조 지불과 환불을 위한 계좌를 소유한다. 학생들이 돈을 인출하거나 혹은 요구불 계좌처럼 이용할 수 있도록 하기 위해서 현금자동인출기가 캠퍼스 곳곳에 배치된다. 재정지원의 전반적인 조정과 다양한 등록금 납입방법은 학생들이 직면한 문제 중 하나를 결정적으로 줄이도록 도울 수 있다.

학생들을 유지할 수 있는 또 다른 방법은 다른 학교나 대학으로 클래스를 이전할 수 있는 아주 유연한 프로그램을 만드는 것이다. 대학 학점인정 프로그램은 커뮤니티 칼리지의 학생들이 쉽게 학사학위를 딸 수 있는 4년제 대학으로 옮길 수 있도록 도와준다. 학생들은 대학교에서 인정받을 수 있는 학점 클래스를 수강함으로써 그들의 학위과정을 더욱 신속하게 끝낼 수 있다. 학위과정이 어렵거나 혹은 이전 교육과정에서 클래스에 대한 준비가 불충분할 때, 발전적인 클래스들이 학생들을 돕는다. 학생의 성공은 학습 환경에서 가장 탁월한 학생 유지 방법이다. 만일 학생이 학습자료들을 적절하게 이해할 수 있는 낮은 수준의 과정을 이수할 수 있다면, 그들은 학위과정을 끝내기 위해 필요한 더 높은 수준의 과정에서 성공할 수 있도록 더욱 잘 준비할 수 있다. 높은 학문적 표준이 강조되고, 이는 내부 및 외부 고객을 행복하게 만들고 이들과 팀으로서 함께 일할 수 있도록 학생들에게 준비시킬 수 있다.

이런 학교의 물리적 환경은 따뜻하고 호의적이다. 주요 강의용 건물들은 쇼핑몰 분위기와 비슷하다. 주차공간은 풍부하고 학생들은 일단 빌딩 속에 들어오면 하루의 수업을 마칠 때까지 캠퍼스에서 머물 수 있다. 그들은 모든 설비가 잘 갖추어진 미디어 센터에서 일하고 연구할 수 있다. 초대공간은 모든 캠퍼스에 걸쳐 마련되어 있다. 그룹 공간은 학생들에게 친구를 만나거나 친구들과 공부하거나 휴식을 취할 수 있는 공간을 제공한다. 커피숍은 시간을 보내거나 공부하는 즐거운 장소이다. 학생들을 유지하는 것은 어떤 교육시스템의 성공에 있어서도 필수적이다. 그러나 다양한 학생 유지전략의 실행을 통해서 학생들은 이 과정 속에서 적극적인 고객으로 남아 있도록 영감을 받을 것이다. 학생들은 행복한 고객들이고 이런 기관을 칭찬한다.

5. 남부의 전기회사

대부분의 소비자들은 전등 스위치를 켰을 때 불이 들어오는 것을 당연하게 생각한다. 그러나 불이 들어오지 않았을 때 우리는 누구를 부를 것인가? 바로 전기회사에 연락한다. 남부의 대규모 전기회사는 탁월한 고객서비스를 실행하고 있는 좋은 예이다. 콜센터, 대금청구, 신용카드/수금 및 관련 서비스에 250명 이상의 직원을 가지고 있는 이 회사는 적절한 사람을 고용하고 훈련시키는데 가장 높은 표준을 가져야만 한다. 세밀한 선별과정은 그 사람이 적절한 사람인지를 확인하는 첫 번째 단계이다. 일단 잠재적 지원자를 확인한 후에는, 전화 인터뷰를 하고 동료와 상관 패널의 인터뷰를 거친 뒤 행동 테스트를 하고 이 모든 단계들을 잘 통과하면 취업 권유를 받는다. 신입직원은 일단 고용이 되면 3개월간의 훈련을 거쳐야, 훈련관의 지도 없이 고객의 전화를 받도록 허용된다. 이 회사는 이런 세부적인 선정 및 훈련과정을 통해서 엄청난 가치를 창출한다. 이들의 이직률은 현재 약 6%에 불과하며, 직원들 대부분은 은퇴할 때까지 이 회사를 다니려고 계획하고 있다.

모든 직원들은 걸려오는 어떤 전화도 잘 처리할 수 있도록 훈련된다. 이들은 모든 고객의 관심사를 처음부터 끝까지 다룰 수 있는 권한을 가진다. 이들은 고객의 문제 해결에 관련된, 그러나 고객이 말로 드러내 놓고 이야기하지 않으려는 것들을 듣도록 훈련받는다. 고객의 어려운 상황을 해결하도록 돕는데 있어 독특한 지불방식과 융통성이 필요할 수 있다. 모든 것일 수도 있다. 경제적 조건이 변동을 거듭함에 따라 고객들은 청구 요금을 지불할 때 분할 지불을 더욱 선호하고 신용카드 사용을 선택하는 경향이 있다.

외부고객과 내부고객에게 서비스하는 새로운 방법이 계속 탐구되고 있다. 외부고객들에게는 다양한 대금 지불방법, 소비자정보, 우수한 서비스 등이 제공된다. 내부고객에게는 독특한 업무 기회, 경력경로(career pathing), 회사 내에서 승진을 추구하길 원하는 영역을 확인하기 위한 직업체험(Job Shadowing, 반나절 정도 특정 업무를 지켜보는 프로그램), 매우 매력적이고 재미있는 작업환경 등을 제공한다.

 몇 년 전 대재앙이었던 아이스 폭풍이 발생했을 때, 고객들은 이 회사가 고객들에 대한 헌신을 실제로 행동에 옮기는 것을 보았다. 얼음에 의한 정전으로 고객의 75%가 고통을 당하고 있을 때, 직원들은 고객전화에 응대하기 위해 업무현장에 남아 있었다. 이 직원들 중 많은 사람들의 집도 정전이었다. 며칠 동안 낮은 기온 때문에 고객들의 긴장상태는 매우 높았다. 사람들은 감기에 걸렸고 어둠속에 앉아 있었다. 그들은 지금 당장 전기가 들어오기를 원했다. 고객들의 전화는 전문성과 인내심을 가지고 처리되었으며, 동시에 모든 지역으로부터 온 수리 팀이 전기가 다시 들어오게 하기 위하여 야외의 추위 속에서 일하였다. 전기회사는 고령 고객들의 상태를 점검하고 이들이 기본 서류를 완성하도록 돕기 위해서 지역의 풋볼 팀 선수들을 모았다. 일부고객들은 며칠 내에 전기를 켤 수 있었던 반면 다른 사람들은 전기 없이 몇 주를 지냈다. 전기가 복구되었을 때 고객들의 피드백은 매우 긍정적이었다. 고객들을 도울 수 있는 모든 것을 할 준비가 된 직원들을 가진, 이런 회사가 그 성과를 보여줄 수 있는 경우는 바로 이런 어려운 상황일 때이다.

 우수한 고객서비스의 사례는 매우 많다. 당신에게 충실하게 서비스하는 이런 회사들에 주목하라. 우리는 이런 사례로부터 무언가를 배울 수 있다.

일단 시작하기

불행히도 많은 기업들이 고객서비스의 중요성에 대해 말하면서 실제로는 그것을 제공하지 않는데, 주된 이유는 어떻게 시작하는지 잘 모르기 때문이다. 이 책을 읽고 서비스 기술 구축과 서비스 실무 도전 부분을 모두 마스터했다면, 여러분은 성공적인 고객서비스 프로그램의 기본적인 요구사항들을 알게 된 것이다. 여러분은 이제 평균적인 고객서비스 담당자나 고객서비스 관리자보다 더 많은 것을 알고 있다. 이 책과 여러분 자신의 경험 모두로부터 얻은 지식을 토대로 여러분 고객에게 보다 향상된 고객서비스를 제공하라.

최상의 고객서비스가 약속하는 것

고객서비스를 제공하는 기업들은 많은 좋은 결과를 얻게 된다. 그중 가장 유익한 10가지는 다음과 같다.

1. 고객이 긍정적인 경험을 기대하면서 거래하러 온다.
2. 직원 개개인이 업무에서 얻는 충족감이 커진다.
3. 고객은 (적절한 때에) 공동 생산자로서 고객서비스 준비를 돕는다.
4. 기업은 고유한 경쟁력을 확보한다.
5. 고객 도전을 알아차리고, 현재의 고객을 성공적으로 유지할 수 있는 생산적 해결책이 개발된다.
6. 문제들이 효과적, 효율적, 창의적 방법으로 해결된다.
7. 고객서비스 담당자와 관리자는 고객과 기업 간의 상호관계를 위해

자신이 수행하고 있는 역할에 대해 긍정적인 느낌을 갖게 된다.

8. 기업 규정, 업무 절차, 기업 문화 등에서 내부고객의 가치가 강조
되기 때문에 업무 환경이 더욱 즐거워지고 생산성이 향상된다.

9. 기업은 긍정적인 평판과 고객들의 존중을 받게 된다.

10. 업무 철학과 초점이 고객을 만족시키는 데 있기 때문에 수익목표
는 더욱 성공적으로 달성된다.

최상의 고객서비스를 추구하고 달성하고자 하는 도전에서 이기기는
쉽지 않다. 최상의 고객서비스를 격려하는 환경을 만드는 데 필요한
지식과 업계에서 성공적으로 경쟁하기 위한 기술로 무장한 다음에 비
로소 개인이나 조직에 있어서나 최상의 고객서비스를 달성하기 위한
길로 들어서야 한다.

가치(values) 어떤 상황에 적절하게 반응하기 위한 우리의 신념, 지각, 아이디어
의 결합

갈등(conflict) 반대되는 욕구, 열망, 아이디어 등 때문에 일어나는 적대적인 만남

감정이입(empathy) 누군가가 경험한 것을 이해하고 그 상황을 해결하는 데 도움
을 주는 행동을 취하는 능력

계획(planning) 집중해야 할 업무 방향을 파악하고 특정한 고객서비스 목표를 설
정하는 것

고객동요율(churn rate) 매년 떠나는 고객의 수를 같은 기간 동안의 신규고객의
수로 나눈 것

고객만족(customer satisfaction) 기업과의 상호작용에 대한 고객의 전반적 충족감

고객생애가치(customer lifetime value) 고객으로서의 평균적 생애기간 동안 고
객이 산출하는 수익의 순현재가치

고객서비스(customer service) 기업에 대한 고객의 경험을 향상시키기 위해 기업
이 수행하는 모든 것

고객서비스 시스템(customer service system) 고객서비스의 완성에 기여하는 총
체적 절차

고객서비스 인프라(infrastructure) 고객서비스 생산을 지원하는 사람과 물리적
시설물, 정보 등의 네트워크

고객속성(customer attrtibutes) 인구통계적, 사회심리적(psychographic) 정보와

기업특성(firmographic) 정보에 따라 분류된 고객의 특징들

고객유지(customer retention) 거래하는 현재의 고객을 적극적으로 계속 만족시
켜 고객으로 유지하는 것

고객의 영향력(scope of influences) 개인의 지각이나 경험에 근거한 다른 사람에
대한 개인적 영향의 크기

고객이탈률(defection rate) 기존고객 중 1년 동안 떠나는 고객의 비율

고객이해지능(customer intelligence) 현재 고객과 잠재고객, 이탈고객에 대한 정
보를 모으고 분석하여 고객에 대한 이해를 발달시킨 정도

공동생산(co-production) 고객들에게 제공되는 고객서비스에서 적어도 한 부분
은 고객이 직접 참여하는 것

공식 리더(formal leaders) 공식적 지위와 권한을 가진 리더

관계 마케팅(relationship marketing) 고객과 지속적이고 상호 호혜적인 관계를
구축해 나가는 것

기대(expectation) 경험으로부터 나오는 결과에 대해 바라는 개개인들의 시각

기업 정보(firmographic information) 기업의 여러 가지 특성들을 말하는데, 직원
들의 수, 소매, 도매, 서비스 제공 등 업무의 종류, 작업시간 등을 포함한다.

내부고객(internal customers) 기업의 조직 내에서 함께 일하는 사람 또는 동료

눈 마주치기(eye contact) 눈과 눈을 시각적으로 마주치는 것

도전적인 고객(challenging customers) 어떤 문제나 문의사항, 두려움 또는 특별
한 성격을 가지고 있는 고객으로 기업과의 의사소통을 위해 기업에 어떤 일을
하도록 요구하게 된다.

동기(motivation) 사람들을 특정한 방법으로 행동하게 유도하는 개인적 충동

듣기(listening) 화자가 말하는 것을 듣고 이해하는 능력

리더십(leadership) 타인에 대한 영향력

마인드 매핑(mind-mapping) 문제를 기록하고 최초의 문제로부터 가능한 해결
책들이 가지를 뻗는, 문제를 도식화하는 창의적 접근법(그림 3.5 참조)

말하기(talking) 다른 사람이 이해할 수 있는 단어와 전문용어를 사용해서 이야기
하는 것

목적(purpose) 조직의 존재 이유

목표(goal) 달성하고자 하는 것을 분명하게 정의해 놓은 것

목표설정(goal setting) 목표를 정하고 이것들의 중요성을 평가하는 과정

문제해결(problem solving) 도전적인 상황에 대한 적극적인 해결

문화(culture) 한 집단의 사람들이 공유하는 가치와 신념, 규범

미션(mission) 조직이 궁극적인 목적을 달성하기 위해 사용해야 할 수단

브레인스토밍(brainstorming) 둘 이상 사람들의 집단이 개방적이고 수용적인 환경에서 아이디어를 나누는 문제해결 전략. 참석자들은 아이디어를 나누고 기록한다.

비공식 리더(informal leaders) 공식적 권한은 가지지 않았으나 다른 사람에게 영향을 줄 수 있는 능력을 가진 사람

비언어적(non-verbal expression) 의사소통 목소리의 톤과 억양, 얼굴 표정, 자세, 눈 마주치기 비언어적 의사소통은 다른 의사소통 방식을 통해 표현되는 메세지와 상충될 수 있음.

사회심리적 정보(psychographic information) 라이프스타일, 사는 방법, 욕구, 동기, 태도, 준거집단, 문화, 사회계층, 가족 영향, 취미, 정치적 가입 등에 초점을 두고 모으는 정보

사후 추적(follow-up) 상황이 처음의 계획에 따라 운영되고 있는지를 파악하기 위해서 거꾸로 체크해 나가는 것

서비스 지향적이지 않은 고객(low-touch customers) 낮은 수준의 고객 상호작용을 기대하고 고객경험을 시작하는 고객. 기술의 발달은 상호작용에 대한 고객의 기대를 낮추는 경우가 많다.

서비스 지향적인 고객(high-touch customers) 높은 수준의 고객 상호작용을 기대하고 고객경험을 시작하는 고객

소비행동(consumption behavior) 고객의 화폐 사용 및 대금 지불 패턴

시각적 도식화(diagramming) 문제나 시스템의 시각적인 표현을 통하여 문제를 개선하고자 하는 문제해결 전략. 도식화에는 찬성반대 도표, 플로차트, 조직도, 마인드 매핑 등이 포함된다.

시장 세분화(market segmentation) 고객을 비슷한 특성을 가진 집단으로 구분하는 것

신뢰성(credibility) 개인의 현재 지식과 평판, 전문가적 자질의 종합

쓰기(writing) 다른 사람들이 의도한 메시지를 이해할 수 있도록 메시지를 기록해서 의사소통하는 것

아웃바운드 전화(outbound calls) 상품이나 서비스를 팔거나 시장조사를 수행하거나 고객의 질문에 응답하기 위해서 콜센터에서 고객에게 거는 전화

어조(voice inflection) 목소리의 높낮이, 타이밍, 크기에 있어서의 다양성

업무보조도구(job aids) 훈련을 강화시키는 데 사용되는 리더십 도구

외부고객(external customers) 기업 외부에서 기업과 거래하는 고객

욕구(needs) 사람들이 개인적으로 필요로 하는 것

욕망(wants) 바라는 물건이나 경험

윤리(ethics) 개인이나 집단의 행동을 지배하는 일련의 규칙

음성메일(voice mail) 받는 사람의 음성 편지함에 말한 사람의 메시지가 녹음되고 저장되는 시스템. 받는 사람은 나중에 메시지를 재생시켜 들을 수 있다.

음조(pitch) 목소리의 높낮이

의사소통(communication) 둘 이상의 사람들 사이에 정보나 아이디어, 이해 등을 나누는 과정

이차적 기대(secondary expectation) 우리의 과거 경험에 근거한 기대로 우리의 일차적 기대를 고양시킴

인구통계적 정보(demographic information) 연령, 수입, 결혼 상태, 교육, 가족생활주기 단계, 자가 혹은 전월세 여부, 우편번호, 성, 직업, 가구의 크기, 이동 패턴, 인종적 배경, 종교 등의 특성들

인바운드 전화(inbound calls) 카탈로그 주문, 청구서 질문, 기술적 지원, 상품 사용, 기타 정보 등을 알기 위해서 고객이 걸어 오는 전화

인식(perception) 사람들이 자신의 경험에 근거해서 어떤 것을 보는 방법

일차적 기대(primary expectation) 상호작용에 대한 고객의 가장 기본적인 요구사항

읽기(reading) 쓰인 낱말을 읽고 이해하는 능력

자기평가(self-assessent) 개인의 강점과 약점을 확인하기 위해 스스로를 평가하
는 것

자아개념(self-concept) 어떤 개인이 자신을 보는, 그리고 다른 사람이 자신을 본
다고 생각하는 방식

재량권 부여(empowerment) 고객서비스 담당자가 고객을 돕기 위해서 독립적으
로 일정 영역의 의사결정을 내릴 수 있게 허용하는 것

전략(strategy) 명확한 행동을 취하기 위한 계획

전자우편(e-mail) 한 컴퓨터에서 다른 컴퓨터로 메시지를 직접 보내는 것. 메시
지는 나중에 검색할 수 있도록 저장 가능

전화서비스(teleservices) 전화를 통해서 상품을 판매하고 서비스나 정보를 제공
하는 것

조직도(organizational charts) 누가, 누구에게 보고하는가를 설명함으로써 기업
의 위계를 설명하는 방법

존중(respect) 누군가에게 인정과 특별한 관심을 주는 것

찬성/반대 도표(pro/con sheets) 해결책에 대한 찬성과 반대를 기록하는, 문제를
도식화하는 단순한 접근방법(그림 3.2 참조)

책임소재 평가(responsibility check) 상황을 평가하고, 누가 책임을 져야 하며 실
제로는 누가 책임을 지는가를 체크하는 것

팀워크(teamwork) 전체의 효율성을 증가시키기 위해 함께 일하는 것

팩스[facsimile(FAX) machine] 전화선을 통해서 상대편에게 그림 및 문자자료를
전송할 수 있게 하는 기계

평판 관리(reputation management) 기업이 어떻게 인식되고 있는가를 확인하고
기업의 평판을 정정 · 유지하고 향상시키기 위한 실행계획을 세우는 과정

플로차트(flowcharts) 문제가 왜 일어나는가를 파악하는 데 도움을 주기 위하여 전
과정의 각 단계를 도표로 만드는 문제해결에 대한 도식화 접근법(그림 3.3 참조)

협상(negotiation) 도전에 대한 해결책들의 평가와 서로에게 이익이 되는 해결책
을 선택하기 위한 과정

ㄱ

고객서비스 담당자에 대한 재량권 부여	• 재량권 부여(empowerment) 고객서비스 담당자가 고객을 돕기 위해서 독립적으로 일정 영역의 의사결정을 내릴 수 있게 허용하는 것 • 공동생산(coproduction) 고객들에게 제공되는 고객서비스에서 적어도 한 부분은 고객이 직접 참여하는 것 • 고객서비스 시스템(customer service system) 고객서비스의 완성에 기여하는 총체적 절차
고객서비스와 의사소통	• 의사소통(communication) 둘 이상의 사람들 사이에 정보나 아이디어, 이해 등을 나누는 과정 • 고객이해지능(customer intelligence) 현재 고객과 잠재고객, 이탈고객에 대한 정보를 모으고 분석하여 고객에 대한 이해를 발달시킨 정도
도전적인 고객 대하기	• 도전적인 고객(challenging customers) 어떤 문제나 문의사항, 두려움 또는 특별한 성격을 가지고 있는 고객으로 기업과의 의사소통을 위해 기업에 어떤 일을 하도록 요구하게 된다. • 존중(respect) 누군가에게 인정과 특별한 관심을 주는 것 • 감정이입(empathy) 누군가가 경험한 것을 이해하고 그 상황을 해
직원동기화	• 동기(motivation) 사람들을 특정한 방법으로 행동하게 유도하는 개인적 충동 • 자아(self-concept) 어떤 개인이 자신을 보는, 그리고 다른 사람이 자신을 본다고 생각하는 방식
고객서비스와 리더십	• 리더십(leadership) 타인에 대한 영향력 • 직원들을 칭찬하기 위한 지침 1. 기회가 있을 때마다 공공연하게 칭찬하라. 2. 여러분이 좋아하지 않는 것을 말하기 전에 좋아하
고객유지와 고객만족	• 고객유지(customer retention) 거래하는 현재의 고객을 적극적으로 계속 만족시켜 고객으로 유지하는 것 • 고객동요율(churn rate) 매년 떠나는 고객의 수를 같은 기간 동안의 신규고객의 수로 나눈 것
변화하는 시장에서의 고객서비스	• 전화서비스(teleservices) 전화를 통해서 상품을 판매하고 서비스나 정보를 제공하는 것 • 인바운드 전화(inbound calls) 카탈로그 주문, 청구서 질문, 기술

- 시스템 설계를 위한 가이드라인 1. 새로운 과정이 필요한 영역이나 재검토해야 할 시스템을 찾아 내라. 2. 시스템을 만들거나 개선하는 데 필요한 단계를 모두 적어라. 3. 여러분이 회사가 추구 하는 목적을 향해 제대로 가고 있는지 확인하기 위해 미션과 목표를 검토해 보라. 4. 공급자와 소비자를 포함하여 재량권을 가져야 할 사람을 파악하라. 불필요한 단계는 제거하라. 5. 직원의 재량권 부여를 지지하는 문화를 만들어라. 6. 일정 기간 동안 시스템을 운영한 후에 시스템의 효율성을 다시 평가하라.

- 관계마케팅(relationship marketing) 고객과 지속적이고 상호 호혜적인 관계를 구축해 나가는 것
- 사용하면 좋은 단어 1. 제발, 부디 2. 네 3. 제가 … 해도 될까요? 4. …를 고려해 보시지요. 5. …하세요.
- 사용해서는 안 되는 단어 1. 할 수 없습니다. 2. 결코 안 됩니다. 3. … 하지 않습니다. 4. 아무 말도 하지 마세오. 5. 규정상 안 되는데요.

결하는 데 도움을 주는 행동을 취하는 능력
- 책임소재 평가(responsibility check) 상황을 평가하고, 누가 책임을 져야 하며 실제로는 누가 책임을 지는가를 체크하는 것
- 도전적인 고객을 다루는 6가지 방법 1. 경청하라. 2. 질문을 하라. 3. 감정이입을 하라. 4. 문제를 해결하라. 5. 해결 후에도 한 번 더 확인하라. 6. 긍정적인 언급으로 끝맺음하라.

- 자아를 향상시키기 위한 10가지 비결 1. 여러분 자신을 성공으로 보라. 2. 긍정적인 사람과 시간을 보내라. 3. 제대로 먹어라. 4. 과제를 작은 단계로 분류하라. 5. 충분한 수면을 취하라. 6. 성공을 보상하라. 7. 자신에게 긍정적으로 말하라. 8. 누군가에게 도움이 되는 일을 하라. 9. 운동하라. 10. 새로운 것을 배워라.

는 것을 먼저 말하라. 3. 피드백을 자주 제공하라.
- 업무보조도구(job aids) 훈련을 강화시키는 데 사용되는 리더십 도구

- 고객이탈률(defection rate) 기존고객 중 1년 동안 떠나는 고객의 비율
- 고객생애가치(customer lifetime value) 고객으로서의 평균적 생애기간 동안 고객이 산출하는 수익의 순현재가치

적 지원, 상품 사용, 기타 정보 등을 알기 위해서 고객이 걸어 오는 전화
- 아웃바운드 전화(outbound calls) 상품이나 서비스를 팔거나 시장조사를 수행하거나 고객의 질문에 응답하기 위해서 콜센터에서 고객에게 거는 전화